人物叢書

新装版

北条時宗《ほうじょうときむね》

川添昭二

日本歴史学会編集

吉川弘文館

一遍と出会った北条時宗

中央の白い狩衣の馬乗の人物が時宗、32歳。左から４人目が一遍。

（『一遍上人絵伝』巻５ 段５、清浄光寺・歓喜光寺所蔵）

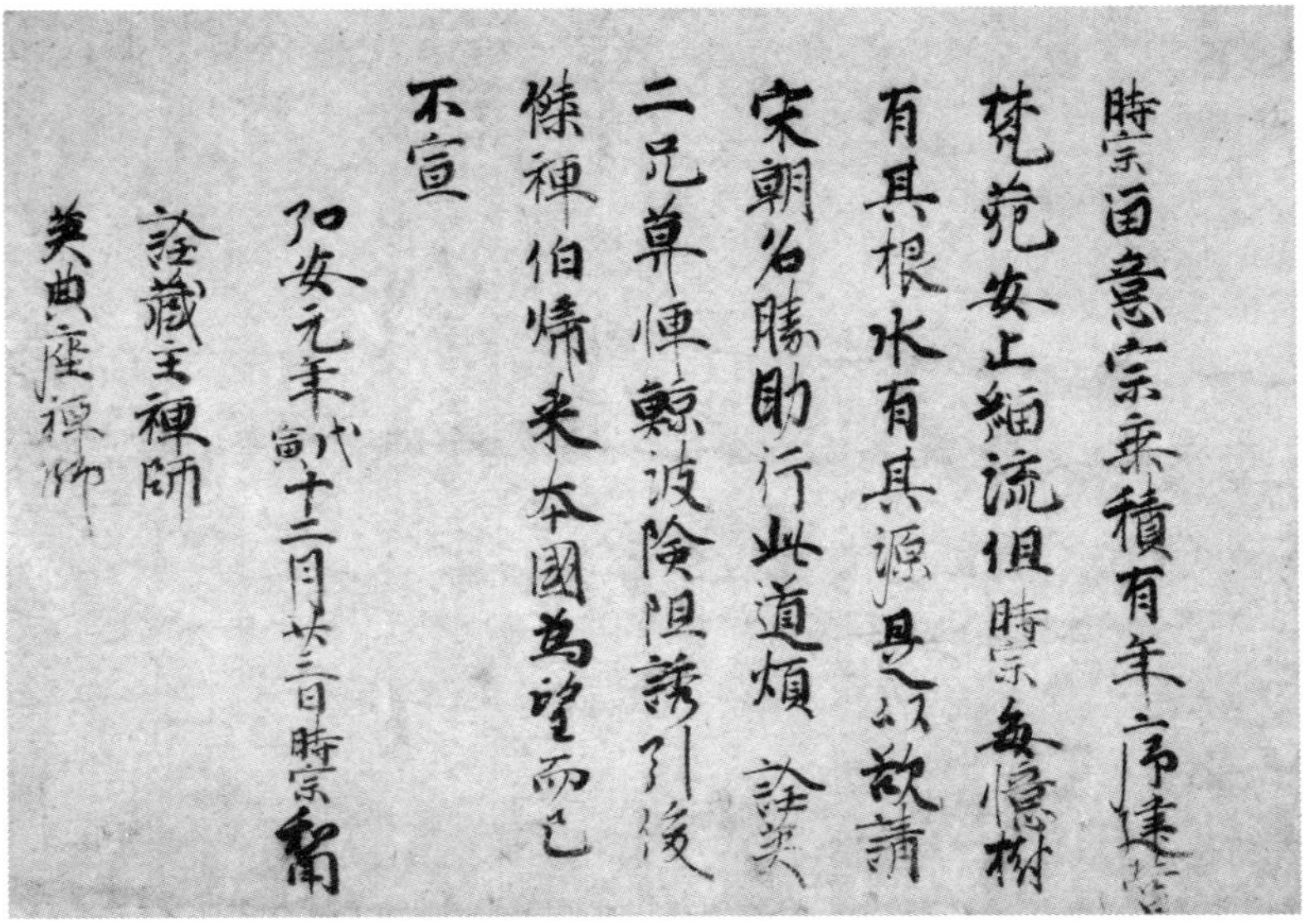

時宗留意宗乘積有年序建
梵苑安止緇流但時宗毎憶樹
有其根水有其源是以欲請
宋朝名勝助行此道煩 詮英
二兄莫憚鯨波険阻誘引俊
傑禅伯帰来本國為望而已
不宣
弘安元年戊寅十二月廿三日時宗和南
詮蔵主禅師
英典座禅師

北条時宗の書状

南宋の名僧招請を依頼したもので、「和南」の二字が時宗の自筆であるといわれている（円覚寺所蔵）

はじめに

一つの時代は、自らに似せて一人の人物を造形するという。蒙古襲来《もうこしゅうらい》期の代弁者ともいえる北条時宗《ほうじょうときむね》は、まさにその適例であろう。しかし、これまでの彼の伝記の多くは、政治史の点描であったり、また叙述に便のある『吾妻鏡《あずまかがみ》』を主な材料にして将軍宗尊《むねたか》廃位ぐらいまでを詳述し、あとは蒙古襲来の説明ですませる、といった体のものであった。

時宗の生涯は三十四年という短いものであるが、鎌倉《かまくら》時代史の諸問題を集約したような存在であった。その生涯は、武家権門《けんもん》として幕府政治という公的側面と不可分である。一方、私的側面を明らかにすることは史料的制約もあり、かなり難しい。理想的にいえば、時宗伝はこの公的・私的側面を総合しなければ、豊かな実りは期待できないであろう。

時宗伝の公的側面を明らかにする史料としては、『吾妻鏡』はもとより幕府関係文書など、かなりの量がある。今まであまり利用されなかったものとして『建治三年記《けんじさんねんき》』があり、時宗の政治人としての個性が活写されている。

つぎに私的側面だが、これはある意味では伝記のなかでもっとも魅力ある側面である。時宗については、これまで渡来禅僧《とらいぜんそう》との関係で説明されてきた。たしかに大休正念《だいきゅうしょうねん》や無《む》学祖元《がくそげん》らの語録には、時宗の禅修行や彼らとの人間存在の根底からする深い交流が目に見えるように記録されている。本書では、宋朝禅《そうちょうぜん》の性格を背景に、時宗をもっともよく知る禅僧として大休正念や無学祖元の語録を介して、彼の宗教的個性を明らかにするよう努めている。また、彼ら禅僧を通しての漢詩文が問題にされてきたが、時宗の文化的なことについては、和歌関係も併述しながら、主として中国系教養の受容の面からとりあげた。総じて、時頼・時宗主導の鎌倉武家文化形成の内実を明らかにしようと試みた。家庭環境については、事実の掘り起こしに留意したつもりである。

このように、本書では時宗の公私の側面を交差させながら、政治的・宗教的・文化的個性を少しでも明らかにし、人と時代の実相に迫るべく努めた。蒙古襲来のうち、アジアの情勢、日蒙《にちもう》交渉、戦闘の過程など類書も多く、また古くなったが拙著もあり、簡約化した叙述にしている。日蒙関係の叙述方針については、侵攻された、いわば被害の側面からばかりは見ていないことと、後世の評価も適宜とりいれて時宗の全体像を描こうとしていることだけを記しておく。

重要な事項でありながら書き込みきれなかったものもある。この点は、略年譜を参照していただきたい。本書を草するにあたっては、ことに村井章介氏の『アジアのなかの中世日本』『北条時宗と蒙古襲来　時代・世界・個人を読む』と『対外関係史総合年表』を参考にした。感謝の意を表する。

本書の執筆を応諾してから長い年月を経た。その間、地元の近世関係の作業に多くの年月を費やしていた。執筆をお奨めいただいた安田元久氏は物故され、随分と気になっていた。謹んで氏の御霊前に遅延をおわびし、刊行の運びに至ったご報告を申し上げる。

平成十三年（二〇〇一）三月十日

川添昭二

目次

口絵

一遍と出会った北条時宗

北条時宗の書状

挿図

第一　おいたち

一　時宗の誕生と母

『吾妻鏡』誕生の記事

すなわち若君《わかぎみ》誕生す。奥州（北条重時）兼ねて座せらる。このほか御一門の老若、総じて諸人の参加、あげて計《かぞ》うべからず。

これは、建長《けんちょう》三年（一二五一）五月十五日、北条時宗《ほうじょうときむね》が誕生したことを記した『吾妻鏡《あずまかがみ》』の一節である。待望の若君誕生の喜びに沸く北条氏一門および多くの関係者の姿が目に浮かぶようである。父は二十五歳の執権《しっけん》北条時頼《ときより》、母は北条重時《しげとき》の長女（文永《ぶんえい》十年十月、極楽寺多宝塔供養願文）。重時は時頼の祖父泰時《やすとき》の弟で、ときに連署《れんしょ》として時頼を補佐していた。『吾妻鏡』には時宗誕生に至るまでの経緯がこまかく記されている。同書で、誕生に至るまでの経緯を時宗のようにくわしく記されている人物は他にいない。以下、同書を中心に時宗誕生に至る経緯を追ってみよう。

時宗誕生に至る経緯

時頼は、すでに宝寿丸《ほうじゅまろ》という男子をもうけていたが、いわゆる庶子、側室《そくしつ》の子で、正妻から正嫡が生まれることを強く欲しており、鶴岡若宮別当法印隆弁《つるがおかわかみやべっとうほういんりゅうべん》に祈願を依頼した。隆弁は四条隆房《しじょうたかふさ》の子で、時頼が三浦氏《みうらし》を倒した宝治合戦《ほうじかっせん》の祈禱《きとう》の賞で鶴岡八幡宮別当に補任《ぶにん》された。時頼が深く帰依《きえ》をした僧侶は隆弁・西大寺叡尊《さいだいじえいそん》・蘭溪道隆《らんけいどうりゅう》らで、隆弁には加持《かじ》祈禱の法験《ほうげん》面で深く帰依し、種々の行法《ぎょうぼう》を依頼している。隆弁は建長二年の元旦から鶴岡八幡宮の宝前において丹誠《たんせい》の肝胆《かんたん》をくだき、同年八月には懐妊するとの夢告《むこく》をうけた。果たせるかな八月には懐妊がはっきりし、祈請が行なわれた。隆弁は天台宗寺門派《てんだいしゅうじもん》の総本山園城寺《おんじょうじ》（現、滋賀県大津市）復興のために上洛していたが、同年十二月、時頼は隆弁を呼び下して妻の着帯《ちゃくたい》加持を依頼している。

時頼の母の松下禅尼《まつしたぜんに》の兄にあたる安達義景《あだちよしかげ》も同じく招請の使者を送っている。安達氏一門にとっても時頼に正嫡の男子が誕生することは熱望するところであった。時頼の妻の父北条重時も同様で、時頼と共にその分国《ぶんこく》ならびに庄園《しょうえん》に対して明年五月出産の時期まで、安産を祈って殺生《せっしょう》を禁断させている。時頼自身、北条義時《よしとき》以来の縁のある大《おお》倉薬師堂《くらやくしどう》に平産を祈ったほか、熱烈な祈願を重ねている。翌建長三年二月、隆弁は幕府ゆかりの伊豆国《いずのくに》の三島社《みしましゃ》（現、静岡県三島市）に詣で、安産を祈った。夢に老翁が現われ、

産所は甘縄の松下禅尼の邸

「北条時宗産湯の井」と称される井戸（鎌倉市長谷　甘縄神社境内）

来たる五月十五日酉《とり》の刻（午後五〜七時）に男子を平産する、との告げをうけた。

妊婦は安達家の松下禅尼の甘縄《あまなわ》の邸を産所として小町の邸からここに移った。禅尼が甘縄の邸でわが子時頼に倹約《けんやく》の精神を説いた、『徒然草《つれづれぐさ》』第百八十段の逸話はよく知られており、時頼から時宗への教えにもつながっていよう。夫時氏《ときうじ》の死後出家《しゅっけ》し甘縄の邸にいて一族の敬仰をうけていたようである。産所が安達氏の甘縄の邸に設けられたことの政治的な意味は小さくはない。少し大袈裟になるが、安達氏に即して言えば、男子誕生となると、宝治合戦における三浦氏打倒に連続するぐらいの政治的意味をもつことになろう。

建長三年五月一日、産所で祈禱が始められ、医師・陰陽師《おんみょうじ》・験者《げんじゃ》などが参候し、隆弁が加持を行ない、関係者の期待と不安のなか、無事男子誕生となった。験者以下にそれぞれ禄が与えられた。三浦介盛時《みうらのすけもりとき》は喜びのあまり銀の鞍《くら》をつけた名馬の誉れ高い乗馬をそのまま陰陽師の泰房に与えている。盛時は三浦氏中の大族佐原氏《さわらし》で、義連《よしつら》の孫、盛連《もりつら》の子で、宝治合戦の折には三浦泰村《やすむら》につかず時頼につき、時頼出家のときには自由出家の禁をおかして出家したほどの親時頼派である。

五月二十一日、北条重時は七夜《しちや》の儀、いわゆる産養《うぶやしない》の儀をねんごろに行なった。新誕の若君は小町の父のもとに帰り、隆弁は祈禱の賞として能登国鳳至郡諸橋保《のとのくにふげしぐんもろはしのほ》（現、石川県鳳至郡穴水《あなみず》町）を与えられている。十月には若君の五十日百日《いかももか》の儀が行なわれた。時宗が童名《わらわな》をいつ誰から命名されたか、はっきりしない。康元《こうげん》二年（一二五七）元服《げんぷく》するまで正寿丸《しょうじゅまろ》と名乗っていた。「正」は正嫡を意味していよう。現在、鎌倉の甘縄神社の境内には「北条時宗産湯《うぶゆ》の井」と称される井戸がある。誕生までの経緯を見ると、時宗は母の胎中にあったときからすでに政治的な存在であったことが知られる。時宗は生まれながらにして得宗《とくそう》（北条氏嫡流の当主）執権となることを当然とされ、権力者としてふるまわなければならなかった。

時宗の母については、通常、北条重時の娘とされているが、父時頼が延応《えんのう》元年（一二三九）十一月二日に結婚した毛利季光《もうりすえみつ》（宝治合戦で三浦氏に付き自害）の娘とする「北条系図」（浅羽本）があり、それを踏まえてであろう、季光の娘が重時の養女となって時頼に嫁し、時宗を生んだとの意見がある。しかし、これには従えない。その理由を述べよう。文永十年（一二七三）十月、忍性《にんしょう》を唱導師として北条重時の十三回忌が行なわれ、極楽寺多宝塔供養願文《がんもん》が書かれており（『桃裕行著作集』三）、その願文のなかに、重時の長女が時宗を産み育てた、とある。時宗の母を重時の娘とする確かな史料は他にもあげ得るが、この願文がもっとも確かな史料である。

時宗誕生後の母については、確かな史料でわかることと、あるいは時宗の母のことではないかとみられている史料がある。『吾妻鏡』では、時宗の出産に続き、建長五年正月二十八日の宗政《むねまさ》出産、翌六年十月六日の女子出産と二男一女をもうけたことを記している。女子は建長八年（康元元・一二五六）十月十三日に死去する。『関東往還記《かんとうおうかんき》』弘長《こうちょう》二年（一二六二）二月晦日条には、「最明寺（時頼）室（奥州禅門（重時）娘）」として関東下向の西大寺叡尊の説法を聴聞し布薩（懺悔）していることが見える。実家では西山派《せいざんは》の念仏などの教えを聞き、時頼に嫁して禅・律などの法薫を受けたのである。「北山本門寺文書」に文永《ぶんえい》五年

（一二六八）三月二十三日、慈遍《じへん》を駿河国賀島庄三社別当職に任じた時宗の下文《くだしぶみ》案があり、尼御前の仰せによったものである。尼御前は時宗母というところであろうが、文書自体検討を要する。

後家尼御前

建治元年（一二七五）七月十二日の日蓮《にちれん》の「高橋入道殿御返事」に「するがの国は守殿（時宗）の御領、ことにふじ（富士）なんどは後家尼ごぜん（時宗の母）の内の人々多し」とあり、翌二年七月二十二日の『報恩抄』には日蓮に敵対する禅僧、念仏者、真言師らが後家尼御前などについて無尽の讒言《ざんげん》をした、と記している。その勢威、信仰などがうかがわれる。摂津《せっつ》「多田院文書」弘安《こうあん》四年（一二八一）二月十二日の忍性《にんしょう》書状によると、忍性は「西明寺後家尼御前」の意を受け、叡尊《えいそん》を招いて多田院本堂供養の行事を営んでいる。叡尊・忍性、つまり西大寺流律宗への帰依が知られる。

禅　忍

鎌倉極楽寺出土の銅製五輪塔地輪《ごりんとうちりん》塔銘に「比丘尼禅忍　延慶四年（一三一一）二月八日　子刻他界」とあり、禅忍を時宗母（重時娘）かとみる意見がある（『金沢文庫研究』一〇六）。また永《えい》仁《にん》六年（一二九八）の肥前五島列島の難破唐船の積載物に関する『青方《あおかた》文書』第一―七〇号に「葛西殿御分《かさいどのごぶん》」とあり、『鎌倉年代記裏書』には、文保《ぶんぽう》元年（一三一七）十月十六日、「葛西殿御逝去八十五」と記されている。この葛西殿のことは『金沢《かねさわ》文庫古文書』闕名書状

葛西殿

篇四二七六号に見えるが、豊後「託摩《たくま》文書」文保二年七月五日北条高時（時宗の孫）袖判《そではん》書下《かきくだし》には肥後国葦北庄佐敷《さしき》・久多良木《くだらぎ》両浦を「葛西殿の御時の例」のとおりに得宗被官長崎宗行に安堵する、とある。早くに石井進氏の指摘があり、葛西谷《かさいがやつ》（現、鎌倉市小町）に居を構え、得宗被官を介して肥後の浦（得宗領）などを支配し、対元貿易にかかわっていた女性であることが知られる。年齢は没年から逆算すると天福《てんぷく》元年（一二三三）生まれで時頼より六歳下である。時宗の母とみうる可能性は高いが、断言はひかえておこう。無《む》学祖元《がくそげん》は時宗の葬儀の折、時宗の十種の徳をあげ、そのなかで「母に事《つか》うるに孝を尽くし」と記している。

二　庶兄相模三郎時輔

時頼の妻・側室

北条時頼の妻・側室としては三〜四人以上の女性が知られる。第一番目の正妻は毛利《もうり》季光《すえみつ》（法名西阿《さいあ》）の娘である。延応《えんのう》元年（一二三九）十一月二日、時頼十三歳のときに結婚している。宝治合戦に際し、季光が妻の兄三浦泰村《みうらやすむら》についたため離別しており、その間に子があったかどうかはわからない。第二の正室は北条重時の娘で、時宗・宗政《むねまさ》・女子が生

三河局・将軍家讃岐

まれている。側室としては三河局《みかわのつぼね》・将軍家讃岐《さぬき》の名が知られるが、同一人なのか、別人なのかはわからない。史料表現では三河局の子が二男若公《わかぎみ》（『吾妻鏡』）、将軍家讃岐（『武家年代記』）＝讃岐局（野辺本「北条系図」）＝家女房（『続群書類従』本「北条系図」）の子が時輔《ときすけ》である。

　時頼の子息の呼び名を輩行《はいこう》順にみると時宗が相模《さがみ》太郎・時輔が相模三郎、宗政が相模四郎、宗時《むねとき》が相模五郎、政頼《まさより》が相模六郎、宗頼《むねより》が相模七郎と呼ばれていたことが知られる。これら以外の時頼の子息として時厳《じごん》（桜田禅師）がいる。相模次郎の存在が知られないが、『吾妻鏡』建長《けんちょう》二年（一二五〇）十二月二十三日条が注目される。時宗誕生の時が迫り、時頼の妻の父北条重時は、時頼の側室三河局が現在の場所（時頼邸内か近くであろう）にいるのはまずいから他所へ移してくれ、と時頼に申し入れたのである。その三河局を「これ二男若公《わかぎみ》の母なり」と記している。二男を相模次郎におきかえられるとすると相模三郎時輔とは別人になる。二男若公を時輔と解すると（解し得る可能性はある）、三河局と将軍家讃岐とは同一人となる。以前、著者は別人だろうとしていたが、今は存疑としておこう。ただ、時輔の母は「将軍家讃岐」とある史料に従って、以下記述する。

時輔誕生

『吾妻鏡』宝治《ほうじ》二年（一二四八）五月二十八日条に次のような記事がある。時頼の側室（幕府の女房）が男子を平産した。今日宝寿という字が授けられた、というのである。後の時輔の生誕・生母・授名に関する記事である。授名者は不明。時宗の誕生に至る『吾妻鏡』の詳細な記事と比べると、すこぶる簡単で、まったく突然生まれたような記事である。生母は時頼の側室で、幕府（『武家年代記』では御所）の女房とある。『鎌倉年代記』文《ぶん》永《えい》元年（一二六四）時輔の条に「最明寺入道《さいみょうじにゅうどう》男、母将軍家讃岐」と見える。『吾妻鏡』文応《ぶんおう》元年（一二六〇）八月六日条には相模三郎時利《ときとし》（時輔）の外祖父卒去《そっきょ》について軽服《きょうぶく》（軽い喪《も》）したという記事がある。時輔十三歳のときである。讃岐の父のことを記していると思われるが、出自については不明である。門地は低く政治的に時輔を強力に後援できるような外祖父ではなかったようである。誕生時においては、時頼の実子ということ以外、時輔が得宗の後嗣になり得る条件はなかった。

宝治二年六月十日、誕生後二週間目に、得宗被官《ひかん》（家臣）の要人諏訪《すわ》入道蓮仏《れんぶつ》（実名、盛重《もりしげ》）が宝寿の乳母《めのと》になり、七月九日に乳母役雑事を始めている。時頼の子供で、その乳母がわかるのは時輔だけである。蓮仏が得宗被官の要人平盛綱《たいらのもりつな》と共に泰時の孫時頼の成長に努力していたらしいことが無住《むじゅう》の『雑談集《ぞうたんしゅう》』巻三に見えている。時頼が執権となってから、その腹心として活躍したことは言うまでもない。

時輔元服

建長八年（一二五六）八月十一日、九歳の宝寿は元服して相模三郎時利《ときとし》と号した。加冠《かかん》は足利《あしかが》氏の家嫡である三郎利氏《としうじ》（のち頼氏《よりうじ》）である。『吾妻鏡』の記事はまさに一行のみで、のちの時宗の場合のくわしさとは比べようもない。時宗、時輔のように武家政治の最高のところで生涯をおくる者にとっては、結婚問題はおのずから重要な政治的意味をもっている。『吾妻鏡』正嘉《しょうか》二年（一二五八）四月二十五日条によると、十一歳の時利は小山長村《おやまながむら》の娘と結婚している。小山氏は鎌倉期を通じて下野守護《しもつけしゅご》として下野一国（現、栃木県）を覆う勢力で、長村は播磨《はりま》（現、兵庫県）守護も兼ねていた。しかし、史料的に小山氏が北条時輔を政治的側面で具体的に後援した事実は見出し得ない。

時頼の子の供奉の順序

文応元年六月、鶴岡八幡宮放生会《ほうじようえ》に将軍宗尊《むねたか》夫人が参宮するので供をする御家人の名簿《みようぶ》が提出された。時頼側から出されたのは、時輔を随兵《ずいひよう》として布衣《ほい》（「ほうい」とも言う。狩衣《かりぎぬ》）供奉《ぐぶ》の時宗と差をつけたものであった。将軍宗尊は両人同等の布衣の扱いを要求したが、時頼は時宗・宗政を布衣、時利はもとのように随兵としている。翌年（弘長元・一二六一）正月四日、将軍の鶴岡八幡宮参詣の供奉人の名簿を作成したとき、時頼は供奉の子息の順序を相模太郎（時宗）、同四郎（宗政）、同三郎（時輔）、同七郎（宗頼）とし、太郎は兄（時輔）の上に着せらるべし、とした。得宗の継嗣の次第を時宗―宗政と明言したことになる。時宗十一歳、宗政九歳、時輔十四歳、宗頼は仮に建長六年（一二五四）生まれとすると八歳だが、不詳である。

時輔と改名

時輔は正嘉元年（一二五七）十二月二十四日廂衆《ひさししゅう》二番、正元《しょうげん》二年（文応元・一二六〇）正月二十日、初めて相模三郎時輔の名で昼番衆《ひるばんしゅう》三番（時宗は一番）、同年二月二十日廂御所結番《ひさしごしょけちばん》四番として、将軍の侍衛をしており、将軍出行の諸儀式に供奉している。この年には時利から時輔に改名していたことが知られる。前述の時頼の時輔に対する扱いを考えると、正嫡時宗を輔《たす》ける意味での改名とみられる。

時宗疱瘡を患う

『吾妻鏡』によると、正嘉二年六月十二日遠笠懸《とうかさがけ》を行なっており、弘長《こうちょう》三年（一二六三）正月九日、時宗が疱瘡《ほうそう》を患っていたとき、時輔は鞠《まり》奉行になっていた。騎射、蹴鞠《けまり》にすぐれていたのである。生母の筋から言っても、京都風の教養にはなじんでいたろう。

北条時輔の花押
（「橘中村文書」東京大学史料編纂所所蔵）

『東巌安禅師行実《とうがんあんぜんじぎょうじつ》』によると、時輔は渡来禅僧兀庵普寧《ごったんふねい》の門に参じている。兀庵が文応元年に時頼に招かれて来日してから時輔が六波羅探題《ろくはらたんだい》として上洛するまで、十三歳から十七歳までの間である。厳しい兀庵であるが、時輔にはかなり親愛の情をもっていたようである。

時頼はことごとに正嫡の時宗を第一に立てて、時輔を差別待遇している。それは意図的であり、かなり執拗でもあった。残された史料からは時輔の人となりをこまかに把握することは難しいが、ひとかどの人物ではあったらしい。少なくとも暗愚でなければ、反得宗（時宗）的な動きの結節点になる可能性があり、無気味な存在であったろう。このあとの時輔の六波羅探題就任や誅殺された経緯などは、あとで述べる。

三弟たち

『吾妻鏡』に、建長《けんちょう》四年（一二五二）十月三日、鶴岡別当法印隆弁《つるがおかべっとうほういんりゅうべん》が北条時頼の妻の着帯の加持をしている記事が見える。これは、翌建長五年正月二十八日に誕生した福寿《ふくじゅ》つまり宗政のためのものであった。二月三日、隆弁が童名《わらわな》を福寿と名付けている。福寿は三月二十一日、産所から母と共に父の家に帰っている。母は時宗と同母で北条重時《しげとき》の娘である。『吾妻鏡』の宗政誕生前後の記事は、時宗とは比べようもないが、それ以外の者に比べれば詳細である。時頼は子供のなかで、時宗と宗政をとりわけ大事にした。同年四月二十六日には、七仏薬師の像を造立《ぞうりゅう》し、隆弁を導師《どうし》として二子の息災《そくさい》延命を祈っ

聖福寺

た。さらに翌建長六年、関東長久、とくに二子の息災延命のため寺院建立を発願《ほつがん》し、隆弁が大勧進《かんじん》となり、大庭御厨《おおばみくりや》に地を卜《ぼく》して、四月十二日に事始めをした。寺号を聖福《しょうふく》寺《じ》という。正寿《しょうじゅ》・福寿二子の名にちなんだのである。同月十八日に同寺の鎮守諸神の神殿上棟《じょうとう》。五月八日には同寺神験宮で舞楽が行なわれた。正寿四歳、福寿二歳のときである。二子は、多くの神や仏に護られて成長していった。ちなみにこの廃寺址は鎌倉市極楽寺《ごくらくじ》近くの稲村ガ崎かとされている。

宗政の公的活動

宗政が公的な活動をみせるのは正元《しょうげん》二年（文応元・一二六〇）正月十一日、将軍宗尊《むねたか》の鶴岡参詣に供奉した八歳のときからである。以後、相模四郎と称し、幕府のいろいろな公的行事に出仕している。文永二年（一二六五）四月右《う》近将監《こんのしょうげん》に任じた。同年十一月十六日、明年正月の弓始射手《ゆみはじめいて》を差し定めることについて、宗政と業《なり》時《とき》（重時の子）が連署奉書《れんしょほうしょ》を出して

聖福寺跡（鎌倉市稲村が崎　正福寺公園）

いる。これは両人が小侍所《こさむらいどころ》を管していたことを示す。時宗が連署になったあとをうけて宗政は小侍所別当になったのである。以後、次のような官歴を経ている。文永九年（一二七二）十月、二十歳で引付衆《ひきつけしゅう》を経ずに評定衆《ひょうじょうしゅう》となり、建治《けんじ》三年（一二七七）六月に武蔵守《むさしのかみ》、同年八月三番引付頭人《とうにん》から一番引付頭人になっている。

『吾妻鏡』文永二年七月十六日条によると、

亭主（北条政村）の息女嫁娶《よめとり》の儀ありて、相模左近大夫将監宗政が亭に渡らる、

とある。「嫁娶」は縁約の実行を意味するので、宗政が政村の娘と結婚したことを示す。宗政の子には師時《もろとき》・政助《せいじょ》らが知られるが、卒去のころのことはあとで述べる。

五郎宗時・六郎政頼

相模五郎宗時は、北条氏の系図類では阿曽遠江守《あそとおとうみのかみ》と見えるが、委細不明。相模六郎政頼は『吾妻鏡』に二か所見える。文永三年二月九日、将軍家の御息所《みやすどころ》と若宮が北条政村《まさむら》亭から御所に帰ったとき馬を引いており、同年七月四日宗尊の帰洛に供奉している。

七郎宗頼

『吾妻鏡』に見える相模七郎宗頼の記事はほとんど供奉関係である。弘安《こうあん》八年（一二八五）九月の「豊後国図田帳《ぶんごのくにずでんちょう》」に「国東《くにさき》郡成久名《みょう》三十七町、相模七郎殿母御前辻殿」とあるのは、宗頼の母のことを記したものであろうか。「宗家大友氏之系図」では、宗頼の妻は大友頼泰《おおともよりやす》の娘で、宗方《むねかた》はその所生と記している。宗頼が長門《ながと》（現、山口県）、周防《すおう》（現、山口

県）守護になったことなど、第十二の三の卒去のところで述べる。

時　巌

「北条系図」（『続群書類従』）には時頼の子として時厳《じごん》を載せ、「桜田禅師、教恵《（厳）》法印弟子、応長《おうちょう》元年（一三一一）十月廿六日卒」とし、野《の》辺《べ》本「北条氏系図」には「左大臣法印厳忠《（恵）》弟子也」とあり、『系図纂要』には「教恵《（厳）》法師弟子、相模禅師」と見えている。前田家本「平氏系図」では時厳でなく時教となっており「号桜田禅師」という朱書が加えられている。『吾妻鏡』『尊卑分脈《そんぴぶんみゃく》』には見えず、母は不明。いわゆる桜田氏の祖で、名字は武蔵《むさし》国桜田郷（現、東京都）にちなむという。時厳の子三河守師頼は鎌倉最末期の大隅《おおすみ》守護としての事績を残している。

時頼の女子

『吾妻鏡』によると、建長六年十月六日、時頼の正妻（北条重時の娘）が女子を産んでおり、建長八年六月二十一日、真魚《まな》始めが行なわれている。魚鳥の肉など動物性の食物を小児に初めて与える儀式である。しかし同年（康元《こうげん》元・一二五六年）十月十三日、祈禱の甲斐もなく三歳で卒去している。同年四月十日には、七十歳の泰時室禅尼つまり時頼の祖母が不食《ふじき》の所労で逝去しており、あわせて時頼出家の一因となっていよう。

四　政情の推移

名越光時の配流

北条時宗の誕生から七年ほどさかのぼるが、寛元《かんげん》四年（一二四六）三月、時頼は重病の兄経時《つねとき》の譲りをうけて家督と執権職を継いだ。経時の子が幼少なために偶然に得宗・執権になったのであり、北条氏中の名門名越《なごえ》（江馬《えま》）光時《みつとき》や雄族三浦氏など反時頼の勢力が多いなかのことであった。結局、前将軍藤原頼経《よりつね》に近侍する光時らが時頼打倒の陰謀を企てたということで、関係者は処罰され、光時は伊豆国江馬（現、静岡県伊豆長岡町）に配《はい》流《る》となった。弟時幸は自害したが、他の兄弟は処罰されなかった。結果は、時頼の得宗・執権としての地位を固めることになった。『鎌倉年代記裏書』はこれを「宮騒動《みやそうどう》」と呼んでいる。この政変以後の政情は、時宗にとっては解決すべき課題となっており、文永《ぶんえい》九年（一二七二）の二月騒動《にがつそうどう》（第六で説明）で結着がつくことになる。

宮騒動

前将軍藤原頼経の支持勢力であり、父朝時《ともとき》以来の反得宗的一門の名越氏を制圧した時頼は、頼経の京都送還を断行した。さらに残った雄族三浦氏に対し、時頼は外戚《がいせき》の安達《あだち》景盛《かげもり》らと謀り、たくみに三浦氏を挑発し、反時頼の光村《みつむら》や兄泰村《やすむら》以下、幕初以来の有力

宝治合戦

御家人の生き残り三浦氏を滅し、千葉秀胤《ちばひでたね》も討っている。いわゆる宝治《ほうじ》合戦で、ここに北条重時（泰時の弟）を連署にすえて体制を強化し、時頼の権力は安定の度を加えた。得宗専制の成立期とする意見があり、寛元・宝治の政変をもってそうだとみる意見もある。

時頼の最大の政治的課題であったと言ってよい寛元・宝治の政変を乗り切ったあと、正嫡の時宗の誕生を迎えた時頼の喜びと時宗への期待は大きかったろう。だが「謀反《むほん》」の火種が完全になくなったわけではない。三浦・安達同様北条氏と姻戚関係をもっていた足利氏の当主泰氏《やすうじ》が、建長《けんちょう》三年（一二五一）十二月、無断出家して所領を没収されている。関東の宿老と言われた父義氏《よしうじ》には大きな打撃であった。ついで同月、了行《りょうぎょう》法師、矢作《やはぎ》

了行らの謀反

常氏《つねうじ》、長久連《ちょうひさつら》らが九条道家《くじょうみちいえ》やその子の前将軍頼経らと共謀して幕府の転覆を謀った、とされる事件が起こっている。了行は三浦氏ゆかりの者かとみられ（『武家年代記裏書』）、常氏は千葉氏の支流（「千葉大系図」）である。足利泰氏の出家と、了行らの動きとの関連はわからない。泰氏の子利氏《としうじ》は時頼の庶子時利《ときとし》の烏帽子親《えぼしおや》であるが、利氏は頼氏《よりうじ》と改名し、時利は時輔《ときすけ》と改名して烏帽子父子の関係はなくなり、北条氏と足利氏の関係は薄くなる。

宗尊の将軍就任

建長四年二月、将軍藤原頼嗣《よりつぐ》（頼経の子）が廃され、平棟基《たいらのむねもと》（極位は正五位下）の娘棟子

を母とする後嵯峨《ごさが》上皇《じょうこう》の第一皇子宗尊《むねたか》親王の第六代将軍の実現をみた。鎌倉幕府政治史上の画期的な事件である。このときの幕府からの奏請状は時頼が自ら執筆し、重時が加判したもので、評定合議《ごうぎ》を無視した専断である。

寛元・宝治の政変から宗尊将軍迎立までの政情は、鎌倉の幕府と京都の宮廷側とが、それぞれ独自に複雑な政治問題を抱え、しかもそれが相互に深く関係し合っていた。京都では九条道家・良実《よしざね》父子の間が不和で、道家は子の頼経が将軍をやめさせられたあとも頼経と連絡していたと目されており、名越光時らはその前将軍頼経を推戴《すいたい》して反時頼の動きを示した。また父道家から疎外された良実は西園寺《さいおんじ》公経《きんつね》を背景に時頼と通じていた。こうしたなかで、頼経に続きその子頼嗣《よりつぐ》も将軍を廃され、建長四年二月二十一日、道家はにわかに卒去し、四月一日、宗尊は鎌倉に入った。ときに十一歳である。親王《しんのう》将軍の迎立は寛元以来の政変の結末である。

宗尊の東下

藤原氏将軍頼経の出現によって幕府の京都化・公家化が進んだが、親王将軍の出現によって、それに拍車がかかった。宗尊の東下《とうか》（関東に下ること）には数多くの上達部《かんだちめ》（公卿）・殿上人《てんじょうびと》・女房などが随従した。このとき、

宗尊の側近に仕えることについては、後嵯峨上皇の御所に仕えるのと同じ待遇にする。

身分相応の官職位階に任ずることに関しては、何のさわりもないようにする。

と仰せられた、と『増鏡』第五内野の巻に伝えている。つまり、鎌倉の将軍御所を准朝廷とみなして仕えよ、ということである。このため京下りの関東祗候《しこう》の廷臣たちは、朝廷出仕の廷臣と同等である、という意識を強めていった。幕府もまた、親王将軍を仰ぐことは武家の眉目《びもく》（名誉、『吾妻鏡』建長四年八月六日条）であるとし、

関東もてなしかしづきまゐらする事、先例に越《こ》えたり、（『五代帝王物語』）

と言われた。京都は鎌倉随従の後嵯峨の院政下にあり、京都、鎌倉は融和の形をとったのである。しかし、将軍侍衛の制度が整えられ、宗尊も年齢を加えてゆくと、幕府は新たな政治課題を抱えることになる。

時頼の政治

時頼は執権就任以来、諸政策を精力的に推進した。主なものを挙げてみよう。典拠は主として『吾妻鏡』と『中世法制史料集』第一巻（岩波書店）である。

北条時頼の花押
（尊経閣古文書纂）

泰時を祖父とし、泰時の弟重時を連署とする時頼は、泰時の道理政治を理念としていたのであろう。裁判の迅速・公正をはかるため引付衆《ひきつけしゅう》を新設、京都《きょうと》大番役《おおばんやく》負担

の軽減など御家人《ごけにん》擁護の政策を示すが、それは守護・地頭・地頭代らの農民に対する非法、負担転嫁を止める政策と表裏の関係にあった。悪党対策を進め、質素、倹約を勧奨し、物価統制をはかった。さらに、鎌倉市政の整備を行なっている。一括して言えば、弱者への目配りをもった撫民《ぶみん》政策である。そのため善政を称され廻国伝説《かいこくでんせつ》が生じることになる。もとより、秩序維持のための専権的性格をもつ、と反対の解釈を施すことが可能なものもあろう。

建長六年四月、幕府は、唐船《とうせん》を五隻以上置くことを禁じ、それ以外の船の破却を命じた。この法令は幕府による民間貿易の統制であって幕府自らの貿易を統制するものではない。建長寺の創建にみられるように、時頼は外来文物の移入の主導的位置にあった。

第二　元服と父の死

一　元　服

重時の出家

建長《けんちょう》八年（一二五六）三月十一日、北条時頼《ほうじょうときより》の舅《しゅうと》で、連署《れんしょ》として執権《しっけん》時頼と共に幕政を領導してきた北条重時《しげとき》が連署を辞して出家し、法名を観覚《かんかく》と言った。ときに五十九歳。重時には、子息長時《ながとき》に与えた壮年期の『六波羅殿御家訓《ろくはらどののごかくん》』と、出家後弘長《こうちょう》元年（一二六一）死去するまでの間に作成された『極楽寺殿御消息《ごくらくじどののごしょうそく》』という、最古の武家家訓がある。前者には上層武士の生活と思想がこまかに記されており、後者には日常の行動を絶対的な立場から判断する仏教精神（浄土《じょうど》思想）が説かれている。重時は少年期の孫時宗に、兄泰時《やすとき》の政治や、この家訓に盛られているような、上層武士としての人間関係を調整するための処世訓、あるいは宗教的人生観を語ったのではないかと想像される。

政村の連署就任

重時のあとは重時の弟の北条政村《まさむら》が連署になった。ときに五十二歳。政村の経歴や人

長時の執権就任

北条重時を開基とする極楽寺（鎌倉市極楽寺）

となりについては、第六の四・五で述べる。同建長八年八月、時頼の子時輔《ときすけ》が元服《げんぷく》。前将軍藤原頼経《よりつね》、頼嗣《よりつぐ》父子が同年に相ついで卒去。同年（康元《こうげん》元・一二五六）十一月二十二日、時頼は執権を重時の子長時に譲り、武蔵《むさし》の国務・侍　所《さむらいどころ》別当《べっとう》ならびに鎌倉の第《てい》を長時に預けた。『吾妻鏡《あずまかがみ》』は「ただし家督幼稚の程の眼代《がんだい》（代理）なり」と明記している。得宗《とくそう》家督の後継者時宗の成人までの中継ぎという保留条件付きであった。時宗は六歳である。翌日、時頼は蘭溪道隆《らんけいどうりゅう》を戒師《かいし》として、以前、鎌倉の山内《やまのうち》に建てていた最《さい》明寺《みょうじ》（今は廃寺）で出家した。法名を覚了《かくりょう》房道崇《ぼうどうすう》と号した。三十歳である。

時宗元服の記事

時頼が出家してから約三か月後の康元二

年（正嘉《しょうか》元・一二五七）二月二十六日、正寿（時宗）は将軍宗尊《むねたか》の御所で元服した。七歳である。『吾妻鏡』でこれほどくわしい元服の記事は見あたらない。上層武士の元服の状況を知り得る点で貴重である。以下、同書の記事を追ってみよう。

時刻は正午ごろである。連署の北条政村ならびに御家人たちはおのおの下くくりの布《ほ》衣《い》で、西侍《にしさむらい》に着座。元服の儀式は二棟の御所で行なわれ、大文高麗縁《だいもんこうらいべり》の座は東の障子に沿って設けられた。正寿は、狩衣《かりぎぬ》に繡《ぬいとり》の袴《はかま》の童《わらわ》装束《しょうぞく》を着けて執権北条長時の座下に着した。将軍宗尊が出御。土御門《つちみかど》中納言《ちゅうなごん》顕方《あきかた》が直衣《のうし》で二棟の南面の妻戸《つまど》を出て廊根《ろうこん》の妻戸の間に蹲《そん》居し、正寿に向かって将軍が召している由を告げる。召しに応じて正寿が将軍の前に出る。この間、長時がこれを助ける。正寿は将軍から装束・烏帽子《えぼし》を賜わって退下する。装束は浮線綾《うきせんりょう》の奴袴《ぬばかま》、蘇芳《すほう》の二袙《ふたあこめ》、紅の単衣《ひとえきぬ》である。正寿は、中の御所の西の対《たい》の渡廊《わたろう》に屏風《びょうぶ》を立て、賜わった装束を着し、ふたたび簾中《れんちゅう》に参った。長時は引き続き正寿を助ける。その後、雑具《ぞうぐ》が置かれた。こうしてまず安達泰盛《あだちやすもり》が柳筥《やないばこ》に置いた烏帽子を持参して、将軍の前の簀子《すのこ》に進み、御簾《みす》をもたげて進み入る。次に佐々木《ささき》泰綱《やすつな》が乱筥《みだればこ》を取り出し、武藤景頼《むとうかげより》が柳筥に置いた泔坏《ゆするつき》を持つ。作法は安達泰盛と同じである。

宗尊の加冠

続いて、政村が侍の座を立ち、廊の西縁《にしべり》を経て切妻戸《きりつまど》の庇《ひさし》に候じ、長時が理髪の役として簾中に候じた。その他の者たちは廊の西南に座列した。長時が参進して理髪を行なう。正寿は将軍の前に参じ、加冠《かかん》が行なわれる。正寿は三拝。本役人らが参進して雑具を取り払い、長時は簾中から出て庭上の列に加わる。続いて土御門顕方が二棟の南面から出て、同西南の御簾三ケ間《けん》を上げた。そして進物がなされる。剣は北条朝直《ともなお》、調度は北条（名越《なごえ》）時章《ときあき》、鎧は北条（名越）教時《のりとき》と北条（名越）公時《きみとき》、野矢《のや》は宇都宮泰綱《うつのみややすつな》、行縢《むかばき》は二階堂行方《にかいどうゆきかた》である。一の馬は北条義政《よしまさ》にその補佐原田宗経《はらだむねつね》、二の馬は北条時村《ときむら》にその補佐工藤高光《くどうたかみつ》、三の馬は北条時利《ときとし》（時輔《ときすけ》）にその補佐南条頼員《なんじようよりかず》。正寿は賜わった剣を自ら取り退出した。長時はさらに正寿に付き添って堂上《どうじよう》に導き、侍の座に着座する。参加者も同じ座に帰着して三献《さんこん》の儀が行なわれた。正寿は将軍の前で杓《しやく》をする。将軍はあらかじめ書いて用意しておいた正寿の名字「時宗」を、土御門顕方を介して長時に与えた。以上のようにして、正寿―時宗の元服は終わったのである。

小侍所

誕生・元服に続いて時宗の生涯を画するのは、文応《ぶんおう》元年（一二六〇）二月、十歳で小侍所《こさむらいどころ》に入ったことである。元服以後、小侍所に入るまでの事績については『吾妻鏡』以外拠るべきものはない。それも将軍出行の供奉《ぐぶ》の記事が多い。元服した翌月の三月二日、相模《さがみ》太郎時宗は初めて将軍御所に出仕して馬を献じている。元服の儀のお礼であろう。同年（正嘉元）六月二十三日、将軍宗尊は時宗の山内泉亭《やまのうちいずみてい》に遊んでいる。供奉の事例は、正嘉二年二月二十五日の二所《にしょ》（箱根・伊豆）精進《しょうじん》始め、同年三月一日の二所参詣、同年六月十一日の最明寺亭入御《にゅうぎょ》などであるが、二所参詣のときなど、執権の長時と並んで随行しており、得宗後継者としての地位の高さを示している。正元《しょうげん》二年（一二六〇）元旦の時頼主宰の垸飯《おうばん》（将軍への食事の献上）にも出仕しており、時利（時輔）より上に列候している。

時宗、時方に加冠

　正嘉元年（一二五七）十一月二十三日、北条（金沢《かねさわ》）実時《さねとき》の息男で十歳になる越後四郎時方《ときかた》（のち顕時《あきとき》）の元服に際して、七歳の時宗が加冠役をつとめている。理髪は安達頼景《よりかげ》。行なわれた場所は時頼亭である。得宗と金沢氏・安達氏の結束を固める儀式でもあったが、時宗を表に立てる時頼の配慮がうかがわれる。

昼番衆

正元二年正月二十日、将軍御所の昼番《ひるばん》衆《しゅう》が定められた。歌道・蹴鞠《けまり》・管絃《かんげん》・右筆《ゆうひつ》・弓馬・郢曲《えいきょく》（うたい物）など、それぞれ一芸に秀でた者七十八人を御家人たちから選び、六番それぞれ十三人として将軍御所に出仕させることにしたのである。一番の頭人《とうにん》が十歳の時宗である。相模三郎時輔（「時輔」の初見）は三番の番衆に列なっていた。時宗の配置は時頼の得宗後継者としての配慮によるものであろう。『吾妻鏡』正嘉二年七月十一日条は、

時宗違例

相模太郎殿いささか違例（病気）の間、祈禱を修せらると云々。

と記しており、いささかの違例でも記していることが注目される。

二　堀内殿との結婚

堀内殿

正元《しょうげん》二年（一二六〇）は四月で文応《ぶんおう》と改元するが、同年二月、十歳の時宗は小侍所《こさむらいどころ》に入った。このことを記しているのは『鎌倉年代記』であるが、小侍所としての時宗の活動の史料上の初見は同年七月六日であり、信じてよい記事である。以後、時宗は文永《ぶんえい》元年（一二六四）八月連署《れんしょ》になるまで小侍所にあって活動した。この期間は、時宗が連署―執権になるまでの政務の基礎練成期間であり、教養蓄積の期間でもあった。それらのことについては後述しよう。

弘長《こうちょう》元年（一二六一）四月二十三日、十一歳の時宗は、十歳の堀内殿《ほりうちどの》と結婚した。『吾妻鏡』は、このことを記し、堀内殿が甘縄《あまなわ》の家を出るとき押垂範元《おしたれのりもと》が身固《みがため》（陰陽道《おんみようどう》で行なう身体守護の呪法）に候じ、昨日から天曹地府《てんそうちふ》祭（陰陽道で行なう災害除去のための祭儀）・呪詛《しゅそ》（「しゅしょ」「じゅそ」とも読む、敵対するものへの呪い）・霊気《りょうげ》（もののけを払う）などの祭りを勤行《ごんぎょう》した、と記している。新婦は陰陽道《おんみょうどう》などの祈りに護られながら雨のなかを婚家に向かったのである。生誕・元服に比べると結婚の記事は簡単である。

泰盛の養女

堀内殿は安達義景《よしかげ》を父とし、北条時房《ときふさ》の娘を母として建長《けんちょう》四年（一二五二）七月四日生誕。義景は建長五年六月三日、四十四歳で没した。安達氏系図のなかには、二十二歳年上の兄泰盛が養子にしたというものがあり（『群馬県史』通史編3中世）、『系図纂要』平氏五は泰盛の娘としており、一般にはそのように記述されている。堀内殿は、時宗の死に際して出家し、覚山志道《かくさんしどう》と号し、また潮音院殿《ちょうおんいんどの》と呼ばれ、松岡殿とも呼ばれた。安達氏では景盛（義景の父）の娘、いわゆる松下禅尼《まつしたぜんに》が北条時氏《ときうじ》（泰時の子）と結婚して経時《つねとき》・時頼《ときより》が生まれており、松下禅尼は堀内殿の叔母にあたる。今また安達泰盛の妹が時宗と結婚し、泰盛は時宗にとって妻の父にも等しい存在となった。この結婚が得宗と安達氏との結合をさらに強いものにしたことは言うまでもなく、それだけに政略性の濃厚な結婚であったとも言える。時宗死去にかかわる夫人のことについては後述することとして、その前後にわたる期間中の夫人の事績について述べておこう。

結婚のときは多分に名目的であったが、時を重ねるに従い愛情を深めていったのではあるまいか。時宗三年忌のときの無学祖元《むがくそげん》の法語に「夫婦となることを示し」とあるこ

貞時誕生

となどから、そのように推察される。そして、堀内殿二十歳の文永八年（一二七一）十二月十二日、嫡男貞時《さだとき》が生まれた。同年の法難で佐渡に配流された日蓮《にちれん》は、「種種御振舞御《しゅじゅおふるまいご》書《しょ》」（少し検討を要する）のなかで、時宗夫人の懐妊により首を斬られなかった、という風聞であった、と回想している。『建治《けんじ》三年記』には、二月一日条に時宗夫人の流産が記され、十二月二日条には貞時の元服が記されている。母としての痛哭《つうこく》と喜びがこもごも聞こえてくるようである。

安達時盛の遁世

『関東評定伝』によると、安達泰盛の弟、評定衆《ひょうじょうしゅう》の時盛《ときもり》が遁世《とんせい》してひそかに寿福寺《じゅふくじ》に入り、建治二年九月十五日所帯をすべて収公され、一門から義絶されている。時盛の「遁世」が一門に背く行為とされたもので、翌年の北条義政の遁世と関係があるかもしれない。時盛は、弘安《こうあん》八年（一二八五）六月十日、高野山《こうやさん》で死去するが、義絶の故に覚山尼・泰盛以下の兄弟は喪に服しなかった、という。覚山尼が泰盛の安達氏一門の統制を支え、安達氏と得宗とのつながりに重要な役割を果たしていたことが推測される。

覚山志道の事績

時宗没後の未亡人覚山志道の、仏事を中心とした晩年については、時宗卒去の条のあとに述べるが、以下、晩年の世俗的な面のことを述べておこう。弘安八年十一月の、いわゆる霜月騒動《しもつきそうどう》で安達泰盛らは族滅的状況になり、安達氏出身の時宗未亡人覚山尼にと

北条氏・安達氏略系図（湯之上隆「覚海円成と伊豆国円成寺」『静岡県史研究』一二）より）

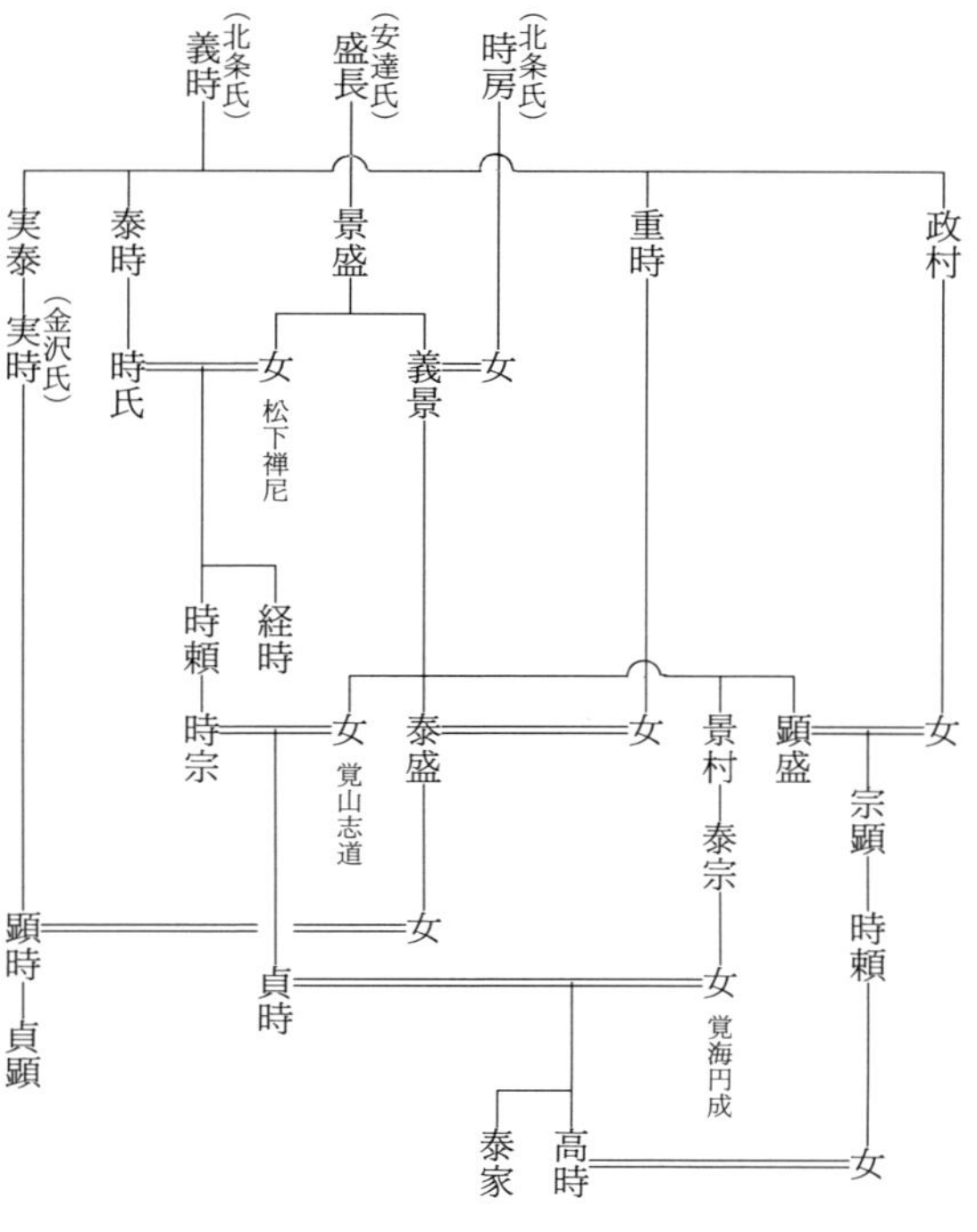

ってはこの上もない傷心事であったと思われる。覚山尼は、義景―泰盛のあとをうけて遠江国《とおとうみのくに》笠原庄《かさはらのしょう》（現、静岡県小笠郡大東《だいとう》町付近）を領していたことが「笠原荘一宮記《いちのみやき》」に見える（『静岡県史』資料編5所収）。その相伝に直接かかわりがあるかどうかは明らかでないが、その後、安達氏が勢力を回復したのは覚山尼の存在によるところが大きかったろう。

『親玄僧正日記』永仁《えいにん》元年（一二九三）八月二日条（中世内乱史研究会会誌『内乱史研究』一五号所載）は、三河《みかわ》国碧海庄《おおみのしょう》（現、愛知県豊田市、岡崎市の一部）上青野郷地頭職《じとうしき》についての「大方《おおかた》殿《どの》よりの分」の大方殿に時宗妻覚山と傍注を付しており、同記永仁二年二月十六日条（同一六号所載）には、大方の使節・得宗被官《ひかん》長崎新左衛門のことが見える。さらに同年四月十七日条の「佐々目殿よりの御料」の佐々目殿に北条時宗妻の傍注を付している。「大方殿」は貴人の母親のことで、永仁元年、覚山尼は四十二歳、子息の執権貞時《さだとき》は二十三歳、ここに言う「大方殿」は覚山尼とみてよかろう。

永仁六年（一二九八）四月、関東の御物以下を積んだ唐船《とうせん》が肥前国《ひぜんのくに》（現、長崎県）五島《ごとう》沖で難破したとき、「大方殿」の御物が積載されていた（『青方文書』第一―七二号）。この「大方殿」も覚山尼かもしれない。だとすると覚山尼は前述の葛西《かさい》殿や浄智寺《じょうちじ》などと共に対外貿易の出資者となっていたことになる。

正続庵

嘉元《かげん》四年（一三〇六）三月二十八日、潮音院殿覚山志道は丹波国成松保《たんばのくになりまつのほ》（現、兵庫県氷上《ひかみ》郡氷上町）を、当時、建長寺にあった無学祖元の塔頭《たっちゅう》（墓所）正続庵《しょうぞくあん》（のち正続院と呼ばれ建武《けんむ》二年〈一三三五〉円覚寺に移る）に寄進した（「円覚寺文書」）。恩師無学への報恩行為である。このあと約半年後に覚山尼は死去する。徳治《とくじ》二年（一三〇七）十二月十一日、子息の貞時は母の寄進状のとおりに成松保の安堵《あんど》を行なっている（「円覚寺文書」）。

三聖寺

京都の「万寿寺文書《まんじゅじもんじょ》」によると、時宗は弘安六年（一二八三）二月三十日、京都の三聖寺《さんしょうじ》（明治六年〈一八七三〉万寿寺に併合）を関東御祈禱所としている。「三聖寺領文書惣目録」（「三聖寺文書」所収）には、時宗・貞時の「御書」と共に、「潮音院殿」の「御寄進状」や「御自筆御書」「御文」などが記載されている。覚山尼は円爾《えんに》系の臨済禅《りんざいぜん》に関心があったようで、三聖寺の東山湛照《とうざんたんしょう》やその門に学び鎌倉円覚寺にも参じた虎関師錬《こかんしれん》とも何らかの関係があったかもしれない。

三　小侍所

北条時宗が文応《ぶんおう》元年（一二六〇）二月に小侍所《こさむらいどころ》に入ってから文永《ぶんえい》元年（一二六四）八月に連署《れんしょ》

となるまでの小侍所時代について、主要な問題を述べておこう。

小侍所の任務

小侍所は、侍所が管掌していた御家人《ごけにん》統制にかかわる任務のなかから、直接には将軍の侍衛を中心とする諸役を分掌した。将軍出行の際の供奉人《ぐぶにん》および宿直《とのい》の催促などが、その任務である。供奉・警固は、当初は軍事的性格の強いものであったが、幕府権力の安定、将軍周辺の京風化の進行などによって、儀容《ぎよう》を張ることに力点が移り、形式的整備が進められた。弓始射手《ゆみはじめいて》の選定も小侍所の管掌下にあったが、まさに儀式の執行にほかならない。小侍所が管掌する御所内諸役は、時代が降るとともに複雑化し、実質を失なって形式化の度合を深めていった。北条時宗が小侍所にあった将軍宗尊《むねたか》の時代は、形式化が一段と進んだ時代である。

小侍所での時宗

時宗がどのような位置で小侍所に入ったのか、明記したものはない。別当《べっとう》は北条（金沢）実時であり、実時以前、別当が複数であった例はない。所司は得宗被官《ひかん》の工藤光泰《くどうみつやす》と実時被官の平岡実俊《ひらおかさねとし》であり、得宗継承者を被官格の役職である所司に任ずるわけはない。小侍所として命令を受け、執行しているのは実時と時宗である。つまり時宗は名目的には別当格として、実質的には副別当の働きをしているのである。形式的には別当の複数制であり、執権という名の執権・連署の複数制を想起させる。実時・時宗のあとの北条宗政《むねまさ》・北条業時《なりとき》も複数制であるが、時宗の特例を正当化するための措置のようにも考えられる。時宗の小侍所入りが、父時頼《ときより》の意向による政務見習いのためであったことは明らかである。時宗は十歳、実時は三十七歳であった。

時宗の指導者実時

実時は実泰《さねやす》（義時《よしとき》の子）の子、寛元《かんげん》四年（一二四六）の政変のときは、時頼は北条政村《まさむら》・実時・安達義景と、得宗専制化の指標と言われる「内々の沙汰」つまり最高機密事項の相談をしている。実時は政治的にも時頼から深く信頼されていたのである。評定衆《ひょうじょうしゅう》で三番引付頭人《ひきつけとうにん》であった。実時は騎射に優れ、儒家で京下りの幕府吏僚でもあり将軍御所に候じていた清原教隆《きよはらのりたか》と親しく、その家説を受け、和漢の書の収集、書写・校《きょう》合《ごう》につとめ、それらが金沢文庫《かねさわぶんこ》の基礎を作ったことはよく知られている。

北条（金沢）実時（称名寺所蔵・神奈川県立金沢文庫保管）

実時の教養

実時の政治理念は、子息実政《さねまさ》に与えた最晩年の「実時遺訓《いくん》」に明らかである。北条泰時の公平を旨とする政道理念を継承し、実際に幕政を担う者としての政治的責任感に裏付けられた治者《ちしゃ》意識の高揚が読み取れる。時頼は実時を時宗の師父としたのである。実時は和漢の学に親しんだが、ことに儒学の学習に励んでおり、陰に陽に時宗の治者意識の形成、教養蓄積に影響を与えたことであろう。時宗は後述のように和歌にも関心を寄せてはいるが、中国的教養・漢詩文の世界を好んでいた。これは実時や父時頼、帰敬した渡来禅僧の影響とみられる。ともあれ、時宗の十歳から十四歳までの小侍所時代は、その政務練成と言い、教養蓄積と言い、重要な時期であった。

小侍所所司の任務

小侍所の実務を直接に担当していたのは所司の工藤光泰と平岡実俊であり、その下に朝夕雑色番頭《ちょうせきぞうしき》・小舎人《こどねり》その他がいた。小侍所の所司に得宗被官が配置されているのは、侍所の所司が得宗被官であることと関連しており、幕府政務機構内への得宗の巧妙な手配を示すものである。所司の任務内容は、仏事法会《ほうえ》の奉行、二所・鶴岡放生会《ほうじょうえ》参詣など将軍出行の際の供奉《ぶぎょう》、随兵《ずいひょう》・垸飯《おうばん》出仕者・的始射手《まとはじめいて》・笠懸《かさがけ》射手・鞠始《まりはじめ》などの交名《きょうみょう》（名前を列記した文書）注進、日常的な将軍近仕者の結番《けちばん》事務、小侍所衆の人事関係などである。工藤光泰は、時頼の臨終看病をした時頼七近臣の一人であり、若狭《わかさ》（現、福井県）守護代《しゅごだい》としての事績も残している。

平岡実俊の活動

平岡実俊の活動については『吾妻鏡』に二十四か所の記載がある。「天台肝要文《てんだいかんようもん》」裏文書（千葉県市川市・中山《なかやま》法華経寺《ほけきょうじ》所蔵）に、建長六年かと推察される四月十五日付け千葉介《ちばのすけ》頼胤《よりたね》あての実俊奉書《ほうしょ》があり、中尾堯編『中山法華経寺史料』や『鎌倉遺文』第十一巻七七三二に収められている。このとき別当の実時は母の死で別当を北条時茂《ときしげ》（重時の子、十四歳）と臨時に交代していたが、所司に変わりはない。鶴岡神事流鏑馬《やぶさめ》役《やく》を下総《しもうさ》守護の千葉頼胤に催促したものであり、小侍所司の催促状として貴重である。ちなみに千葉頼胤は日蓮の外護《げご》者として知られる富木常忍《ときじょうにん》の主家であり、所領が肥前国《ひぜんのくに》小城《おぎ》郡にあったことから蒙古《もうこ》防備で九州におもむき、文永十一年の蒙古合戦の疵《きず》がもとで死去したと伝えられている。平岡氏は実時の子息実政の長門《ながと》守護・肥前守護の代官、鎮西探題《ちんぜいたんだい》実政《さねまさ》の引付などもしている。

四　小侍所時代の事績

北条時宗の小侍所時代の主要事績を見てみよう。それは将軍侍衛の任務を介して将軍宗尊と幕府政務機関としての小侍所との関係のあり方、つまりは宗尊の将軍としてのあり方を見ることになり、宗尊の京都送還に至る理由を知ることにもなる。

廂番の制

承久《じょうきゅう》の乱後、藤原頼経《よりつね》・頼嗣《よりつぐ》の藤原氏将軍時代から将軍周辺の諸儀式・諸制度は京都風の傾向を強くしたが、宗尊の代になると、宗尊に随行してきた側近の公家・女房たちによってその傾向が一段と強くなった。正嘉《しょうか》元年（一二五七）十二月二十四日、初めて廂《ひさし》番《ばん》の制が設けられた。各番（班）おのおの十人で六番に編成された廂衆が廂の御所に交替で宿直《とのい》し将軍を護衛する制である。一番から五番までの頭人《とうにん》は殿上人《てんじょうびと》、つまり京下りの廷臣である。五番頭人は歌人として知られる飛鳥井雅有《あすかいまさあり》である。六番の頭人が二月《にがつ》騒動《そうどう》で誅殺される北条（名越《なごえ》）教時《のりとき》であることは留意しておきたい。番衆は北条氏一門をはじめ、おおむね関東の有力御家人であり、他の小侍所関係番役勤仕者に通じることである。廂番の制は宗尊侍衛のあり方を典型的に示すものであるが、これは『吾妻鏡』の説明によれば、仙洞《せんとう》（院）の仕方を関東が模倣したものであった。もとより京都の模倣はこれだけに止まらない。

将軍出行に伴う負担

小侍所関係番役のうち将軍出行の供奉など随行の順序、服装などにも差等があり、御家人としては一応名誉とし、供奉からはずされると諸方に愁訴《しゅうそ》して回復を願ったりもしているが、意にそわない場合もあり、さらに、宗尊の代に入ると、出行が頻繁となったことから負担も重なり、何とか口実を設けて負担から逃れようとする者が多くなった。

宗尊の供奉人差配への対応

この傾向は時宗が小侍所に入るころから一段と強くなり、実時・時宗にとっての主要課題は御家人の所役遁避をなくしていくことにあった。

時宗の小侍所入り以前にさかのぼるが、建長《けんちょう》八年（康元元・一二五六）正月五日、十五歳の宗尊は、北条時頼第《てい》への御行始《おなりはじめ》（新年に初めて外出する儀式）の供奉人を自ら選定し、その日出仕の衆八十五名の交名《きょうみょう》を披覧《ひらん》して三十八名を定めている。『吾妻鏡』はこのことを述べて、以前両三年は時頼が選定していたのであるが、今年初めて将軍が行なった、と記している。

時宗が小侍所に入った文応《ぶんおう》元年（一二六〇）の六月十六日、鶴岡放生会《ほうじょうえ》の供奉人の惣記が小侍所から執権の長時《ながとき》に提出された。長時は例のとおり直接御所に進覧せよと言って返したので、二階堂行方《にかいどうゆきかた》を介して宗尊に進覧した。その名簿の原案は時頼の意を受けたものであったが、時宗・時輔の扱いについて宗尊は変更を加えている。この間の経緯については第一の二で説明したところである。宗尊の方が筋は通っているが、時宗大事とする時頼側からすれば宗尊の処置を対抗的だと受けとめたろう。

同文応元年七月六日、宗尊は御所奉行二階堂行方を介し、小侍所の実時・時宗に、去年の随兵《ずいひょう》不参者について尋ね問うている。大須賀朝氏《おすすがともうじ》と阿曽沼光綱《あそぬまみつつな》が勝手に不参し、弟や子息を代官に立てていた、このことの許可は誰がしたのか、という問いである。実時らは口頭での返答では、そのままには伝わらないからと七月六日付けの文書にし、工藤光泰に付して、まず時頼に見てもらった。時頼は「状に載するの条、頗《すこぶ》るもって厳重に似たらんか」と言って所司の工藤光泰・平岡実俊らに、二階堂行方を介し、口頭で謝まったがよい、と指示している。この実時・時宗の連署請文《うけぶみ》は、結局文書としての用を果たさなかったのであるが、『吾妻鏡』に収められて伝存することになった。時宗関係の文書としては、著者の知る限り最初のものであり、実時・時宗の謹直・厳格な勤務ぶりなどから、時宗の性格の一端が推知できる。内容は次の通りである。

時宗の最初の発給文書

「阿曽沼光綱は病気で参加できないと回答書に理由を書いて報告してきたので、所司がたびたび事情を尋ねて、子息の代勤となった、決して勝手な処置ではない。大須賀朝氏は同様に病気だと回答し、はっきりしているので将軍の指示のように弟の信泰が直垂《ひたたれ》で代勤した。決して私の計らいではない」というのである。この文書は実時・時宗らの、自分たちの処置には手落ちはなかったという、かなり厳しい筆致での回答書である。将軍の頻繁な出行とそれに伴う御家人の負担増加に対する批判的な思いが伏在している。この文書は時頼の厳命で没になり文書としての役は果たさなかった。しかし『吾妻鏡』

『吾妻鏡』編纂との関係

がわざわざこのような文書を収載しているのは、この文書の抗議を是としていたからであろう。そのことは、北条政村・時宗らによる宗尊追放を正当化する意識が『吾妻鏡』の編纂に作用していることを示しているとみられる。この文書は宗尊の専行的な供奉人催促に対するあらわな抗議であり、時宗が宗尊を追放する要因は、将軍侍衛を任務とする小侍所時代に醸成されていったのである。

大須賀朝氏は下総千葉氏の支流であり、阿曽沼光綱は下野《しもつけ》の御家人である。共に随兵役に精勤し、昼番衆にも選ばれているから、「一芸に堪うる者」であったろう。このあと『吾妻鏡』は弘長《こうちょう》元年（一二六一）七月二日条に、鶴岡放生会の所役を辞退した者たちのことを記し、北条通時《みちとき》（重時・政村の甥）と三浦頼盛《よりもり》は流鏑馬役との両役をつとめるのは困難だと申し立てたが、射手ではないからと恩許されず、阿曽沼光綱は落馬を申し立てたが、甲冑《かっちゅう》をつけるのが難かしければ布衣《ほい》で供奉せよと言われたことを伝えている。

五　父の死

重時の死

弘長《こうちょう》元年（一二六一）十一月三日、北条時宗の母方の祖父北条重時が六十四歳で卒去した。

時頼の嘆きは深かったろう。極楽寺殿《ごくらくじどの》と称され、おいおい述べていくように、重時の子息と時宗の関係は密接である。詠歌に優れ、『新勅撰集《しんちよくせんしゆう》』以下の勅撰集に十六首入っている。外村展子氏は『鎌倉の歌人』で、一首の詠歌から、恋の歌は優しいが、かなり激しい性格であった、と述べている。身内の者は廉直と称賛している（「極楽寺多宝塔供養願文」）。家訓その他からすると、著者には、にわかには他に同じない、慎重でかつ気配りの人のように思える。

疱瘡を患う

同年十二月二十二日、時宗は左《さ》馬権頭《まごんのかみ》に任じ、従五位下《じゅごいげ》に叙した。十三歳の弘長三年正月、疱瘡《ほうそう》（天然痘）を病んだ。痘痕を残したかもしれない。同年九月十日、幕府は政《まん》所《どころ》執事の二階堂行頼にあてて、切銭《きりせん》（損傷銅銭）の通用を禁止させた。時宗らにあてた将軍の命であった。将軍の命と言い、切銭のことと言い、政所関係のことであろうが、時宗はどういう立場で受命したのであろうか。政所別当《べっとう》は北条政村《まさむら》・長時である。今は確かめ得ない。

時頼の卒去

同弘長三年十一月に入ると時頼の病悩によって、しきりに祈禱が行なわれた。十九日時頼は重態におちいり、二十二日戌《いぬ》の刻（午後七時〜九時）最明寺《さいみようじ》の北亭で卒去した。享年三十七（四十一の説もある）。『吾妻鏡』は次の遺偈《ゆいげ》を載せる。

業鏡《ごうきょう》高く懸《かか》ぐ三十七年、一槌に打砕して大道坦然《たんねん》たり。

『東巌安禅師行実《とうがんあんぜんじぎょうじつ》』『鎌倉年代記裏書』にも引用され、『元亨釈書《げんこうしゃくしょ》』十七も偈を書いたと記している。鷲尾順敬氏は『鎌倉武士と禅』で阿育王山《あいくおうざん》の笑翁妙湛《しょうおうみょうたん》（堪《かん》か）の遺偈の七十二年を三十七年に改めただけで、その意を借りて自己の心地を表明したものだと解している。本居宣長《もとおりのりなが》は宣長学の集約とも言うべき『玉勝間《たまがつま》』の巻一（五十九）「北条時頼がいまはの詞」で、

いとうるさく、かつはをこなる（愚かな）わざなりけり、

と、国学者の立場をあらわにして酷評している。浄土教《じょうどきょう》系の時頼臨終についての所伝もあり、『吾妻鏡』の編集に作意はなかったかも考えてみる必要があろう。北条（名越《なごえ》）時章《ときあき》をはじめ幕府要人の出家が相つぎ、二十三日に葬礼。京都にも訃報がもたらされ、院の評定が停められ、後嵯峨上皇は使者を派遣して弔意を表した。

地方での時頼追悼

地方でも時頼追悼のさまざまなことが行なわれた。僧観円《かんえん》が文永《ぶんえい》三年（一二六六）四月二十七日大般若経《だいはんにゃきょう》を書写したこと（滋賀県びわ町寶嚴寺《ほうごんじ》所蔵）、肥前の御家人国分忠俊《こくぶただとし》（法名尊光）の同国佐嘉《さが》郡（現、佐賀県佐賀郡）の氏寺尊光寺に対する文永八年八月二十七日の北条泰時・時頼の菩提のための寺領寄進、などがそれである。地方の小規模な在地御家人の

得宗への求心性を示す事例である。ちなみに、『東福末寺志《とうふく》』は、前年、時宗が亀山《かめやま》天皇の詔によって同地高城寺《こうじようじ》（大和町久池井《くちい》に現存）の基址を開いた、と伝えている。

時頼のことは文芸の世界でも取りあげられ、『徒然草《つれづれぐさ》』百八十四・二百十五・二百十六段に時頼関係のことが見えるが、時頼卒去のころ尾張におり、鎌倉生まれで寿福寺にもいたことのある無住道暁《むじゆうどうぎよう》は『雑談集《ぞうたんしゆう》』巻三のなかで時頼に触れ、果報威勢は国王大臣にもなお勝れて、「万人これを仰ぐ」と言っている。『増鏡《ますかがみ》』五内野の巻で、

いみじうかしこきものなれば、めでたき聞えのみありて、つはものも靡《なび》き従ひ、大かた世もしづかにをさまりすましたり、

と絶賛され、同書十一や『太平記』三十五で、いわゆる廻国伝説《かいこくでんせつ》が語られている。

近世の時頼評

近世に入っての時頼論は多く、中世以来の絶賛型、好意型などが多いが、反面、

王道を知らずして覇業を固らす、（『本朝歴史略評註』四）

始めて異国の僧をむかへ、禅窟を開きて今に世の費《ついえ》をなす。後世賢明とする事、我その故を知らず、（『読史余論』二）

其の規模近小にして遠大に昧《くら》かりけらし。中々に泰時に及ぶべき人にあらず、（『駿台雑話』四）

その志、民の疾苦に意を用ふべき人とは見えず、

（『福山史料』二十八）

というものもある。あるいは『吾妻鏡』正嘉《しょうか》二年（一二五八）八月・九月条に伝える被官諏《す》訪《わ》刑部《ぎょうぶ》左衛門《さえもん》入道《にゅうどう》の処刑を例にとり、性刻薄、偽を以て刑を行なったとする（『玄洞放言《げんどうほうげん》』下集）など、厳しい批判も多い。それらの論は高柳光寿『日本武将評伝』第一巻にあらあら収められている。

名実共に得宗となった時宗の、父の死を悼む史料は見いだし得ない。また、時宗卒去のときのような直接葬儀にかかわる禅僧の法語は知られない。蘭渓道隆《らんけいどうりゅう》の弟子約翁徳《やくおうとく》倹《けん》は時頼を悼んだ詩「最明寺に遊ぶ」を残しており、海を隔てて阿育王山にあった時頼の近親無象静照《むぞうじょうしょう》の悲しみは、語録下に収める「最期寺殿を悼む頌引」に深く刻まれている。時頼の徳は国内にあまねく、その名は宋朝にまで聞こえ、一族として名誉である、悲しみをこらえ中国の霊跡を巡拝し時頼の冥福を祈って帰国する、と述べている。

『元亨釈書』の時頼賛

時頼と直接道交のなかった渡来禅僧の大休正念《だいきゅうしょうねん》・無学祖元《むがくそげん》・一山一寧《いっさんいちねい》らの語録は、筆を揃えて時頼をたたえている。それらの称賛をまとめたようなものが、虎関師錬《こかんしれん》の『元亨釈書《げんこうしゃくしょ》』十七願雑二王臣の時頼の賛に言う、

二美を兼ねて全きは、それただ平帥《へいすい》（時頼）のみか、

時頼の自省

伝北条時頼墓所（鎌倉市山ノ内　明月院）

という評言である。二美とは、王室に藩たること（国王を助け善政を行なったこと）、禅宗を宣揚したこと、この二つである。その是非については前述の論評が参考になろう。

一番肝心なことは、時頼自身が自分の生涯をどうまとめていたかである。幸い弘長二年に鎌倉に来て布教し、多くの人に感銘を与え、関東における西大寺流律宗流伝の基礎を作った叡尊《えいそん》の行動を記した『関東往還記』六月十三日条に、それと解してよい記事がある。「不肖の身でありながら誤って征夷の権を執《と》り、競々の思い、薄氷を踏むようである。名利のためには何度も命をかけてきた。しかし、仏法のためにはまだ身を捨てる心まで起こしてはいない」というのである。基本的には時宗にもあてはまる言である。

時頼の卒去を述べた『吾妻鏡』の次の記事は、潤色はあるが、時頼についての公式的な総括と言ってよかろう。

平生の間、武略を以て君を輔《たす》け、仁義を施して民を撫す。然る間、天意に達し人望にかなう。終焉の尅《とき》、叉手《しやしゅ》して印を結び、口に頌を唱えて、現身成仏《じょうぶつ》の瑞相を現ず。もとより権化《ごんげ》の再来なり。誰かこれを論ぜんや。道俗貴賤群を成してこれを拝したてまつる。

第三 連署時代

一 連署就任

執権・連署の交替

文永《ぶんえい》元年（一二六四）七月、執権《しっけん》の北条長時《ほうじょうながとき》が出家し、八月には辞職して、連署《れんしょ》の北条政村《まさむら》が執権となり、政村のあとに十四歳の北条時宗が連署となった。この体制は、蒙古《もうこ》国書の到来を機として、文永五年三月、時宗が執権となり政村が連署となるまで続く。この時宗の連署時代について、連署就任前後の政情の推移、庶兄時輔《ときすけ》の六波羅南方《ろくはらみなみかた》就任前後の政情と、親王将軍宗尊《しんのうしょうぐんむねたか》の京都送還に重点を置いて説明しよう。使用史料の多くは『吾妻鏡《あずまかがみ》』であるが、同書は時宗の小侍所《こさむらいどころ》時代の弘長《こうちょう》二年（一二六二）に続き文永元年が欠けている。

『吾妻鏡』欠文中の文永元年正月から時宗が連署になる同年八月まで、つまり時宗が連署になるすぐ前の期間について、幕府の施策を知るため、輪切り風に、幕府・六波羅探題が出した文書を『鎌倉遺文』第十二巻で見てみると、その内容は、文書の性質に即していることでもあるが、所務相論《しょむそうろん》（所領関係の訴訟）の裁決、相続安堵《あんど》、所職《しょしき》還補、狼《ろう》藉停止《ぜきちょうじ》、神事遂行、在京奉公の下命などである。百姓に対する撫民《ぶみん》政策は時頼の代のまま受け継がれ、二毛作の普及など生産力の上昇につけこんで在地領主らが田麦《たむぎ》（水田裏作の麦作）と称して別徴することを禁じている。短い期間に限ってのことであるが、政策面では時頼政策の継承以外、時宗の連署就任に関して特別に云々することはない。以後、蒙古《もうこ》問題が起こるまで、基本的には、この状況が続いていく。

幕政人事の動き

以下、幕政人事面の動きを追ってみよう。文永元年四月に実務吏僚系の引付衆《ひきつけしゅう》二階《かい》堂行綱《どうゆきつな》、同行忠《ゆきただ》が評定衆《ひょうじょうしゅう》に加わったが、五月三日、評定衆・一番引付頭人《とうにん》の北条（大《おさ》仏《らぎ》）朝直《ともなお》が没した。朝直は、北条重時《しげとき》・政村・安達義景《あだちよしかげ》らとともに北条時頼体制を支えた重要人物であった。北条泰時《やすとき》の娘が朝直の妻であり、得宗《とくそう》への親近度は高かった。それだけに、その死は時宗体制を準備しつつある者たちにとっては打撃であった。六月十六日、朝直の欠を補い評定衆の陣容が整えられた。北条（名越《なごえ》）時章《ときあき》（五十歳）・北条（金《かね》沢《さわ》）実時《さねとき》（四十一歳）・安達泰盛《あだちやすもり》（三十四歳）がそれぞれ一・二・三番の引付頭人となった。実時・泰盛の時宗との親密さは言うまでもない。時章は名越一門の中心であり、反得宗で律しきれる人物ではあるまい。

時宗の連署就任について注目されるのは、時宗が直接執権にならず、まず連署となっていることである。得宗で連署になっているのは時宗だけであり、異例である。時宗中心の支配体制への方向が固まりつつはあるものの、反得宗（反時宗）的傾向が皆無ではないし、時宗の十四歳という年齢では、得宗として尊重されながらも、難しい政情に対処するには、まず両執権のうちの連署という名目にし、政村が執権として実質上得宗時宗を補佐するのがよいという方途がとられたのであろう。それらをひっくるめて幕府内部に動揺をきたさないよう老練な政村が執権となったのであろう。このことについては第六の五で補説する。

時宗の連署就任の経緯

時宗の連署就任にあたって大きな問題は庶兄時輔の処遇であった。時頼は時宗を正嫡として、事あるごとにその点を周囲の者に確認させ、時輔に対しては、はっきり差別としていた。時宗が結婚直後に極楽寺《ごくらくじ》亭で小笠懸《こかさがけ》の妙技を披露したことが『吾妻鏡』に見えるが、時頼の周到な時宗引き立ての工作が感じられる。ただ、時輔は一応の人物であったようだし、反得宗的な動きが出てくれば、その結節点に一番なりやすい存在であることは明らかであった。この段階では、北条氏内部がすべてにわたって得宗に帰一していたわけではない。時輔自身、反得宗時宗の方向へ行く可能性はもっていたし、大きくは反得宗的に政治化される契機となり得る存在であった。そうした状況下で、長時《ながとき》の出家―卒去に伴う幕府人事の更迭は、時輔のもつこの危険性を除去する好期になった。名目をもたせて実質的に危険性をなくせばよいのである。時宗が連署に就任して政村・時宗体制が整えられていく、その一段落として、文永元年十月、時輔は六波羅探題南方として赴任させられた。その間の経緯について少し説明を加えておきたい。

時輔の六波羅探題就任

六波羅探題北方《きたかた》の時茂《ときもち》は、執権長時の同母弟とも伝え、連署政村の娘婿であった。長時・政村を首班とする幕府は、この上もない人物を、幕府の出先機関としてもっとも重要な六波羅に配置していたのである。文永元年まで八年間、時茂は幕府の期待どおり、忠実に役割を果たしていた。時輔はこのような人物と相並んで六波羅探題南方に任ぜられたのである。六波羅探題は、泰時（北方）・時房《ときふさ》（南方）が執権・連署に転じたあと、時氏《ときうじ》・時盛《ときもり》が北方・南方となった。時盛が仁治《にんじ》三年（一二四二）南方を辞したあと、六波羅探題は重時―長時―時茂と、得宗に親しい極楽寺系の北方だけであり、時輔の南方就任は仁治三年以来のことであった。時輔は時宗の連署就任に釣り合わせた形で六波羅探題南方に配されたが、それは、得宗にもっとも親しく、かつ執権政村の娘婿である六波羅探題北方時茂による監視下に入ることを意味した。鎌倉から京都への、名目をつけての体のよい追放であったとも言える。時茂は二十四歳、時輔は十七歳であった。

小侍所別当の交替

時宗の連署就任に連動した人事として、北条宗政《むねまさ》・業時《なりとき》への小侍所別当の交代がある。宗政は時宗の同母弟で十三歳、業時は重時の五男という。ときに二十五歳。小侍所における実時・時宗の関係は、そのまま業時・宗政に移されている。群書類従本『北条系図』によれば宗政・業時の妻は政村の娘である（『系図纂要』では業時の妻は長時の娘）。文永元年四月・十一月には評定衆の整備がなされた。

時宗の官位昇進

同年十二月二十一日、政村は従四位上《じゅしいのじょう》に叙せられ、時宗の官位も進んでいく。時宗は文永二年正月五日、従五位《じゅごい》上に叙せられ、同月三十日但馬権守《たじまごんのかみ》を兼ね、同年三月二十八日相模守《さがみのかみ》政村は左京権大夫《さきょうごんのだいぶ》に転じ、時宗は相模守を兼ねた。相模守は執権・連署が任ぜられているが、執権の象徴のようになる。

文永二年六月十一日、前年の評定衆の大幅な補充に続いて評定衆・引付衆の大幅な人事異動が行なわれたが、全体に北条氏一門の登用が目立っている。評定衆は、北条氏は二名（朝時《ともとき》卒去まで三名）から四名へと倍増である。引付衆は、前年の大幅な評定衆への異動のあとをうけて一気に七名が新加され、うち四名が北条氏で、義政《よしまさ》、業時、宣時《のぶとき》らは二十代であって、引付衆は裁判の迅速化のための処理能力よりも北条氏一門の、いわば出世の一階梯となっていく状況が知られる。一番引付頭人は名越《なごえ》氏の時章《ときあき》で、時章の弟教時《のりとき》が評定衆に転じ、時章の子公時《きみとき》が引付衆に新加されており、名越氏一門の進出は、のちの二月騒動（後述）と呼応して考えさせられることである。

引付の廃止

文永三年三月には、引付がいったん廃止され、「重事は執権・連署が直接聴断し、細事は問注所に仰せ付ける」（『鎌倉年代記』）という体制に変わった。このことについては、執権政治の根幹の大きな変質で、得宗勢力による評定衆合議《ごうぎ》制《せい》の圧迫とする村井章介氏の意見（『日本史研究』二六一号）と、重事の執権、連署による直接聴断は、評定の場で執権、連署が直接訴訟を指揮することを意味しているという岡邦信氏の村井論文批判（『法制史研究』三五号）がある。このあと、文永四年四月に越訴《おっそ》奉行が廃止されており、得宗権力の強化過程での現象であることは確かである。

二　将軍宗尊

連署時代の北条時宗にとって、重要なかかわりをもったのは将軍の宗尊と執権の北条政村である。ここでは宗尊との関係を中心に見てみたい。

宗尊将軍期は幕府歌壇史の画期

両者の関係は、私的な面で言えば、宗尊は時宗の烏帽子《えぼし》親《おや》であった。公的には、時宗は将軍宗尊に対し、小侍所時代まではとくに近侍諸役を統轄し、続いて連署として執権政村と共に幕政の実際をあずかり、将軍を補佐した。幕府政治史上両者の関係でよく知られているのが、政村・時宗ら幕府首脳者が文永三年（一二六六）将軍宗尊を廃して帰洛させたことである。宗尊は源実朝《みなもとのさねとも》に続き幕府歌壇に画期的な隆盛をもたらした中世和歌史上の一偉材で、歌格は実朝に及ばないかもしれないが、実朝よりはるかに多くの詠歌を残し、その詠歌は幕政史の史料としても貴重である。以下、宗尊が京都に送還された理由・経緯を見て、時宗伝の重要事項の説明としたい。

まず宗尊の側から見ていこう。第一にあげられるのは、将軍としての帝王学の学習である。宗尊が鎌倉の主《あるじ》となった翌年の建長五年（一二五三）三月、父の後嵯峨上皇《ごさがじょうこう》は、父祖代々文章博士《もんじょうはかせ》の家系であり、『唐鏡《からかがみ》』の著などで知られる藤原茂範《しげのり》を侍読《じどく》として鎌倉に遣わしている。幕府側でも宗尊の学問奨励につとめ、御所では『帝範《ていはん》』や『臣軌《しんき》』の読み合わせが行なわれている。将軍の帝王学の学習は宗尊に限ったことではないが、宗尊の場合、将軍としての王者風の治者意識がみなぎっていたことが、宗尊の命で歌人真《しん》観《かん》（葉室光俊《はむろみつとし》）が編んだ家集『瓊玉《けいぎょく》和歌集』巻九・十の詠歌に明示されている。宗尊が鎌倉にあった時期の歌を収めた歌集を『柳葉《りゅうよう》和《わ》歌集《かしゅう》』というのも象徴的である。「柳葉」は「柳営《りゅうえい》」に通じ、将軍のことである。宗尊最晩年の歌集『竹風《ちくふう》和《わ》歌集《かしゅう》』には、在鎌倉期を回顧した歌のなかに、「むかしはあるじ鎌倉の里」「人ごとのひまなかりしも昔にて」「虎とのみもちゐられしは昔にて」（題は鼠、『増鏡《ますかがみ》』第七北野の雪にも引く）、との回想が見られ、傀儡《かいらい》としての存在に終始しなかった語感をにじませている。

　次に京都宮廷に準じて将軍侍衛の制度つまり御所諸役が整えられ、それに伴う問題が生じたことについて見てみよう。

　『吾妻鏡』には宗尊期の御所関係諸役として昼番《ひるばん》・御格子番《おんこうしばん》・問見参番《もんげざんばん》・廂《ひさし》番・歌仙結番《けちばん》などが見える。ほかに狭い内廷的な役もある。御所役のなかの典型的な廂番については第二の四で説明した。前に少し説明しているが、時宗の名が見える正元《しょうげん》二年（文応《ぶんおう》元・一二六〇）正月二十日の昼番について詳しく記しておこう。昼番は、昼の間、将軍近侍の役を勤めることである。宗尊の用があるとき無人なので結番を定めたという。歌道・蹴《け》鞠《まり》・管絃《かんげん》・右筆《ゆうひつ》・弓馬・郢曲《えいきょく》など、それぞれ一芸に優れた者七十八人を御家人から選び、十三人ずつを六番に編成したのである。六日目ごとに将軍御所に出仕することになる。各番の頭人《とうにん》は、一番が十歳の時宗である、以下、時広《ときひろ》、義政《よしまさ》・時村《ときむら》・教時《のりとき》・実時の北条氏一門が頭人となっている。時輔は三番の番衆である。時宗は昼番一番頭人になった翌月に小侍所に入っている。関連があろう。

歌仙結番の制

弘長《こうちょう》元年（一二六一）三月二十五日、将軍近習者のなかから詠歌に優れた者を選び、おのおの当番の日に五首の和歌を奉ることと定められた。歌仙結番の制である。番衆は公家（殿上人《てんじょうびと》）の冷泉隆茂《れいぜいたかしげ》以下、幕府歌壇の中心的人物である。北条時広は北条氏のなかでただ一人歌集を残した人物。後藤基政《ごとうもとまさ》は引付衆で、宗尊の命により『東撰和歌六帖《とうせんわかろくじょう》』を撰進している。押垂《おしたれ》（安倍《あべ》）範元《のりもと》は幕府の陰陽師《おんみょうじ》で、宗尊の帰洛を機に出家したらしく、順教房寂恵《じゃくえ》の名で知られる歌人である。北条時通《ときみち》（時直との意見もある）や番衆の最後にあげられている鎌田行俊《かまたゆきとし》も詠歌の達者である。宗尊の和歌愛好は耽溺と言ってよいくらいであった。中世の和歌は多分に「公」化される側面があるが、この歌仙結番の制は、幕府「政治」の公的場面に和歌が制度化されたことを意味するものである。北条政村亭での和歌会など多くの参会者が知られるが、将軍を中心に御家人たちの文芸愛好は広い範囲にわたっていた。

三　将軍宗尊の京都送還

将軍宗尊近侍者の性格

将軍宗尊の近侍者で、政治面において問題になるのは、京下りの公家《くげ》と近侍諸役を勤める御家人である。公家の宗尊に対する親近度が高かったことは言うまでもないが、彼らの果たす役割は主として御所の儀式面、学問・和歌・連歌・蹴鞠《けまり》などの文芸・芸能面など、文化的側面が主で、政治的には京都宮廷と鎌倉をつなぐものであり、幕府を飾る「権威」であった。京—鎌倉を往来することがかなり頻繁で、彼らの背景である後嵯峨《ごさが》上皇《じょうこう》は親幕府であり、彼らが反幕府に転ずるなどということは、まずほとんどなかった。将軍への近侍諸役を勤める御家人は、将軍と御家人の鎌倉幕府主従制のたてまえから反北条氏・反得宗に転化する潜在性は皆無ではなかった。文芸愛好の御家人などは宗尊との結び付きは弱くはなかったろう。

幕府首脳部の評定衆・引付衆などは、将軍近侍役に従った者など宗尊への親近性は高かったろう。その他の契機も入れて全体を将軍派・得宗派などと明確に色分けできるかどうかは問題である。明確に色分けできる部分もあろうが人間関係の流動性もあり、考慮すべきであろう。

垸飯の政治的役割

ところで、その幕府首脳部とは、時宗・政村・実時《さねとき》・安達泰盛《あだちやすもり》らであった。時宗については、時宗単独の政治的行動はほとんど知られない。文永二年と三年の元旦、時宗は垸飯《おうばん》を主宰している。垸飯というのは幕府の重要な年中行事の一つで、有力御家人が歳首に行なう将軍への饗応《きょうおう》の儀式で、将軍と御家人の主従関係の確認行為である。時宗はすでに幕政で重きをなしていたのである。文永二年閏四月、十五歳の連署時宗は、小《こ》侍所《さむらいどころ》に御所勤番不参者は罪科に処する旨を令達している。そこに見られるのは、まさしく厳然たる為政者の姿である。時宗は得宗として北条氏の族的結合の結節点であり、年少な連署ながら、幕政の中心的存在であったとみてよかろう。以下の三人について、宗尊との関係を考慮に入れて、文永三年段階で少し説明をしておこう。

将軍宗尊と北条政村・安達泰盛

政村は六十二歳、趣味・志向の面から言って、宗尊にひどい悪感情をもっていたとは思われない。有数の幕府歌人で、貴族的趣向もあり、個人的には宗尊に相応の親近感をもっていたろう。安達泰盛は三十六歳、宗尊に対する感情などを知りうる材料には恵まれない。宗尊将軍の時代に入って評定衆・三番引付頭人・越訴《おっそ》奉行など、幕府の要職を経ているが、格子番《こうしばん》・廂番《ひさしばん》・昼番の所役を勤めて宗尊に近侍していた経歴がある。射芸・馬術などに優れ、蹴鞠《けまり》・書に長じ、真言《しんごん》信仰に厚く、文武兼備の武士であった。宗尊に近侍していた和歌・蹴鞠で知られる京都公家の飛鳥井《あすかい》氏は姻戚関係にあり、親王将軍を中心とする幕府の京風化について、かならずしも不快の念ばかりもっていたわけではあるまい。将軍への求心性はかなりあったとみられる。しかし、泰盛は外様《とざま》有力御家人ではあったが、同時に妹（養女）婿の得宗時宗との関係で幕政に重きを加えており、得宗支持の姿勢は、この段階では北条氏一門の政村・実時よりむしろ強い面があったろう。実時（四十三歳）については第二の三で述べた。

宗尊の参詣出行

前述したが、宗尊は公家・御家人らを供奉として頻繁な出行《しゅっこう》をしている。それは大別すると鶴岡《つるがおか》・二所《にしょ》などへの参詣と執権・得宗亭などへの出行である。後者は宗尊なりの親睦協調の表現であろう。前者は幕府の総司祭者的な行為である。源頼朝《みなもとのよりとも》の段階では執政と司祭とは一致していたが、源実朝《みなもとのさねとも》の段階では両者は分離し、執政の実は北条氏に移ってゆき、宗尊の段階では執政の実は得宗・執権にあったから、いきおい宗尊は参詣出行などに力点を置かざるを得なかった。その供奉催促《ぐぶ》にあたっての専行性と、それに対する小侍所の実時・時宗の批判的対応もすでに述べたところである。

宗尊の和歌をめぐる動きも前項で述べたが『増鏡』第七の北野の雪に、宗尊の失脚・

鶴岡八幡宮

帰洛について述べた箇所がある。原文を次に掲げよう。

世を乱らむなど思ひよりける武《もの》士《のふ》の、この御子《みこ》の御歌すぐれて詠《よ》ませ給ふに、夜昼《よるひる》いとむつまじく仕《つか》うまつりけるほどに、おのづから同じ心なるものなど多くなりて、宮の御気色《みけしき》あるやうにいひなしけるとかや。さやうのことどもの響《ひび》きにより、かくおはしますを、思《おぼ》し嘆き給ふなるにこそ。

和歌愛好の集まりと将軍宗尊

「世を乱らむなど思ひよりける武士」（謀反を起こして世を乱そうと企てた武士ども）というのは、具体的には反政村・時宗体制勢力として結集する武士、ということである。そのような動きが顕在化するおそれはあった。さらに、和歌愛好の集まりが、それを主宰する宗尊の政治面における象徴的権威性を媒介として反政村・時宗勢力に転化するおそれもあった。しかし、後嵯峨上皇・幕府の事後処置からみても、和歌愛好の集まりが宗尊をかついで明瞭に反政村・時宗の動きを示したとは断言できない。右の文章は、帰洛後の二月騒動関係のことだとの解釈もできるが、広く宗尊失脚に関する京都側の歴史物語の形を通しての理解としておこう。

宗尊の出行統轄の政治的意味

宗尊は、十有余年鎌倉の主《あるじ》として年歯を加え、政治的「権威」は政治的な実質を加えつつあった。そして、二十五歳の青年将軍として王者的専行性を強め、和歌などを通じて親近の者との間に情宜的連帯を深め、さらにそれを超えそうな動きをもつ宗尊の存在は、幕府の権威付けという宗尊に対する幕府首脳部側の当初の要望を超えるものとなった。権威が政治の実体性をもつようになってはいけないのである。

出行統轄と詠歌以外に宗尊が本気でやったものは何であっただろうか、と思われるほどである。将軍出行の供奉をめぐる宗尊の専行化は、親王将軍らしい儀容の整備という単純な思いを超えて、将軍と御家人の主従制の再編強化につながることになる。和歌の幕政における制度化、宗尊の和歌耽溺《たんでき》とそれに集まる御家人らの動きは、右のこととからみ合う性質のものであった。

そこに、将軍の妻宰子と護持僧良基《りょうき》との密通事件が露顕する。文永三年六月二十日、時宗の亭に時宗・政村・実時・安達泰盛らが会合して「深秘の沙汰」が行なわれた。密通一件は幕府首脳部が、宗尊のありようを「謀反」と藉口《しゃこう》するのに絶好の事件だったと言えよう。こうして北条氏を中核とする幕府政治体制の擁護という大局的判断から宗尊の京都送還は決定されたとみられる。鎌倉は近国の御家人らが蜂のように競い集まり、騒動となり、将軍御所に残る者もあり、北条（名越《なごえ》）教時《のりとき》は甲冑《かっちゅう》軍兵数十騎を召しつれて宿所に至り、時宗から動きを制せられている。

宗尊と宰子の間には三歳になる惟康《これやす》がおり、将軍の代替《だいたい》に格別配慮する必要はなかった。幕府は時宗よりはるか年少の将軍を推戴し、将軍の名目化はいよいよ強くなり、得宗専制体制の方向は強まっていった。

四　大陸の情勢

鎌倉で将軍の廃立が行なわれていたころ、大陸では、のちの蒙古《もうこ》襲来につながる事態が進んでいた。

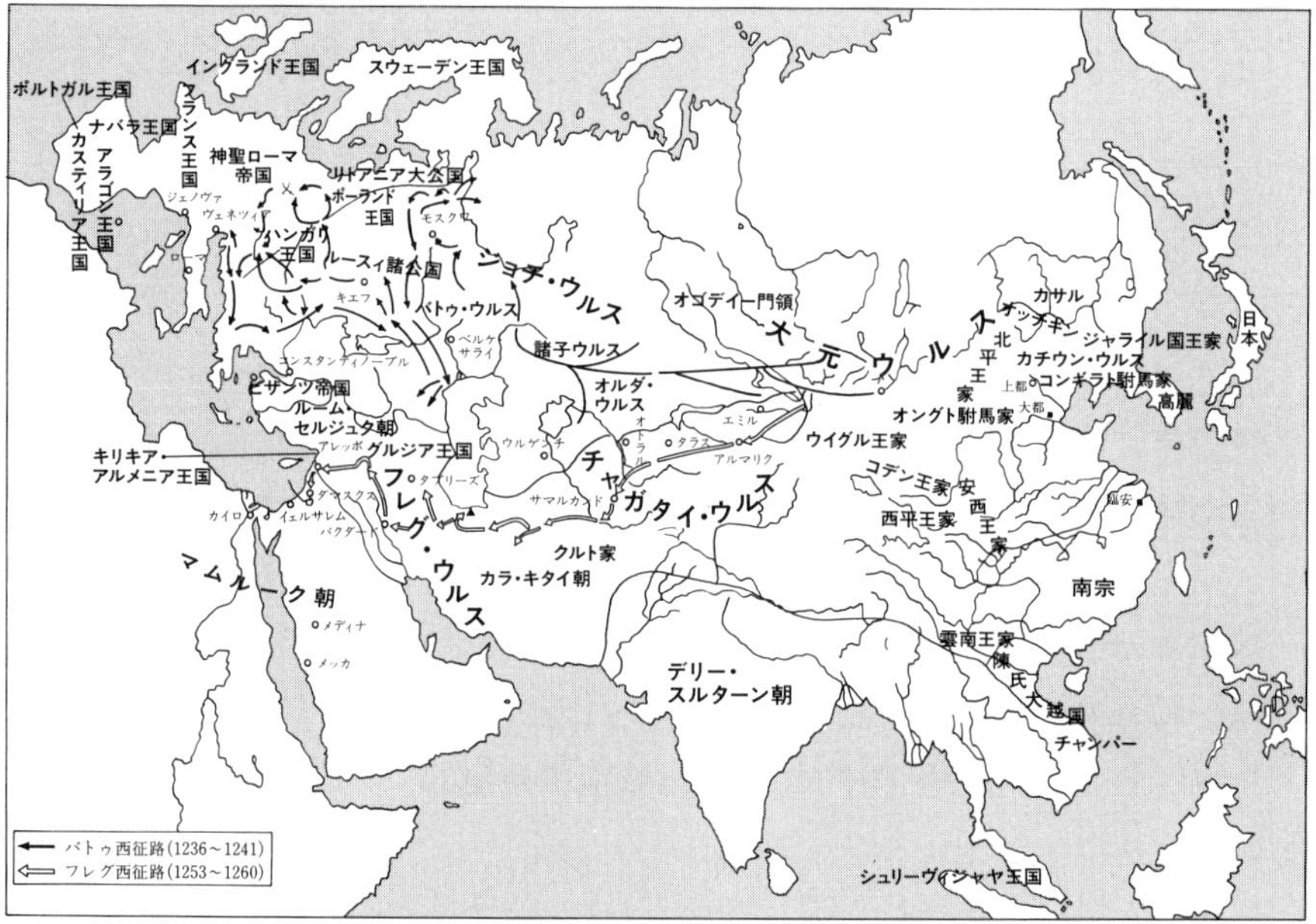

1260年代末のユーラシア

本田実信『モンゴル時代史研究』(東京大学出版会、1991年)、村井章介『北条時宗と蒙古襲来 時代・世界・個人を読む』(日本放送出版協会、2001年) をもとに作図。

蒙古の興起と遠征

東は興安嶺《こうあんれい》から西はアルタイ山脈にわたってモンゴル高原が広がっているが、その東北オノン河の上流の遊牧をこととしていたモンゴル人のなかから、十二世紀末、テムジンが出てモンゴル部族を統一し、一二〇六年に即位してチンギス・ハーンと称した。彼は遊牧社会の移動性を利し、強固な軍団組織のもとに征服事業を進め、東西交通の要《よう》衝《しょう》をにぎるカラ・キタイを滅ぼし、続いてホラズム王国に遠征し西夏《せいか》を討っている。チンギス・ハーンの死後、蒙古（モンゴル）の征服は続き、その勢力は中央アジア・西南アジアから東ヨーロッパにおよんだ。

蒙古帝国の展開

この広大な地域を政治的に長く統一しておくことは、所詮、不可能である。汗位《かんい》の継承をめぐる紛争は、この空前の世界帝国に分裂をもたらした。一二六〇年のクビライの即位以後、帝国全体を統合する東ユーラシアの大元ウルス（ウルスは国）のもと、中央アジアのチヤガタイ・ウルス、西北ユーラシアのジョチ・ウルス、西アジアのフレグ・ウルスの展開をみた。クビライを首長とする大元ウルスは東アジアの掌握のための新しい支配秩序の形成に乗り出した。それは端的には高麗《こうらい》の服属、南宋《なんそう》の攻略となって現われたのである。

日本と南宋

蒙古が攻略、目標にしている宋（九六〇～一二七九）は、その興起以来、長い期間にわたって日本と交渉をもっていた。日本と南宋（一一二七〜一二七九）の交易関係は南宋に経済的活力を与えており、蒙古としても日本を東方のとるに足らぬ小島だなどと放ってはおけなかった。できれば日本を南宋と切り離し、自分の側につけたい。そのようなとき、日本のことについてクビライに進言する者があった。朝鮮半島南部の出身でクビライに用いられていた趙彝《ちょうい》である。進言の内容は、日本の制度・文物・政治は優れており、漢《かん》・唐《とう》の時代から中国と通交している、だから蒙古も日本と交渉をもつべきだ、というものである。日本と交渉をもつには高麗を中継ぎにして道案内をさせたがよい、とも言っていた。

クビライは兵部《へいぶ》侍郎黒的《じろうこくてき》・礼部《れいぶ》侍郎殷弘《いんこう》を使者として高麗に派遣した。使者は高麗国王と日本国王あての二通の国書を持参していた。高麗国王あてのものは、風濤《ふうとう》の険阻《けんそ》や、いまだかつて通好していないということで命に従わないなどということは絶対許さない、という厳命であった（『高麗史』）。問題は日本国王あての国書の内容である。次に引こう。

蒙古国書の内容

上天の眷命《けんめい》せる（いつくしまれた）
大蒙古国皇帝、書を
日本国王に奉《たてまつ》る。朕惟《おも》うに、古《いにしえ》より小国の君、境土《けいど》相接すれば、尚努《なおつと》めて信を講
じ睦を修む。況《いわ》んや我が

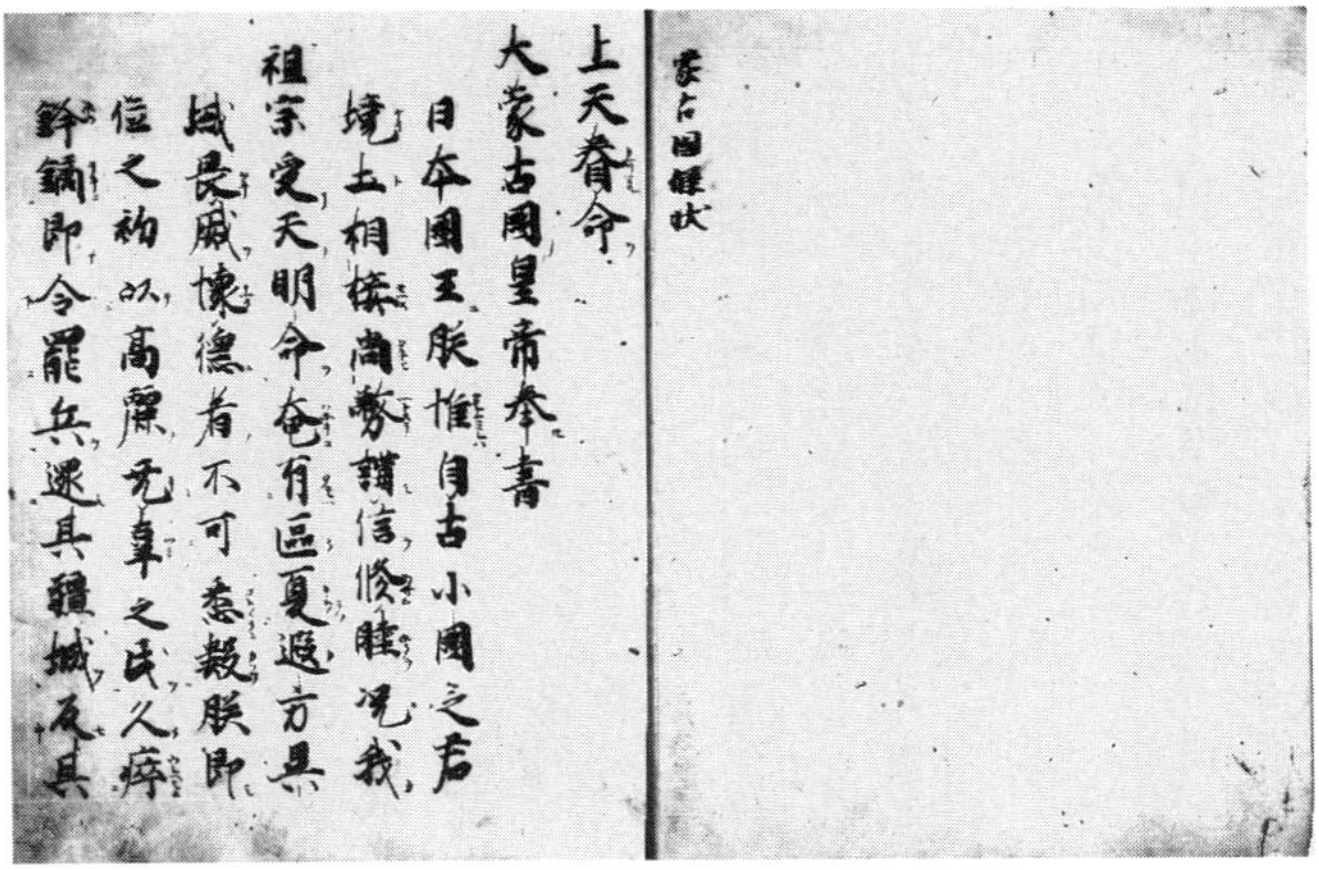

蒙古国牒状

上天眷命
大蒙古國皇帝奉書
日本國王朕惟自古小國之君
境土相接尚務講信修睦況我
祖宗受天明命奄有區夏遐方異
域畏威懷德者不可悉數朕即
位之初以高麗無辜之民久瘁
鋒鏑即令罷兵還其疆域反其

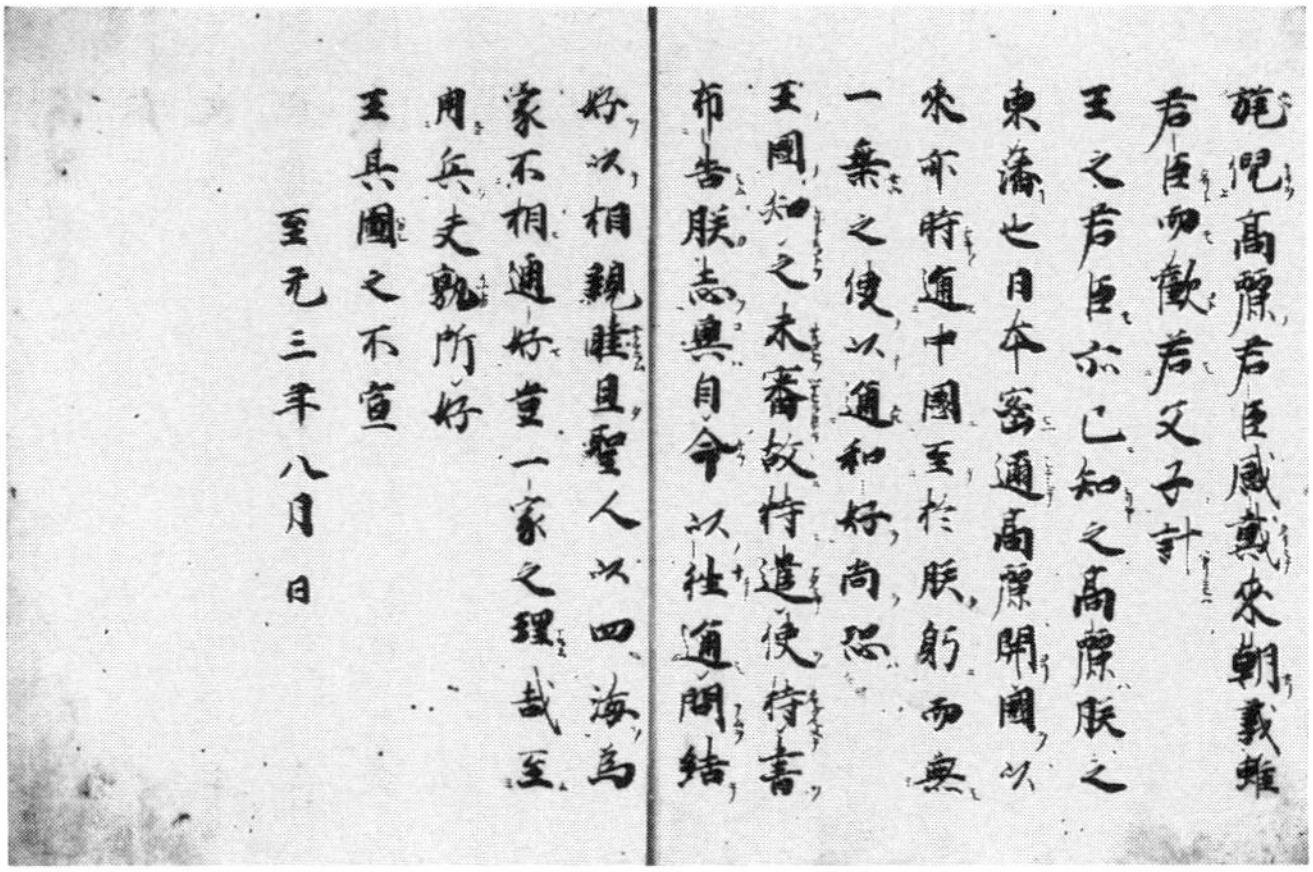

旄倪高麗君臣感戴來朝義雖
君臣而歡若父子計
王之君臣亦已知之高麗朕之
東藩也日本密邇高麗開國以
來亦時通中國至於朕躬而無
一乘之使以通和好尚恐
王國知之未審故特遣使持書
布告朕志冀自今以往通問結
好以相親睦且聖人以四海為
家不相通好豈一家之理哉至
用兵夫孰所好
王其圖之不宣
至元三年八月日

蒙古国書（東大寺所蔵）

祖宗、天の明命を受け、区夏《くか》（天下）を奄有《えんゆう》す（すべて領土とした）。遐方《かほう》（はるかな遠方）異域の威を畏《おそ》れ徳に懐《なつ》く者、悉《ことごと》くは数うべからず。朕は即位の初め（一二六〇年）、高麗の辜《つみ》なき民の久しく鋒鏑《ほうてき》（戦争）に瘁《つか》るるをもって、すなわち兵を罷《や》め、その疆《きょう》（域）城を還《かえ》し、その旄倪《ぼうげい》（老人と子ども）を反《かえ》らしむ。高麗の君臣、感戴《かんたい》（ありがたくおしいただく）して来朝せり。義は君臣なりと雖《いえど》も、歓《たのし》みは父子の若《ごと》し。計《はか》りみるに、王の君臣もまた已《すで》にこれを知らん。高麗は朕の東藩（東方の従属国）なり。日本は高麗に密邇《みつじ》し（まぢかく接し）、国を開きて以来《このかた》、また時として中国に通ず。朕が躬《み》に至りては、一乗（車一両）の使いのもって和好を通ずることなし。尚恐らくは、王の国のこれを知ること未だ審《つまび》らかならざるを。故に特に使いを遣わし、書を持ちて朕が志を布告せしむ。冀《こいねがわ》くば今より以往、問を通じ好を結び、もつて相親睦せんことを。且《かつ》聖人は四海をもって家と為す。相通好せざるは、あに一家の理ならんや。兵を用うるに至りては、夫《そ》れ孰《たれ》か好むところぞ。王それこれを図《はか》れ。不宣《ふせん》（述べ尽くしていない）。

（返り点・訓仮名あり）

宗性、蒙古国書を写す

蒙古国書は『元史』巻二〇八日本伝、『高麗史』巻二十六にも載っているが、右の文は東大寺の宗性《そうしょう》が、文永五年（一二六八）二月、蒙古国書が日本にもたらされてすぐに写したものである。『元史』『高麗史』には、書き出しの定型句の漢訳表現である「上眷天命」の語や、臣としない対等国扱いの「不宣」という書き止め文言はない。蒙古国書は、高麗の蒙古への服属事情を説明し、その重みを背景に、日本に対して修交を求めたもので、応じなければ武力を用いると脅している。これに対する日本の態度は次に述べよう。

第四　蒙古国書の到来と執権就任

一　蒙古国書

蒙古国書の到来

至元《しげん》三年（文永《ぶんえい》三・一二六六）クビライの命を受けた黒的《こくてき》らは高麗国王使《こうらいこくおうし》に伴われて巨済島《きょさいとう》まで来たが、荒海に恐れをなして開京《かいけい》に戻った。高麗の宰相李蔵用《りぞうよう》の画策によるものであった。クビライは激怒して再び日本招諭を命じ、高麗使潘阜《はんぷ》が前引の蒙古国書を携えて来日した。文永五年（一二六八）正月のことである。東大寺《とうだいじ》にある『調伏《ちょうぶく》異朝《いちょう》怨敵抄《おんてきしょう》』には前引蒙古国書に続き、至元四年九月の高麗元宗《げんそう》の日本あての啓《けい》（牒状《ちょうじょう》）と（至元五年）正月の潘阜の啓が写されており、蒙古の厳命で日本に仲介をする高麗の苦しい立場がにじみ出ている。大宰府《だざいふ》の武藤資能《むとうすけよし》は直ちに国書を鎌倉幕府に進達した。幕府は使者を上洛させ、幕府と朝廷とのあいだを取り次ぐ西園寺実氏《さいおんじさねうじ》に蒙古国書や高麗からの書を渡し、朝廷（後嵯峨上皇《ごさがじょうこう》）への奏達をもとめた（『師守記《もろもりき》』貞治《じょうじ》五年五月九日条）。

蒙古国書をめぐる評定

時の天皇は亀山《かめやま》天皇であるが、実際の政務を握っていたのは後嵯峨上皇である。文永五年二月に入ると返牒《へんちょう》の有無などについての院評定《いんのひょうじょう》が連々行なわれた。その間のことは関白近衛基平《かんぱくこのえもとひら》の日記『深心院関白記《じんしんいんかんぱくき》』にくわしい。基平は蒙古来牒について「此の事国家の珍事大事なり、万人驚歎のほか他なし」と記している。蒙古国書に対する返牒の有無について院での協議は重ねられたが、なかなか意見の一致をみなかった。二十三歳の関白基平は「返牒有るべからず」という意見であった。宗性《そうしょう》が記している蒙古国書や高麗からの書の写しの奥書《おくがき》によると、諸卿の評定は返牒しないということに決定している。

幕府が蒙古国書等を後嵯峨上皇に奏達したのは、簡単に言えば、国の外交権は京都宮廷にあったからである。しかし、幕府は何の考えもなしに京都宮廷への奏達の手続きをしたとは思われない。前後の状況からみて、北条政村《まさむら》・時宗《ときむね》を中心とする幕府は返牒をしないということに決定していたのではないかと考えられる。後嵯峨上皇は、言ってみれば幕府の力で即位しており、幕府の意向を尊重していた。『帝王編年記』文永五年二月十四日条に「武家使者二人参院」とあるのも、右のような文脈のなかで読まれることがらであろう。次のことはそれをさらに明らかにしている。

幕府、異国用心の命を出す

文永五年二月二十七日、幕府は執権北条政村、連署北条時宗連名の関東御教書《かんとうみぎょうしょ》で駿河守《するがのかみ》にあてて、

蒙古人凶心を挿《さしはさ》み、本朝《（日本）》を伺ふべきの由、近日牒使《ちょうし》を進むるところなり。早く用心すべきの旨、讃岐《さぬき》国御家人《ごけにん》等に相触れらるべきの状、仰せに依つて執達くだんの如し。

という命令を下した。駿河守は讃岐守護北条有時《ありとき》と解されている。幕府は高麗牒使のもたらした蒙古国書を「蒙古人凶心を挿み、本朝《（日本）》を伺ふ」ものと把握し、讃岐守護に命じて異国用心を管内の御家人らに触れさせたのである。国の軍事・警察のことを担う幕府が異国防御の態度をとったのに対し、京都朝廷では、返牒の有無・御祈・徳政《とくせい》・伊勢神宮への公卿勅使《ちょくし》・大神宝のことなどが評議され（『深心院関白記』文永五年二月十四日条）、二十二社への奉幣《ほうへい》がなされ、以後しきりに異国降伏《ごうぶく》の祈禱が行なわれる。幕府もまた全国的規模で異国降伏の祈禱を行なうことになる。

二　時宗の執権就任

文永五年（一二六八）三月、蒙古国書を「日本蒙古に伏従すべきの由これを載す」（『関東評

定衆伝』文永五年条）として、その対応に大わらわな幕府では、連署《れんしょ》の時宗《ときむね》（十八歳）が執権《しっけん》となり、執権の北条政村《まさむら》（六十四歳）が再び連署となった。執権が連署になった前例はなく、両者交代の主要契機が時宗の成人もさることながら、蒙古来牒にあったことは明らかである。時宗は、蒙古問題に直面しながら、種々の問題を包蔵する幕府政治を、政村らの直接補佐のもと、名実共に領導することとなったのである。

時宗の直接補佐者

時宗を直接補佐していたのは、文永三年（一二六六）六月、将軍宗尊《むねたか》廃位の件で時宗邸で「深秘の沙汰《（寄合）》」をした北条政村・北条（金沢《かねさわ》）実時《さねとき》・安達泰盛《あだちやすもり》らである。それに得宗被官《とくそうひかん》の上首平頼綱《たいらのよりつな》を加えてもよかろう。時宗関係の寄合《よりあい》の史料は、このあと『建治三年記』十月二十日条まで見えないが、それは史料の残り具合の問題で、緊急を要する重要事項など、時宗私邸での会議で実際には決められていたであろう。対蒙古問題の方針も、基本的にはこれらの人々の時宗邸での協議で立てられていたとみられる。ただ通例の政務・訴訟裁決などは、執権・連署と評定衆《ひょうじょうしゅう》とで行なう評定（合議《ごうぎ》）で決裁されていた。寄合で形式化しつつはあったが、やはり重要な存在であった。そこで評定の構成員について考察しておこう。

『関東評定伝』

幸い評定衆制度が始まった嘉禄《かろく》元年（一二二五）から弘安《こうあん》七年（一二八四）までの執権・連署・

評定衆・引付衆《ひきつけしゅう》を年ごとに示した『関東評定伝』（別称『関東評定衆伝』）がある。成立は十四世紀初めごろである。引付衆については文永三年から文永五年まで廃止されていたから文永五年は記載を欠いている。時宗の経歴では文永五年の執権就任に次いで重要なのは文永九年の二月騒動《にがつそうどう》であるので、それまでの文永五年、同六年（引付復置）から同八年までの評定衆・引付衆について特徴的なことを述べておこう。構成員はそれぞれ家格化していてそれほど出入りはないので、文永五年・同八年の評定衆名と文永六年の引付衆名をあげておく。執権と連署は省く。

文永五年の評定衆

文永五年の評定衆

北条（名越《なごえ》）時章《ときあき》、北条（金沢）実時、北条時広《ときひろ》、北条（名越）教時《のりとき》、北条（塩田）義政《よしまさ》、二階堂行義《ゆきよし》（閏正月二十五日卒）、安達泰盛、中原師連《もろつら》、大江（長井）時秀《ときひで》、二階堂行綱《ゆきつな》、小田時家《ときいえ》、佐々木氏信《うじのぶ》、二階堂行忠《ゆきただ》、三善（矢野）倫長《ともなが》、安達時盛《ときもり》、三善《みよし》（太田）康有《やすあり》、

文永八年の評定衆

文永八年の評定衆

北条（名越）時章、北条（金沢）実時、北条時広、北条（名越）教時、北条（塩田）義政、北条時村《ときむら》（政村の子）、安達泰盛、中原師連（三月籠居）、大江（長井）時秀、二階堂行綱、小田時家（二月五日卒）、佐々木氏信、二階堂行忠、二階堂行有《ゆきあり》、三善（矢野）倫長、安

達時盛、三善（太田）康有、

文永六年の引付衆

文永六年の引付衆（四月二十七日五方引付開始）

北条時村、北条（名越）公時《きみとき》、北条（極楽寺）業時《なりとき》、北条（大仏《おさらぎ》）宣時《のぶとき》、北条（金沢）顕時《あきとき》、二階堂行有、宇都宮《うつのみや》景綱《かげつな》、伊賀《いが》光政《みつまさ》、二階堂行実《ゆきざね》（七月十三日卒）、二階堂行清《ゆききよ》、安達顕盛《あきもり》、後藤基頼《もとより》、大曾祢《おおそね》長経《ながつね》、三善（町野《まちの》）政康《まさやす》、三善（矢野）倫経《ともつね》、

文永五年から文永八年までの評定衆、文永六年から同八年までの引付衆について各個に検討を加えてみた結果、次のことが言える。

評定衆の構成

まず、評定衆の構成についてまとめてみる。人員は執権・連署を除き、文永五年十六名、同六年十五名、同七年十七名、同八年十七名。北条氏一門の占める人員は文永五年から同七年五名、同八年六名（時村が加わる）。北条氏一門の構成は、文永五年・同六年では名越氏二名、金沢氏一名、時房《ときふさ》流一名（時房の孫時広）、極楽寺流（重時《しげとき》の子義政）一名、同八年ではそれらに政村流（政村の子時村）が加わる。これらは北条氏一門中の有力者であり、得宗時宗支持色が濃い。二月騒動で誅殺される時章は名越氏の反得宗的な傾向にかんがみ慎重に身を処していたようであり、弟の教時にしても積極的に反得宗の態度をあらわにしていたわけではない。

評定衆間の婚姻関係

実時が政村や安達泰盛と姻戚関係にあること、時広の

娘が大仏《おさらぎ》宣時（文永十年評定衆）の妻であることなど、評定衆間の北条氏一門内の婚姻関係は看過できない。

北条氏一門以外では、得宗ともっとも深い関係にあるのは外様《とざま》御家人の得宗外戚の安達泰盛である。父の義景《よしかげ》に続き五番引付頭人《とうにん》を兼ねている。弟の時盛は泰盛より十歳年下で文永五年二十八歳、最年少の北条義政に次ぐ若さで、得宗を支える者であったことは衆目の見るところであったろう。しかし、後には安達氏一門から義絶されている。外様御家人衆の小田時家は宇都宮支族の八田《はった》氏流で豪族的側面が強い。佐々木氏信も同様であるが、時頼、時宗支持は明瞭である。他は、二階堂・中原・大江（長井）・三善（矢野・太田）など、実務法曹吏僚系である。

これらのうち二階堂・長井など、自分自身か父が宝治《ほうじ》合戦で時頼方として活躍した者がみられ、時頼の代に形成された得宗支持がそのまま時宗支持に継承されているのがわかる。そして、佐々木氏信の姉妹が二階堂行方・長井泰秀（時秀の父）の妻になっていることなど、婚姻・同族関係にあることも注目される。また、安達氏と二階堂氏の姻戚関係も見過ごせない。得宗時宗支持が同族的結合で補強されていた、と言えよう。

文永五年を例として評定衆の年齢構成を、一部推定を加えながら整理すると次のようになる。北条義政の二十七歳を最年少とし、安達時盛の二十八歳がこれに次ぎ、小田時家の六十九歳が最年長である。二十代二名、三十代三名、四十代六名、五十代三名、六十代二名で、四十代が中心になっている。平均年齢は約四十六歳。

引付衆の構成

次に文永六年を中心にしながら引付衆の構成について述べよう。人員は文永六年十五名、同七年十六名、同八年十五名。北条氏一門の占める人員は、文永六年・同七年五名、文永八年四名。その構成は、文永六年から七年では、政村流一、名越氏一、極楽寺流一、大仏氏一、金沢氏一、文永八年では政村の子時村が評定衆に移っていて他は変わりはない。これらが北条氏一門中の有力者で、得宗支持色が濃いことは、評定衆の場合と同様である。このうち業時が政村の娘を妻としていること、顕時の母が政村の娘であることなど、政村色が強い。時村の姉が同じ引付衆の安達顕盛の妻であること、顕時の妻が安達泰盛の娘であることなども留意すべきである。

安達氏と引付衆

北条氏一門以外では、安達氏関係色が強いことが、まず注目される。安達氏の顕盛、安達氏同族の大曾禰長経の存在、安達義景の娘を妻とする下野国の有力御家人で歌人としても知られる宇都宮景綱がいることなどが、そのことを示している。続いて、二階堂氏の行有・行実（七月卒）・行清がいて、引付衆構成の中心的役割を担っていることが特色である。その二階堂氏は安達氏と姻戚であった。三善氏の町野政康・矢野倫経などは累代の実務法曹吏僚である。文永八年九月に引付衆になった武藤景泰《むとうかげやす》が宝治合戦で時頼方として活躍した景頼の子であること、霜月騒動《しもつきそうどう》のとき安達泰盛方として自害していることも留意しておきたい。なお、引付衆のうちから六波羅評定衆に転じている者がおり、後藤基頼は父基政の場合と同じである。

文永六年を例として引付衆の年齢構成を見てみよう。名越公時《なごえきみとき》・三善（矢野）倫経の年齢は不詳である。金沢顕時の二十二歳を最年少とし、安達顕盛の二十五歳がこれに次ぎ、町野政康の五十七歳を最年長とする。二十代四名、三十代六名、四十代二名、五十代一名である。平均年齢三十五歳、評定衆に比べて若さが目立つ。とくに北条氏一門・安達氏は二十代・三十代である。

三　時宗と日蓮

蒙古問題の宗教的代弁者

北条時宗はその政治的生涯の大半を蒙古問題に費やし、日蓮《にちれん》は蒙古問題の宗教的代弁者であった、と言える。蒙古襲来を人に即して言う場合、この二人が並んで挙げられるのは、もっともなことである。二人が直接会見したという確かな史料は、現在のところ見いだされていない。しかし、日蓮の宗教活動は、蒙古来牒を契機として、文永《ぶんえい》八年（一二七一）の法難《ほうなん》、佐渡流罪、身延《みのぶ》入山、熱原《あつはら》法難と、究極には時宗と向かい合いながら続けられていった。その、そもそものきっかけは、文応《ぶんおう》元年（一二六〇）『立正安国論《りっしょうあんこくろん》』の述作と、同書の北条時頼への上呈である。

『立正安国論』の内容

同書は、当時の災害の原因を法然《ほうねん》の念仏の流布にありとし、その禁断と正法《しょうぼう》（法華経《ほけきょう》信仰）の弘通《ぐづう》による安国の実現を説いたもので、以後の日蓮の宗教活動の基底をなした。謗法《ほうぼう》つまり法然の念仏を禁じないと他国侵逼難《たこくしんぴつのなん》・自界叛逆難《じかいほんぎゃくのなん》、すなわち他国からの侵略と内乱がおこるであろうと主張していた。その激しい念仏排撃は、弘長元年（一二六一）の伊豆流罪、文永元年の安房《あわ》国東条松原法難となり、日蓮はこれを法華《ほっけ》信仰の体験的深化として受けとめた。そして文永五年、『立正安国論』で説いた他国侵逼難は蒙古来牒として現実化してきたのである。

日蓮は蒙古国書を、幕府と同じように「西方大蒙古国より我朝《わがちょう》を襲うべきの由」（『立正安国論』奥書）と解し、蒙古国書を受けた日本の状況を「蒙古国の牒状に正念《しょうねん》をぬかれてくるふなり」（「種種御振舞御書《しゅじゅおふるまいごしょ》」）と記し、外寇《がいこう》具現を、『立正安国論』で述べていたとお

『立正安国論』を時宗に上呈

りになった、と言っている（『安国論御勘由来《ごかんゆらい》』他）。「未だ見参に入らずと雖も、事に触れ書を奉るは常の習ひに候か」で始まる「安国論副状」は北条時宗あてのもので、日蓮は蒙古国書到来のとき北条時宗に『立正安国論』を上呈したと鈴木一成氏は解している（『日蓮聖人遺文の文献学的研究』）。つまり日蓮は北条時頼、時宗父子に二度にわたって同書を上呈したというのである。そこから高木豊氏は蒙古国書到来時の執権北条政村と連署北条時宗に同書を上呈したという解釈を導き出している（『日蓮—その行動と思想—』）。政村に上呈したというのは一考を要するが、時宗に上呈したというのは認められると思う。ただ、その時期は、以下述べることとも関連し、時宗が執権になったあとのことであろう。

木造日蓮像（池上本門寺所蔵）

　日蓮は文永五年四月五日、法鑑房《ほうかんぼう》なる人物にあてて「安国論御勘由来」を書いている。文応元年に得宗被官の宿屋最信《やどやさいしん》を介して北条時頼に上呈した『立正安国論』（勘文《かんもん》）作成の趣旨を述べ、『立正安国論』には見られなかった大日能忍《だいにちのうにん》の禅宗《ぜんしゅう》を法然の念仏に加えて災害の根源であるとし、蒙古来牒により、同書での主張は符合した、と述べている。同書は国内の災害・外寇危機への対策の採用を迫ったので、その解決方法を知っているのは比叡山《ひえいざん》の仏教以外には日蓮だけであるとし、ひとえに国のため、法のため、人のために言うのであって、身のために言うのではないとしている。

宛名の法鑑房については、得宗被官の平盛時《たいらのもりとき》ではないか、との意見がある。一つには右書の文末に見える禅門を法鑑房のことと解釈してのことであるが、禅門は在家のまま僧の姿となった入道のことで、法鑑房という名乗りは完全な僧侶で、右に言う禅門は宿屋最信のことである。盛時は建治元年（一二七五）六月以前に没していて（「六条八幡宮造営注文」）、故左衛門入道といわれている。父盛時のあとをうけて平頼綱が侍所《さむらいどころ》の所司（次官）、寄合衆《よりあいしゅう》などにいつなったのか、はっきりしないところがあるが、蒙古来牒のころには父のあとをうけていたのではないかとみられる。法鑑房については、平盛時とはいえず、右書の内容から北条氏（得宗・一門）やその被官に近い僧侶ではないか、ということぐらいしかいえない。

文永五年八月二十一日、日蓮は宿屋左衛門入道（最信）にあてて書状を書いた。いわゆる「宿屋入道許《がり》御状《ごじょう》」である。『立正安国論』の北条時頼への上呈以来である。本書での『立正安国論』上呈の趣旨のなかには念仏宗と共に禅宗が災害の因を成すと付け加えられている。蒙古来牒によって蒙古の日本来寇は必定で、日本国中でそれを調伏《ちょうぶく》できるのは日蓮一人である、君のため国のため神・仏のため、このことを時宗に内奏してほしい。委細は会ったときに申し上げる、という内容である。

「宿屋入道再御状」

『立正安国論』上呈を正元《しょうげん》二年（一二六〇）七月十六日と書いているが、同年四月には文応《ぶんおう》と改元しており、君のため云々も、日蓮遺文の表現としては落ち着かないし、「内奏」を乞うというのも検討の要があり、この書の今の形自体はそのまま日蓮遺文とは受け取りにくい。しかしこの書にかかわる真蹟《しんせき》の「宿屋入道再御状」があり、「宿屋入道許御状」のようなものはあったかとも思われる。「再御状」では万一外寇があったら、知って奏しなかったあなたの過失となろう、仏法を学ぶのは身命を捨て国恩に報ぜんがためであると述べている。日蓮が宿屋最信に『立正安国論』そのもの、あるいは、その趣旨の時宗への奏進を依頼しているのは事実である。日蓮遺文「故最明寺入道見参御書」も以上のことに関係する書であって、同書では『立正安国論』上呈の前に時頼に会い、禅が天魔の所為であることを述べ、『立正安国論』を上呈した、と記している。

ともあれ、日蓮が蒙古来牒を機として、『立正安国論』、あるいは同論の趣旨を、宿屋最信らを介して、時宗に奏呈し、奏言を試みたことは確かである。

四　高麗三別抄の求援

文永八年（一二七一）、幕府首脳としての二十一歳の時宗は多くの政務を処理していかねばならなかった。対蒙古《もうこ》問題のなかで特筆すべき問題として、高麗《こうらい》の三別抄《さんべつしょう》から軍事的救援を求めてきたことがあげられる。

三別抄の編成

蒙古の高麗侵略は一二三一年から一二五九年まで約三十年間続き、「骸骨野《がいこつ》をおおふ」惨状を呈した。崔氏《さいし》武人政権は徹底抗戦の方針で首都を開京《かいけい》から江華島《こうかとう》に遷した。首都防衛に従い、反蒙抗戦の中心になっていたのが三別抄である。別抄というのは臨時に国軍の中から勇猛な兵士を選抜し編成した先頭部隊のことである。国中の盗賊の追跡・逮《たい》捕《ほ》のために設けられた夜別抄が増員に伴い左右の二部隊となり、さらに蒙古の捕虜となり、蒙古から逃げ還った者で編成した神義軍《しんぎぐん》と合わせて三別抄と総称した。

武人政権が倒れてから、高麗王高宗《こうそう》のあと元宗《げんそう》が王位を継ぐと、一二七〇年（日本文永七）蒙古の要求をいれて開京への還都（出陸）を決め三別抄の解散を命じた。三別抄はこの高麗朝廷に叛し、王族の承化侯温《しょうかこうおん》を王に擁立し、半島西南端の珍島《ちんとう》により、翌七一年五月、耽羅《たんら》（済州島《さいしゅうとう》）に敗退し、七三年四月滅ぼされるまで対蒙古抗戦を続けた。高麗政府と蒙古の連合軍が全面的に珍島を攻撃しようと緊迫していたとき、三別抄は日本に通牒を出して食糧や兵力の援助を乞うたのである。

三別抄の求援内容

このことは、亀山上皇《かめやまじょうこう》、後宇多《ごうだ》上皇の院政の院司として活躍した吉田経長《よしだつねなが》（一二三九～一三〇九）の日記『吉続記《きちぞくき》』に断片的に伝えられており、中国の法制史その他の諸分野に多くの著書を残した根本誠氏は、三別抄からのものではないかとしていた（『軍事史学』五号）。『吉続記』の記事のあらましは次のようなものである。九月二日、関東の使者が高麗（三別抄）牒状を携えて西園寺実兼《さいおんじさねかね》の所に行き、三日から後嵯峨上皇の審議にかけられた。文永五年来牒の折の高麗牒状とは異質で、字句の解釈にも苦しみ、内容も、蒙古兵が日本を攻めるであろうと記載されていること、食糧や援兵を乞うていることが理解できた程度であった。以上である。右の根本氏の推測は、石井正敏氏が『東京大学史料編纂所保管文書』から見つけ出して紹介した「高麗牒状不審条々」（『東京大学史料編纂所報』

一二号）によって確実に裏付けられた。後嵯峨上皇の院評定での審議の折、牒状が書き配られているが（『吉続記』九月五日条）、それと関係がありそうである。同審議のときと同じように、字句の解釈に苦しむ箇所があるが、その内容の大要を記そう。この文書については、石井氏をはじめ、村井章介氏、南基鶴《ナムキハク》氏、李領《イヨン》氏らの研究があり、参照した。

「高麗牒状不審条々」の内容

本文書は全十二条から成っており、第一条から三条は文永五年の高麗牒状と比較して不審な箇所を書き出し、第四条以下は、文永八年にもたらされた牒状のなかの不審な点や注意すべき箇所を抄出したものである。文永五年の牒状では蒙古の徳を称揚し、その徳に帰し君臣の礼をなすと書いていたのに、今状では蒙古は遠大な思慮がなく（第一条）、高麗が開京から江華島に遷都して約四十年たち、蒙古は聖賢のにくむところであり、さらに珍島に遷都した、と記していること（第三条）、文永五年の牒状には蒙古の年号を書いていたが今状では書いていない（第二条）、と不審を記している。第四条では、今状の端と奥の文言の意味が相違していると受け取り、不審を呈している。

本文書は意味のとりにくい箇所もあり、こまかい検討が必要であるが、今は、三別抄が言わんとした趣旨に従って大要を記しておこう。

蒙古は聖賢のにくむところで（第三条）、遠大な思慮がない（第一条）、我が本朝は「三韓」を統合した高麗の正統王朝で(第七条)、独立国として蒙古の年号を書かず(第二条)、蒙古に対する抗戦を持続し(第四条)、国家安寧のときが訪れるのを待とう(第八条)、として日本の「漂風人」を護送し(第五条)、蒙古(あるいは三別抄)、高麗政府側の動向を報じ(第六・九条)、突然日本に救援を乞うたことについての了解を求め(第十条)、礼物を贈り(第十一条)、日本が使者を派遣して三別抄の実情を尋ね問うよう提言している(第十二条)。

三別抄の求援に対する反応

三別抄は蒙古・高麗政府の大々的な珍島攻撃を目前に、極めて切実な思いで日本に軍事的協力を求めたのであるが、それは、三別抄が日本の事情に通じ、ことに日本が蒙古に返牒せず、抗戦の構えをとっていることを知っていたからであろう。しかし、文永五年、蒙古に服属し、蒙古の意向に従って日本に蒙古国書をもたらした高麗政府の牒状を受けたあと、反蒙古・反高麗政府の三別抄から軍事的援助、つまり共同抗戦を主眼とする牒状を受けた日本朝廷は、大陸・半島の動向を知悉《ちしつ》せず、困惑したのは当然である。牒状が記していた蒙古の日本来攻の情報に応じてであろうか、朝廷は仁王会《にんのうえ》(鎮護国家の法会《ほうえ》)で「異国御祈」を行なっている(『吉続記』九月二十一日条)。三別抄の牒状に対する日本朝廷の対応らしきものといえば、このことぐらいである。

ところで、三別抄の牒状をまず受けた鎌倉幕府が、牒状のあて先が日本国王であった

異国防御の指令

にせよ、何の審議もせず朝廷に奏達したとは思われない。しかし、審議した関係史料は見いだしえない。時宗自身、中国の文章にはなじんでおり、実時はその師で、中国古典の書写でも知られる篤学の士である。ある程度文意は理解したろう。鎌倉には南宋からの渡来禅僧蘭溪道隆《らんけいどうりゅう》や大休 正念《だいきゅうしょうねん》がおり、とくに時宗は文永六年大休正念を招請して道交が深く、蒙古問題についての意見も聞いていたろう。時宗たちは三別抄の実体についてはおそらく知らなかったろう。蒙古国書同様、返答はしていないと思われる。日本を攻めるだろうという情報に視点を合わせ、九月十三日には幕府の対策を実行に移している。つまり、三別抄の牒状への幕府の対応である。その史料は小代《しょうだい》文書文永八年九月十三日小代右衛門尉（重俊）子息らあての関東御教書《かんとうみぎょうしょ》と二階堂《にかいどう》文書同年月日阿多北方《あたきたかた》地頭（忍照）あての関東御教書で、両文書の本文はほぼ同一である。小代文書を引こう。

蒙古人襲来すべきの由、其の聞こえ有るの間《あいだ》、御家人等を鎮西《ちんぜい》に差し遣わすところなり。早速自身肥後国の所領に下向し、守護人に相伴い、かつうは異国の防御を致さしめ、かつうは領内の悪党を鎮むべし。てへれば仰せによつて執達件《くだん》の如し。

文永八年九月十三日

相模守（北条時宗）（花押）

左京権大夫（北条政村）（花押）

小代右衛門尉（重俊）子息等

悪党鎮圧と日蓮の法難

幕府は蒙古人襲来の聞こえがあるので、異国の防御と悪党の鎮圧のため、九州に所領をもつ御家人をその所領に下向《げこう》させ、守護人の指揮に従わせたのである。幕府は、蒙古問題を機としてこの時代の重要課題である悪党鎮圧を合わせて進めていったわけで、日蓮の文永八年の法難、いわゆる佐渡配流もこのことと関連している。外寇は内政処理と一体化したのである。

ともかく幕府は三別抄の実体を理解できなかったようであるが、その情報をよりどころに、異国防御の体制を明確化した。三別抄の日本への救援要請はむなしく、一二七三年（文永十）蒙古・高麗連合軍に滅ぼされ、その翌年、蒙古（元）の日本遠征が実行される。いわゆる「三別抄の乱」が蒙古の日本第一次遠征に連続していることは明らかである。

時宗と禅宗

第五　時宗と禅僧

一　蘭溪道隆

北条時宗の精神・人格の形成に禅宗の占める役割は大きい。時宗は父時頼に続いて禅宗《ぜんしゅう》を保護し、禅文化を積極的に導入して、父とともに禅宗史の展開に画期的な事績を残している。時宗は父の影響を受けてであろう、幼いときから参禅している（「大休和尚住寿福寺《じゅふくじ》語録」）。時宗の参禅の師としては初学の師が蘭溪道隆《らんけいどうりゅう》、続いて兀庵普寧《ごったんふねい》の教導にも接している。時宗に深い影響を与えたのは大休正念《だいきゅうしょうねん》・無学祖元《むがくそげん》であり、そのことについては後述する。四人とも南宋《なんそう》の禅僧であり、時宗の禅思想は宋朝禅《そうちょうぜん》としての共通性格をもつ渡来僧によって育成されたのである。宋朝禅の性格は無学のところでまとめて述べる。ここでは、蘭溪や兀庵・大休との関係について述べよう。

蘭溪は西蜀《せいしょく》（四川省《しせんしょう》）の生まれ、無準師範《ぶしゅんしばん》・癡絶道冲《ちぜつどうちゅう》・北磵居簡《ほっかんきょかん》らに歴参し、臨済《りんざい》

蘭溪道隆の来日

宗《しゅう》松《しょう》源《げん》崇《すう》嶽《がく》の法嗣無《む》明《みょう》慧《え》性《しょう》の印可《いんか》を得た。寛元《かんげん》四年（一二四六）来日、ときに三十四歳である。来日の動機については北条時頼の招請によるとの意見もあるが（『東《とう》巌《がん》安《あん》禅《ぜん》師《じ》行《ぎょう》実《じっ》』）、宋にいたときに親交のあった入宋律僧《にっそうりっそう》の月翁《げっとう》智鏡《ちきょう》を頼って自らの意志で来日したと言われている。場合によっては帰国する気持ちもあったようであるが、後年の書状をみると、日本人そのものの書きぶりであり、弘安《こうあん》元年（一二七八）七月二十四日、六十六歳でまさに日本の土となっている。

蘭溪道隆像
建長寺所蔵の蘭溪像とは異なる
（福岡市西区勝福寺所蔵）

建長寺《けんちょうじ》三住をはじめ建仁寺《けんにんじ》・寿福寺《じゅふくじ》などに歴住しているが、その事績はこまかい点までは必ずしも明らかではない。建仁寺転住の理由、甲斐《かい》遷去は比叡山《ひえいざん》の圧迫によるのか、蒙古の間諜《かんちょう》という嫌疑によるものなのか、その年次はいつなのか、というような具合である。また、その宗教活動については、同門内や外部から厳しい批判がなされている。しかし、北条時頼の手厚い保護を背景とするその事績は、栄西《ようさい》以来の鎌倉禅の伝統を背景に建長寺《けんちょうじ》創建を機として京都文化に対置する新しい武士文化形成の推進力となっている。

時頼と蘭溪

蘭溪と時頼との関係は、皇帝・上流貴族の保護を基盤とする宋朝禅そのままの移植であって、外国人禅僧として時頼の保護に対する蘭溪の依頼はことに強かった。以後の渡来僧の時宗に対する関係にも通じることである。多面的な信仰をもつ時頼が宋朝禅を積極的に受容したのは、北条氏得宗《とくそう》・一門への対外交易集中への深まりのなかでの宋文化移入の幅の拡大にあったが、直接には宋朝禅が為政権力を支える性格をもっていたことにある。時頼は執権《しっけん》時代に、地頭の恣意《しい》的な在地支配を抑制する撫民《ぶみん》政策を遂行して善政理念をそれなりに具現化しており、宋朝禅はその善政理念を禅の世界から補完する存在であった。

蘭渓禅の特色

蘭渓は時頼に対して、以心伝心《いしんでんしん》など禅の基本的な問題から教導しているが、世俗と仏法（禅）の一貫・一体を説き、世間法《せけんほう》の儒教《じゅきょう》と出世間法《しゅっせけんぽう》の仏教との一致を述べ、国家を安《やす》んじ戦いをやめさせることが、そのまま仏の教えであると、世間出世間の一貫を説いている。また蘭渓は参禅者に対して松源《しょうげん》派の禅を挙揚し、宋朝禅そのままの厳格な規矩《きく》の座禅を実践し、文字禅に堕することを排した。この、時頼や禅僧らに対する蘭渓の教導は、時宗に対しても、基本的には同じであったろう。

時宗と蘭渓との関係を示す例として古くから論及されている法語に、蘭渓の語録『大覚禅師語録《だいかくぜんじごろく》』巻上の「左馬禅門に示す」がある。「道は固《もと》より遠きにあらず、これを窮《きわ》むるは人にあり」の儒教的表現で始まる長文の法語で、最後に雲門宗の祖雲門文偃《うんもんぶんえん》（八六四～九四九）の須弥山《しゅみせん》（古代インドの宇宙説に言う世界の中央の山）の公案《こうあん》（課題）を与えている。著者は時宗の左馬頭《さまのかみ》時代（十三～十四歳）の蘭渓の教導例と考えていたが、禅門（剃髪《ていはつ》入道した在家の男子）とあるので、時宗ではない。村井章介氏は足利義氏《よしうじ》と解している。ちなみに、建長寺には文永《ぶんえい》八年（一二七一）三月の蘭渓画像（国宝）があり、上部に朗然居士《ろうねんこじ》のために書かれた蘭渓自筆の賛《さん》がある。また、山梨県塩山《えんざん》市の向嶽寺《こうがくじ》に達磨《だるま》図（重要文化財）があり、初期水墨画の代表的作品で、蘭渓の賛の中にも朗然居士が見える。前者では朗然居士の

朗然居士は時宗か

ことを「夐拳上《せきけん》（両拳《りょうこぶし》）において能《よ》く乾坤《けんこん》（天と地）を定む」と記し、朗然居士が鎌倉武士の中心的存在であったことは語っており、北条時頼か時宗か、あるいは政村《まさむら》かなどと推測されている。在家禅者時宗の可能性は高い。

時宗と蘭溪の交わり

時宗は来日以後の蘭溪と生を共にすること二十七年、大休正念の法語によれば、文永六年（時宗十九歳）大休来日のときには、禅の領解はかなり進んでいた。蘭溪の導きなどによるものであろう。蘭溪の語録は宋の景定《けいてい》五年（文永元・一二六四）時宗十四歳のときの開版で、時宗のことは見えない。それ以外の史料でも両者の交わりを示す史料はそう多くはない。時宗の強い意向で蘭溪が鎌倉・寿福寺の住持となったことを示す『異国日記』所収の建治《けんじ》三年（一二七七）八月五日若納宏弁《じゃくとつこうべん》あて蘭溪書状など数少ない史料の一つである。

蘭溪筆諷誦文と蒙古襲来

また、(1)建長寺・(2)竹本家・(3)常盤山《ときわやま》文庫に分断・遺存している蘭溪筆諷誦文《ふじゅもん》（願文《がんもん》）は時宗と蘭溪の交わりを示す史料の代表的なものである。(1)と(2)は連続しており、(1)は天下に戦いの憂《うれ》いなく、信心深い弟子時宗の身に他のわずらいなく、子孫繁栄し 長く仏法の棟梁《とうりょう》となり永く皇家を毅然と守る柱となるよう願ったものである。(3)には「永く帝祚《ていそ》（帝位）を扶《たす》け、久しく宗乗（禅宗）を譲り、一箭《いっせん》を施さずして、四海安和し、一鋒を露《あら》わさずして、群魔頓息《ぐんまとんそく》（たちどころにやむ）」することを弟子時宗がもっぱら祈ったものである。文永十一年蒙古合戦のときのものとの意見もあるが、戦いなどがなく平和なうちに時宗の治政がなされることを祈ったもので、特定はしにくい。しかし蒙古襲来の危機的状況を背景として理解できる史料ではあろう。

時宗の蘭溪追善

時宗の蘭溪に対する関係のなかで目をひくのは、時宗がしきりに蘭溪の追善《ついぜん》行為をしていることである。大休正念、無学祖元の語録から例をあげよう。大休は時宗の請いによって建長開山大覚禅師の讃文を残しているが、大覚禅師号は時宗の奏請によると言われており、日本の禅師号の最初である。また、大休は時宗の請いによって蘭溪の図像に賛を加え、さらに蘭溪・兀庵普寧・義翁紹仁、無学・大休の五頂相《ちんぞう》に賛を加えている。大休が建長大覚禅師が時宗に示した法語の後に題をしていることは注目すべきである。時宗は蘭溪の書の裏に『法華経《ほけきょう》』を書写し、無学の跋《ばつ》を求めている。時宗はまた、蘭溪の命日に仏像を彫造し、『円覚経《えんがくきょう》』を版行し、無学に説法をさせて供養をしている。

時宗の住持任免権

時宗が蘭溪に対する供養行為をしきりにしているのは、広く言えば師恩に報謝し法勲をたたえてのことであろうが、一つ付記しておこう。前述の寿福寺の例からもわかるように、時宗が檀那《だんな》として保護している禅寺の住持の任免については、時宗に任免権があった。建長寺などは門派にかかわらず公平に住持が任免される十方住持《じっぽうじゅうじ》制《せい》の禅寺であるが、任免権は時頼・時宗と引き継がれていたとみられる。蘭溪の建仁寺転出、甲斐遷居（配流ではなく自発的意志によるとの説もある）その他、蘭溪の不遇と言える事績に、時宗の意志が働いており、それへの反省、悔恨が蘭溪に対するかなり頻繁な供養行為になっているように思われる。

二　兀庵普寧

北条時頼の信仰は神・仏・俗にわたってまことに多様であり、ことに天台《てんだい》・真言《しんごん》の顕《けん》密《みつ》の教行を重んじ、禅宗受容以後もそれに変わりなかった。ことに弘長二年（一二六二）の律僧《りっそう》西大寺《さいだいじ》叡尊《えいそん》の招請《しょうせい》は仏法と国土の衰えを直すことを目的としており（『関東往還記』）、西大寺流律宗が禅宗とともに鎌倉幕府政治の補完的役割を果たす起点となっている。時宗も忍性《にんしょう》の医療活動の財源にと土佐国大忍庄《とさのくにおおさとのしょう》（現、高知県香美郡香我美《かがみ》町）を寄進したと伝えられている（『元亨釈書《げんこうしゃくしょ》』）。禅宗にしても時頼が崇重したのは蘭溪だけではない。

忍性の医療活動助成

時頼は蘭溪以外にも南宋の名禅僧を求めていたが、径山《きんざん》（浙江省）の無準師範《ぶしゅんしばん》の門に共に学んだ日本人禅僧その他の招請で兀庵普寧《ごったんふねい》が来日した。兀庵来日の年次については、

兀庵普寧像（正伝寺所蔵）

兀庵自らは南宋の景定康申《けいていこうしん》つまり文応《ぶんおう》元年（一二六〇）と言っているが、正元《しょうげん》元年（一二五九）とする説もある。兀庵は蘭溪と同じく西蜀《せいしょく》（四川省）の出身。無準門下の四哲の一人と称された。

来日すると円爾《えんに》や蘭溪などの道友によろこび迎えられ、時頼に請ぜられて建長寺の第二世となった。開山の蘭溪は京都建仁寺《けんにんじ》に転じた。建長寺に入寺するとき、兀庵は仏殿に入って本尊地蔵菩薩《じぞうぼさつ》を拝さず、壇を下って自分を礼拝すべしと一喝した、という所伝がある。兀庵としてはありうることである。建長寺は濃厚な地蔵信仰のなかで建立された禅寺である。高い精神性から奇激とも言える表現で名相の執着を離れることを示したものであろう。一面新鮮な禅風を感得させたであろうが、日本的土着的信仰を止揚してただちに禅世界へ導入し得たものかどうか、不協和音を残す面もあったろう。早期に帰国した理由は当初から内在していたように思われる。

兀庵と時頼との関係について、墨蹟のこれを語るものは見あたらないが、『兀庵和尚語録』はかなり豊かに語っている。在日時の兀庵は時頼あっての存在で、その時頼観は「国土を掌持して天下安堵す」「日本に宗門を興し剏《はじ》むること、ただ我が最明(時頼)寺殿、再来の仏にして、心を仏法に留め、道念堅固にして上古の聖人に超越すること一頭地なり」という語に尽きる。「大風に百物を損せられ、天下万民辛苦するによりて、(時頼の)御心中憂悶して楽しまず」という時頼の使者の言を受けて兀庵は、「これを以て見るべし、人を憂えて己を憂えざることを、すなわちこれ仏菩薩の用心もかくの如し」と、儒教的表現で時頼の治者意識をたたえている。時頼ら上層武士に儒仏(禅)一致の立場から世俗と禅の融即を説いたと考えられる。兀庵は機鋒鋭く教導はすこぶる厳しいが、仏教に対する態度は柔軟である。

兀庵は説法のとき「おそろし」などという日本語を使っているが、「語音未だ弁《（通）》ぜず」「説く者、聞く者、難また難」というのが実態であったろう。兀庵の教導は「心眼相照らす」以心伝心の教導であった。その教導は弘長二年十月十六日の時頼の大悟として結実した。兀庵の語録には両者の火花を散らすような、つきつめた心的交渉を劇的に文字表現の極限で伝えており、『東巌安禅《とうがんあんぜん》師行実《じぎょうじつ》』や『聖一《しょういち》国師年譜』にはその要約が記されている。

眼前の政治のさまざまな現実の課題と直接対応しなければならない時頼に対しての、宋朝禅の性格に貫かれた儒仏（禅）一致の立場からする兀庵の教導は、時頼の治者意識を強め、その善政理念を内から支えるものとなった。

時宗、兀庵の帰国を止めえず

時頼は大悟の翌年に卒去し、よりどころを失った兀庵は文永《ぶんえい》二年（一二六五）に帰国する。父のあとを継いだ時宗はときに十五歳、連署の職にあった。『東巌安禅師行実』は、兀庵帰国の折の思いを次のように伝えている。時頼の寂後《じゃくご》、時宗は幼年で、いまだ誠志信敬の心がないうえに、諸余の大名は、帰敬はしていても抜きん出た人物はいない、所住の建長寺は蘭溪が苦労して基礎を作った寺であり、自分は何の功労もなく、久しく住するわけにはいかない、と。兀庵は退寺帰国を時宗に申し出ている。時宗は年少であったが、形式的にもせよ、時頼に続いて建長寺住持《じゅうじ》の任免権をもっていたのである。時宗は答えるすべもなく、兀庵の帰国を認めざるを得なかった。兀庵は、すでに時宗の許しを得た、として、「無心にしてこの国に遊び、有心にして宋国に復《かえ》る」と寺衆に別れを告げ、自らの語録の板を焼き棄てて上洛し、大宰府《だざいふ》の崇福寺《そうふくじ》に寄り、帰国した。自ら「日本に到って始終六年」と言っている。

兀庵は在日中の法語「源清蔵主《げんせいぞうす》に示す」のなかで、また世縁のおとしいるところに遭《お》うて、憂《うれ》えの気をとくことができない、と述べ、『東巌安禅師行実』には、兀庵の力量声望を憎みねたむ者が陰謀をはかり建長寺退寺を迫ったと記している。さらに同書には、近ごろ外来の者、邪魔外道《じゃまげどう》の妄言、いつわりのために、この国は惑乱《わくらん》し正法は衰滅した、自分が急々に帰国したのはそのためである云々という、忌憚《きたん》なく不平を述べた長文の兀庵書状を収めている。さきの「陰謀」を間諜《かんちょう》の嫌疑とする解釈もあるが、蒙古国書到来以前でもあり、あたるまい。邪魔外道云々は、蘭溪をさすと玉村竹二氏は解している（『日本禅宗史論集』上）。

兀庵帰国の理由

兀庵の厳しい水準からすれば当時の僧侶俗人共に禅の領解は浅く、修行も専一ではないと判断されたろうし、加えて言葉も充分には通ぜず、もともと「一遊」の気での来日ではあり、右に述べたような次第で帰国したのである。時宗は当時父の影響や蘭溪の教導もあり、ある程度の禅修行はしていたろうが、はるかに年齢の差がある悟達者の兀庵の眼からみれば、時宗はまさに「幼年」でしかなかった。

兀庵、時宗を幼年視

兀庵は帰国後、建治《けんじ》二年（一二七六）に没するが、その間、兀庵の嗣法者東巌慧安《とうがんえあん》をはじめ、悟空敬念《ごくうけいねん》とその弟子空生《くうしょう》にあてた書状があり、東巌あて書状のなかで六波羅南殿《ろくはらみなみどの》（北条時輔《ときすけ》）に書状を書き、その返事を待っていることを記している。比叡山《ひえいざん》の衆徒《しゅと》が東巌の住寺京都正伝寺《しょうでんじ》を破却しようとしたとき、六波羅探題《たんだい》の時輔が同寺を保護しており、そのことを記した『東巌安禅師行実』は、時輔を兀庵の門弟と記している。文永二年、兀庵は帰国するとき上洛しているから、時輔に京都で会ったかもしれない。兀庵は時宗を「幼年」視しているが、前述の兀庵書状によると、時宗より三歳年上の時輔に対しては、かなりの親しさを示している。

三　大休正念

蒙古国書到来の翌文永《ぶんえい》六年（一二六九）南宋の禅僧大休《だいきゅう》正念《しょうねん》が来日した。時宗の政治的・宗教的人格、教養の形成に、後述の無学祖元《むがくそげん》と共に大きな影響を与えた禅僧である。時宗ときに十九歳である。

大休正念の来日

大休は温州《おんしゅう》（浙江省）、永嘉郡《ようがぐん》の出身、臨済宗松源《しょうげん》派の石溪心月《しっけいしんげつ》の法を嗣いでいる。時宗の父時頼は石溪に問道《もんどう》の書を呈し、石溪は時頼に偈頌《げじゅ》一編を贈っており（『石溪心月語録』）、時頼には石溪招請の思いがあったかもしれない。大休の来日は、時頼のかつての招請によると解されており（『法海禅師行状記《ほうかいぜんじぎょうじょうき》』）、同門の法弟で時頼の近親者と伝える（『碧山日録《へきざんにちろく》』）無象静照《むぞうじょうしょう》の手引きによると言われている。大休の来日は、師の石溪と時頼との往復を背景としており、師の代わりをしたとも言えよう。大休の属する松源派は、兀庵普寧や無学祖元の属する破庵《ほあん》派に比べて渡日布教に積極的であったと言われている。大休は語録の偈頌《げじゅ》雑題で、達磨《だるま》の禅を流通せんがために来日したとの意を述べている。

大休の来日直後、蘭溪道隆は建長寺に大休を請じ、諸僧に大休を紹介し、説法させている。両者は松源派の同門で年齢も近く、大休の来日は、破庵派の兀庵普寧などと摩擦のあった蘭溪にとって、頼もしく期待は大きかったろう。以後、両者の道交は深かった。時宗は父時頼が建てた最明寺《さいみょうじ》の跡地に諸堂を建て（文永五年説あり）大休をここに住まわせた。いわゆる禅興寺《ぜんこうじ》である（『大休和尚住禅興寺語録』）。時宗は同寺に銭米を施入し、新たに法座《ほうざ》（教法を説く場所）を建て自ら同寺におもむいて大休の説法を請うている。

宗政、大休に帰依

禅興寺住持のあと建長寺第三世となり、さらに寿福寺《じゅふくじ》第六世の住持に転じた。大休語録の偈頌雑題には時宗が所領を寿福寺に寄付したことが見える。晩年には円覚寺《えんがくじ》第二世となっており、時宗の弟宗政《むねまさ》の篤い帰依《きえ》をうけていたところから浄智寺《じょうちじ》の勧請《かんじょう》開山（尊敬されての名目上の開山）になっている。寿福寺に蔵六庵《ぞうろくあん》（今は円覚寺内にある）を営んで老体を養っていたが、蔵六は亀の異名であり、その庵名からも推測されるように、兀庵普寧や無学祖元の豪毅な性格に比べれば、ひかえめな性格であったようである。

大休正念がどのように時宗を教導したのか、若干の例をあげてみよう。時宗は大休に対して、寺での直接説法を願ったり、父や弟の供養その他さまざまな機会に自ら問法し、大休はそれらに応じて教化をしている。それは大休の来日とともに始まっている。

泰定居士

大休が鎌倉に着くと早々に、泰定居士《こじ》なる人物を使いとして、「紙を袖にして語を求め」ている。それに対する応答は『念大休和尚語録』法語の「守殿（時宗）泰定居士をして法語を求めしむ」に収まっており、大休の以後の教化の基本的なことはおおむね述べられている。

「それ参学は大丈夫（大乗の根器をそなえる士）なるべし」から始まり、あなたはすでに禅を学んではいるが、さらに志願を堅固にして参学につとめるようにと励まし「即心即仏非心非仏」の宗旨を示している。「即心即仏」は、この心こそ仏にほかならない、の意で、傅大士《ふだいし》（五六九年没）の『心王銘《しんのうめい》』などの系譜を背景にした馬祖道一《ばそどういつ》（唐《とう》代の禅僧、七八八年没）の語（『無門関《むもんかん》』第三十則）であって、「即心是仏《そくしんぜぶつ》」「即心作仏《そくしんさぶつ》」も同意で、「非心非仏」は「即心即仏」の裏返しである。大休は、以後時宗に対し、常にこの公案の参究を説示し、時宗も参究を怠らなかった。いちいち例はあげないが、大休の語録が明示しているところである。

時宗の使者泰定居士については、弘安《こうあん》元年（一二七八）五月、寿福寺住持の大休が、泰定居士のために、釈迦十大弟子の一人迦葉《かしょう》の偈を引いて生死《しょうじ》（迷いや苦しみにみちた人生）悟道の一大事を説いた法語が、鎌倉の蔵六庵に現存していることで知られている。重要文化財である。同法語は一巻八枚継ぎ九十四行におよび、天地は金銀箔の装飾である。東京国立博物館所蔵の建治《けんじ》四年（一二七八）二月十五日の大休自筆の舎利啓白文《しゃりけいびゃくもん》（重要文化財）とともに大休墨蹟の双璧《そうへき》と言われる。南宋末の能書家《のうしょか》張即之《ちょうそくし》の書風を汲み、清雅でしかも力感にあふれている。泰定居士は安達泰盛《あだちやすもり》ではないかと言う人もあるが、時宗の侍臣としての役割をしており、得宗被官とみられる。この法語は、禅僧明極楚俊《みんきそしゅん》の賛のある安東蓮聖《あんどうれんしょう》の画像（重要文化財、大阪府岸和田《おおさかふきしわだ》市久米田寺《くめだじ》所蔵）や明極賛の安東円恵《えんえ》画像（重要文化財、奈良国立博物館保管）を想起させ、ともに得宗被官の文化的側面を示す資料として貴重である。

時宗の公案参究

大休の時宗に対する教化は公案による参究を基本としており、大休の語録には右の「即心即仏」の公案をはじめ、「趙州無字《じょうしゅうむじ》（狗子無仏性《くしむぶっしょう》）」「万法不侶《まんぽうふりょ》」の公案提示がしばしば見られる。「狗子無仏性」は唐代・従諗《じゅうしん》の『趙州録』上巻やことに宋代・無門慧開《むもんえかい》の『無門関《むもんかん》』第一則で知られ、「狗子（犬）にもまた仏性（すべてのものが仏に成りうる可能性）有りや」という問いに対して趙州従諗が「無し」と答えたことで、公案を工夫する看話禅《かんなぜん》で無字の公案として常に参究されたものである。時宗については大休語録の法語に収められている「相模太守殿」を中心に繰り返し論及されている。

「万法不侶」の公案は同法語の「相模守殿」に見える。宋代の『景徳伝燈録《けいとくでんとうろく》』巻八に出ており、馬祖道一とその弟子龐蘊《ほうおん》の問答である。万法（もろもろの差別の現象、一切の存在）と侶（いっしょ）ならざるもの、の意で、万法を離れての真如《しんにょ》（万有に偏在する根源的な実相）はありえない、ということを示したものである。

時宗の問法

大休の時宗に対しての折にふれての問法・教化について若干例示しておこう。大休語録の「偈頌雑題」が好例を収めている。時宗が大法要に『大般若経《だいはんにゃきょう》』を書写して「般若」（一切を知る智慧）への対応を大休に問うた。大休は手で空中に一点を点じ、一切空《いっさいくう》の意を示した。時宗は大休の住寺に対する経済的支援はもとより、斎《とき》（食事）に要する粮《ろう》を贈り、小袖《こそで》・新茶・筍《たけのこ》・紙・菖蒲石《しょうぶ》・香炉など日常品その他こまごまとしたものまで贈っているが、大休はそのいちいちに詩頌《しじゅ》をもって答礼している。師弟の情のこまやかさ、禅の悟入を深める文学的雅交などが推し測られる。また、多少の諧謔味《かいぎゃくみ》も交えての意表をつくような問法と、それに対する教化もある。次に引こう。

一日、時宗が大休に冬の扇子《せんす》を送って、「必要のない冬の扇子、捨てたがよいか、捨てないほうがよいか、如何《いかん》」と問うた。大休は答えた、「あなたの意のままに」。

今一つ例をあげよう。円覚寺開堂の日、時宗は僧たちを供養し、大休に問うた。「斎《とき》の饅頭《まんじゅう》を咬《か》んで破る者もあり、咬んで破らない者もある。如何」と。大休は、「無歯の趙州《じょうしゅう》が咬んで破った」云々の一偈を呈している。

時宗の公案ずれの傾向

折にふれての問法であるが、いささか奇問のたぐいである。冬扇子と言い、饅頭と言い、公案ずれの知的遊戯の傾きがあるが、時宗の一つの嗜好であったとも言えよう。無学が是正しようとした点である。なお、大休の語録には趙州を折々引いているが、宋代公案禅によく見られるところである。

第六　二月騒動

一　文永九年の異国警固

北条時宗が執権《しっけん》になってから五年目の文永《ぶんえい》九年（一二七二）、幕府は異国警固《いこくけいご》の態勢を一段と強化した。異国警固、つまり蒙古の襲来に備えての警備は、時宗を事実上の頂点とする幕府、それに九州各国の御家人《ごけにん》を束ねる守護《しゅご》と、その御家人（のちには非御家人も含む）との三者上下の相互関係のなかで展開する。文永九年の関係史料は、数こそ少ないがこの関係を現地に即して具体的に物語っている。以下、そのことを見てみよう。

鎮西御家人防備の第一線に立つ

「野上文書」（前田家所蔵）にある文永九年二月一日の豊後《ぶんご》国の御家人野上資直《のがみすけなお》にあてた豊後守護大友頼泰《おおともよりやす》の廻状《かいじょう》（複数の人に廻覧させる文書）は異国警固関係の早期の史料である。これによると、幕府は九州に所領を持っている東国の御家人に異国警固のため九州に下《げ》向《こう》するよう命令をしているが、彼らが到着するまでの間は、筑前《ちくぜん》・肥前《ひぜん》の要害《ようがい》を守備するよう大友頼泰に命じている。おそらく文永九年に入って早々の命令であろう。これを受けた大友頼泰は野上資直に「御代官」（得宗被官《とくそうひかん》であろう）はすでに出発しているから、ただちに警備の役を勤めるよう命じた。このような警備の課役が、いわゆる異国警固番《ばん》役《やく》で、九州の御家人たちがまず蒙古襲来の防備の第一線に立ったのである。この場合、時宗が「御代官」を直接九州に派遣しているのに注意しておきたい。弘安《こうあん》四年（一二八一）の蒙古合戦のときは得宗被官を派遣して督戦させている。

同年四月二十三日、大友頼泰の代官小田原景泰《かげやす》は野上資直にあてて頼泰の命令のとおりにするよう伝達している。大友惣領家は頼泰に至って蒙古防備を機として九州に下向し直接九州に本拠をおくようになる。頼泰の九州下向をこれ以前とする説もある。

九州三守護家・防備を指揮する

守護家の九州下向・在地化は防御戦略のうえから重要なことで、大友氏の九州下向・在地化は建久《けんきゅう》六年（一一九五）ごろの武藤《むとう》氏のそれに続くものである。薩摩《さつま》守護の島津《しまづ》氏は建治《けんじ》元年（一二七五）に下向する。筑前・肥前の守護は武藤資能《すけよし》であり、大友頼泰は武藤資能と協力して両国の警備を統轄したのであろう。

次に薩摩の御家人比志島《ひしじま》氏の文書に収める比志島佐範《すけのり》の代官河田盛資《かわだもりすけ》あての文永九年七月二十五日の武藤覚恵《かくえ》（資能）の覆勘状《ふっかんじょう》（勤務完了証明書）によると、幕府の命令による異国警固で六月二十四日から七月二十四日までの博多津《はかたつ》番役《ばんやく》を勤めたことを証明している。この当時の異国警固番役が一か月間であったこと、薩摩の御家人が今の福岡市にあたる博多津で同番役を勤めていること、それを薩摩守護（九州末下向）でなく武藤氏が広域統轄の形で覆勘状を出していることが知られる。同じく薩摩関係の「島津家文書」の元徳《げんとく》元年（一三二九）十月五日の鎮西《ちんぜい》下《げ》知状《ちじょう》には、文永九年八月十一日幕命によって異国警固の博多津番役を日置北郷《ひおきほくごう》（現、鹿児島県日置郡日吉町《ひよしちょう》）弥勒寺庄下司《みろくじのしょうげし》・御家人平弘純《たいらのひろずみ》が勤めたことを証した武藤覚恵の状（覆勘状）を引いている。

異国警固にあたった鎮西御家人の心事

右二例より少しさかのぼるが、薩摩の延時《のぶとき》氏の文書のなかに、文永九年五月十七日、幕命によって異国警固の博多津番役を成岡二郎《なりおかじろう》（平忠俊《ただとし》）が四月十六日から一か月間勤めたことを証した武藤覚恵の覆勘状がある。この場合、博多津番役につくまでの事情が知られる。薩摩国の御家人成岡忠俊は、幕命に従い、父忠恒《ただつね》の代理として博多におもむき異国警固番役を勤めることになったので、海路でもあり、また戦場に臨むのであるからと、不慮《ふりょ》の事態に備えて四月三日、子息の熊寿丸《くまずまろ》を嫡子として先祖相伝《そうでん》の所領を譲り、出発している。異国警固番役は実際の応戦を予想しているものであり、番役従事の御家人は戦死の場合を考え、悲壮な心事で身辺を整理し、番役地の博多におもむいたのである。文永十年五月には幕府の長老である連署《れんしょ》の北条政村《まさむら》が死去したが、幕府は蒙古防備のため鎮西の御家人らが持場を離れて鎌倉に行かないよう命じている。同年八月には、幕府は武藤覚恵（資能）にあて守護・御家人の怠慢で悪党《あくとう》の動きが絶えないので、厳重な戒告をしている。

幕府、諸国に大田文を提出させる

文永九年には異国警固番役の制規と共に蒙古防備にかかわる重要な幕命が出されている。同年十月二十日の(1)北条時宗あて連署政村署判の関東御教書《かんとうみぎょうしょ》と、(2)安芸守護《あきしゅご》武田信時《のぶとき》あて時宗・政村連署の関東御教書で、課役賦課《かえきふか》の基本台帳として諸国に田文《たぶみ》（大田《おおた》文《ぶみ》）を提出させている。神社・仏寺・庄園・公領の田畠の員数・各領主の名前などを急いで調進せよ、というものである。(1)の典拠である「東寺百合文書《とうじひゃくごうもんじょ》」は十一月としているが、(2)の十月にあわせて理解しておこう。御家人所領の確定、課役徴収の安定化、御家人の掌握と統率の強化などが目的で、応戦軍事力の把握と増強につながることは言うまでもない。従来幕府の手の及ばなかった神社・仏寺・庄園・公領について実態を把握しようとしていることは注目される。

なお(1)は、時宗管轄の駿河《するが》・伊豆《いず》・武蔵《むさし》・若狭《わかさ》・美作《みまさか》の諸国にあてたもので、当時における時宗の得宗分国の実数がわかる。幕命はただちに現地で施行されている。(2)の武田信時は蒙古防備の要地安芸国の守護で、以後も異国警固に関する幕命を受けて同国内の指揮にあたっている。

二　誅伐された人びと

二月騒動のあらまし

文永《ぶんえい》九年（一二七二）は北条時宗の生涯の画期をなした。『保暦間記《ほうりやくかんき》』の記す、いわゆる二月騒動《にがつそうどう》がそれである。同年二月十一日、鎌倉で北条（名越《なごえ》）時章《ときあき》・同教時《のりとき》らが誅殺され、前将軍宗尊《むねたか》の側近であった中御門実隆《なかみかどさねたか》が召し禁ぜられ、そのほか多くの人が災いに遇った。続いて同年二月十五日、京都において六波羅探題南方《ろくはらたんだいみなみかた》の北条時輔《ときすけ》が同北方《きたかた》の北条義宗《よしむね》に誅殺された。そして、時章を誅殺しに行った討手《うちて》五人（大蔵《おおくら》次郎左衛門尉・渋谷新左衛門尉・四方田滝口《しほうでんたきぐち》左衛門尉・石河神次左衛門尉・薩摩左衛門三郎）は斬首されており、時章には罪はなく、誤殺だった、というのである。教時への討手は罰もなく賞もなかった。以上が二月騒動のあらましである。今少し事を分けて事実を見てみよう。

幕府、時章・教時らを謀叛人として誅伐

二月七日夜、鎌倉で騒動があり（『随門私記《ずいもんしき》』）、二月十一日に北条（名越）時章・教時らが討たれ、鎌倉からの早馬を受けて二月十五日、京都で北条義宗が北条時輔を討っており（『中臣祐賢記《なかとみすけかたき》』『帝王編年記』）、事件は二段階に展開している。この事件に関して二月十一日付けの二通の関東御教書《かんとうみぎようしよ》がある。一通は連署北条政村から時宗にあてたもので（『新編追加』所収）、勘気《かんき》を受けて制裁される者があるとき、追討使が命を受けて出向かないほか、ただちに馳せ向かった者は重科《じゆうか》に処する、というものである。他の一通は「武雄《たけお》神社文書」（佐賀県）の武尾大宮司《たけおだいぐうじ》にあてた二月二十八日の武藤資能書下《むとうすけよしかきくだし》（命令書）で、六波羅探題北条義宗の下知《げち》が添えられており、二月二十六日に受け取ったもので、

謀叛《むほん》有るの輩《ともがら》（名越氏ら）、今月十一日召取られおわんぬ。今においては、別事無きところなり。驚き存ずべからず。かつがつ鎮西御家人等参上すべからざるの由、相触れらるべきの旨、

という内容であった。教時らの誅伐は「謀叛」として幕命によるものとされている。これら残された関東御教書の日付けからして、まことに手際よい事の運びようで、前から準備されていた事件であることは明らかである。

右の経緯から、誅伐主体が執権・連署の時宗・政村であることは明白である。どちらの意向が強かったのかを史料で明確に示すことは難しい。評定衆《ひようじようしゆう》のうち時宗を強く支持する北条（金沢《かねさわ》）実時《さねとき》、安達泰盛《あだちやすもり》らがどうしていたかは、はっきりしない。時章を誤

殺した討手五人は得宗被官であるが、四方田氏はあるいは政村の被官かもしれない。時宗には前年、二十一歳のとき、嫡男の貞時《さだとき》が生まれており、得宗家の将来を確固としたものにしたかったであろう。政村にしても嫡男時村《ときむら》が文永七年十月に評定衆となり、翌八年七月には陸奥守《むつのかみ》になっており、老齢の自分に替わる嫡男の地位を幕府内で重からしめるため、得宗に随順して有力一族を押さえておくことは、分の悪いことではなかった。

誅伐主体は時宗

真言宗《しんごんしゅう》御室《おむろ》派《は》の実相院《じっそういん》（現、佐賀県佐賀郡大和《やまと》町川上）には次のような内容の文書がある。北御門《きたみかど》御宿直《とのい》として但馬《たじま》平三郎入道以下全九名の武士の名が列記され、文永九年二月十二日の年月日のあとに北条時宗が証判を加えたものである。「北御門」というのは実相院所在の肥前国にも地名があるが、『吾妻鏡《あずまかがみ》』嘉禎《かてい》元年（一二三五）九月一日条に、建暦《けんりゃく》三年（一二一三）和田《わだ》合戦のときの合戦場として見える幕府北面の門かそれにちなむ地名であろう。列記されている武士たちは、中野弥六《いやろく》のように得宗被官かと思われるものもいるが、他は但馬国《たじまのくに》（現、兵庫県）の地頭《じとう》・御家人である。この文書は二月騒動の折、右の武士たちが北御門に宿直したことを時宗が証明したもので、時宗が自ら軍事指揮をしていたことを示すものである。時宗が誅伐主体であったと見なせる史料である。ただ、この文書がどうして実相院にあるのかはわからない。

二月騒動を、討たれた側に即して、名越氏・北条時輔の順で見てみよう。

名越氏の反得宗の動き

名越氏は北条氏名越流の始まりである朝時《ともとき》（義時の子）のときから得宗の兄泰時に対して従順でない態度をあらわにしていた。家督相続にかかわることからかもしれない。朝時には、公朝《こうちょう》・光時《みつとき》・時章《ときあき》・時長《ときなが》・時幸《ときゆき》・時兼《ときかね》・教時《のりとき》・時基《ときもと》・朝賢《ともかた》らの男子と女子数人が知られる。公朝は藤原実文《さねふみ》の子で朝時の養子、歌人として知られ、将軍宗尊の知遇を得、その追放を悲しんでいた。大友氏の系図によると光時・時章・時長・時幸・時兼は大友能直《よしなお》の娘を母とする同腹の兄弟である。光時は、『保暦間記《ほうりやくかんき》』によると、自分は義時の孫で、執権の時頼は義時の曾孫であるから、と言って執権を望んだという。『吾妻鏡』は「逆心をさしはさんだ」と記している。執権時頼派と、前将軍藤原頼経《よりつね》とその近臣らの反執権派との権力争いがからみ（いわゆる「宮騒動《みやそうどう》」）、光時は出家して伊豆国江間《えま》に配流され、時幸は自害し、時章・時長・時兼らは野心なしとして処罰されなかった。時基は文永十年に引付衆に列しており、のちのことであるが、その妻は時宗嫡男貞時の娘である。

　時章は幕政にあっては評定衆・一番引付頭人《ひきつけとうにん》、それに筑後《ちくご》・大隅《おおすみ》・肥後の守護であり、北条氏のなかでは他を圧する勢威をもっていた。宮騒動では処罰されなかっただけでな

時章は無実でありながら誤殺された

教時の反得宗の動き

く、以後名越氏の中心となり、北条時頼が三浦氏を倒した宝治《ほうじ》合戦のあと評定衆となっている。当時の薄氷を踏むような政情を十分に心得て得宗随順の立場にあった。鎌倉にいた東寺《とうじ》系僧侶の作ではないかと言われている『随聞私記《ずいもんしき》』は二月騒動の史料として有用であるが、文永九年二月十一日辰の時（午前七〜九時）に名越教時は謀叛により誅され、名越時章は無実で自害した、と記している。『関東評定伝《かんとうひょうじょうでん》』『鎌倉年代記裏書』なども時章は咎《とが》なく誤殺された、と記している。前述のことから誤殺であった可能性は高いが、結果的であるけれども、時章がもっていた筑後・肥後の守護職は大友頼泰・安達泰盛に移って、異国警固の態勢強化に利されており、仕組まれた誤殺の可能性は皆無とは言えない。時章の子公時《きみとき》は、所領を没収されなかったようであり、文永十年には評定衆に列なっている。

当時の幕政中枢部を構成する評定衆・引付衆《ひきつけしゅう》を各個に点検してみると「謀叛」の傾向性をもっている者は評定衆の教時ぐらいで、あとは得宗支持の明白な北条氏一門や堅実な実務家タイプの者などである。前に述べているように、教時は宗尊の将軍在職中はその側近にあって年と共に親しさの度合を深めており、宗尊追放のときは宗尊方として軍事行動を起こしかねない気配さえみせていた。前将軍宗尊側近の中御門実隆《なかみかどさねたか》は二月騒動の折、召し禁ぜられている。教時らの誅伐は、時輔との連帯を恐れ、あるいはそのように想定し、これら宗尊側近残党らの動きを「謀叛」として未発のうちに封じたものとみられる。教時は、時頼のときの兄光時に似た轍《てつ》を踏んだのである。教時らの誅伐が得宗権力の強化に資することは言うまでもない。教時に守護職はなく、得宗側にとって名越氏打倒でとくに政治的効果があったのは時章であった。

名越氏打倒の政治的効果

三　北条時輔の誅伐

六波羅の時輔

時宗の庶兄時輔のほうはどうであったろう。前述のように、父時頼は時輔の幼少時から弟の時宗を後嗣とし、宗政《むねまさ》をこれに次ぐ者として育て、時輔は疎外されていた。文永《ぶんえい》元年（一二六四）時宗が十四歳で連署になったとき、十七歳の時輔は六波羅探題南方ということで鎌倉から京都に移された。北方は重時《しげとき》の子で長時《ながとき》（時頼のあとの執権）の同母弟、政村の娘婿という強力な得宗支持者の時茂《ときもち》である。事実上、六波羅を取り仕切ったのは時茂であり、時輔はその監視下にあったも同然であった。ところが、文永七年正月に時茂が死去し、その後約二年間後任が決定せず、それだけ六波羅は時輔色を濃くしたとみられる。時輔が武威を張って京都の人々にかなりの畏怖感を与えていたことが、時輔誅伐の合戦の状況を記している『五代帝王物語』に見える。六波羅には時輔同様、名目を与えられて鎌倉から疎外されている安達頼景《よりかげ》のような評定衆もおり、時輔は彼らとの連帯感を強めて、六波羅は反鎌倉的な傾向をもち始めていたのではないか、あるいは、時宗側からそう理解されていたのではないかと推察される。六波羅管轄の西国、ことに瀬戸内から九州にかけての地域は対外面で重要な地域であるし、六波羅は蒙古問題を含め幕府と朝廷との間の連絡上、重要な幕府出先機関である。こうして、文永八年十二月、長時の子で時茂の甥にあたる義宗《よしむね》が六波羅探題北方に就任するが、時輔を政治的に抑制する役割を担っていたとみられる。結果的には、時輔誅伐のための布石になっている。

六波羅探題時輔の受給・発給文書

『鎌倉遺文』には、六波羅探題時輔の、関東からの受給文書と発給文書を、全四十五通収めている。それらから、六波羅探題としての時輔の事績を概略見ておこう。北方《きたかた》の時茂の卒去後は、受給・発給ともに時輔だけで、全九通ある。時茂・時輔あての関東御教書は六通（うち評定事書《ひょうじょうことがき》一通）、時輔あては四通である。関東御教書を受けて出した連署施行状《しぎょうじょう》は三通。連署発給の裁許下知状（判決書）は一通だけである。京都大番役《おおばんやく》関係の連署挙状《きょじょう》は三通。数的に発給文書の中心をなす御教書全二十六通は、連署分二十二通、時輔単署分四通で、その多くは訴訟事務関係の問状《といじょう》・召文《めしぶみ》である。そのほかに、書状一通と、その他一通がある。

ところで、文永九年二月三十日、前将軍宗尊親王が出家したことを二月騒動と関連づけ、謀反者たちが宗尊を将軍の座に復帰させるという計画をもち、それによって宗尊は反得宗勢力の結集点とされ、出家させられたのではないかと推測する研究書がある（南基鶴『蒙古襲来と鎌倉幕府』）。しかし、宗尊の出家は直接には父後嵯峨上皇の死去によるものであり、後嵯峨上皇は幕府をはばかって帰洛後の宗尊には自粛させていた。ただ、時宗らが、教時と時輔・宗尊の連帯を危惧するとか、あるいはそれを想定することはありえたろう。六波羅評定衆の安達頼景が関東に召し下され、所帯二か所を没収されているのは、少なくとも時輔与同によるものである。なお、三浦一族の佐原盛信が時輔の縁者で、二月騒動の折、自殺していることが『系図纂要』八に見える。ともあれ、時宗は、時輔あるいは宗尊に名をかりるような反得宗的な動きを封殺したのであり、ここに文永元年（一二六四）時輔上洛を機とする長い間にわたる対時輔問題は解消し、得宗としての時宗の立場は確かなものになったのである。

二月騒動は得宗権力確立のため

二月騒動は、得宗権力確立のために行なわれた北条氏一門名越氏および時宗庶兄時輔打倒事件であり、かつそれは、緊迫した蒙古問題の処理と不可分な形で幕府内の統一を強化し、得宗に権力を一元化するための、まさに血の粛清《しゅくせい》であった。時章が帯びていた守護職は異国警固の現場指揮に利された。その後の名越氏は、幕府評定衆として、あるいは異国警固の現地最高責任者として得宗を支え、幕府倒壊の折には得宗に殉じている。二月騒動は得宗体制の強化のための布石となったのである。

二月騒動批判

「賜蘆《しろ》文書」所収の「金沢文庫文書」に、弘安《こうあん》八年（一二八五）十二月二十一日の称《しょう》名寺《みょうじ》開山妙性《みょうしょう》あての北条（金沢）顕時《あきとき》（実時の子、母は政村の娘）書状写しがあり、文永六年以来の世上騒乱、薄氷を踏むような政情の推移を述べている。二月騒動のことに触れ、時章・教時兄弟「倶《とも》に非分に誅せられ候い了《おわ》んぬ」「六波羅式部丞（時輔）誅せられ候」と記している。二月騒動のとき顕時は二十五歳、引付衆である。本書状について百瀬今朝雄氏は精密な検討を加え、永和ごろ（一三七五～七八）の訴訟にあたり作られた偽文書ではないかとされているが（『弘安書札礼の研究』）、日蓮の関係遺文などを参照すると、文永九年当時、時章らの誅伐を不条理とする批判はあったとみられる。安達泰盛は文永九年五月、二月騒動での犠牲者の慰霊のために高野山《こうやさん》に二基の町石（百五十八・百五十九）を造立している。右の顕時書状と通じる思いがあったかもしれない。

余聞めくが、『興福寺略年代記《こうふくじりゃくねんだいき》』には、時輔は逐電《ちくでん》したと記し、『保暦間記』は、時輔は遁《のが》れて吉野の奥に立ち入り行方知れず、と記している。

得宗過所船の活動

鎌倉と京都で名越氏と北条時輔の誅伐が行なわれた文永九年二月、時宗の守護分国若《わか》狭国《さのくに》の守護領内多烏浦《たがらす》（現、福井県小浜《おばま》市）の船「徳勝」は、津泊や関々で関銭などを払わずに自由に通行できるとの文言の上に北条氏の紋所三鱗《みつうろこ》紋を上部に墨書した過所《かしょ》船旗を与えられ、日本海を航行していた。

四　北条政村逝く

北条時宗の生涯にとって大きな画期となった二月騒動の翌文永《ぶんえい》十年（一二七三）五月十八日、北条政村が常葉上人《ときわしょうにん》を戒師《かいし》として出家し、覚崇《かくすう》と号して、同月二十七日、六十九歳で卒去した。同年閏五月二十一日の金沢実時被官《ひかん》平岡実俊《さねとし》あての藤原忠氏《ただうじ》書状（蓬左《ほうさ》文庫所蔵文書）では、政村の訃報を聞いたが、京都大番役《おおばんやく》で参洛したが重病のため、親しい間柄の渕江員平を代わりに弔問に行かせる、と書き送っている。

菊池武房の弔問の書状

同じく閏五月二十九日の平岡実俊あて菊池武房《きくちたけふさ》書状では、政村の訃報、ことに驚嘆し、自身弔問をと思うが、鎮西《ちんぜい》の地頭御家人らは、異国警固のため持場を離れてはいけないという幕府の命令が出されているので、恐縮であるが直接弔問ができない、それで親しい間柄の出田泰経《いでたやすつね》を代わりに弔問に行かせる、と書き送っている。ともに宛名は平岡実俊であるが、その主人であり、政村の娘婿である金沢実時にあてたものである。このような弔問の状は、この二例に尽きるものではなかったろう。

菊池武房の書状は肥後国《ひごのくに》（現、熊本県）菊池氏関係の原文書のうち最古のものであり、ことに文永十年段階の異国警固関係史料として貴重である。武房が蒙古合戦に百余騎の軍勢を率いて奮戦し、生《いき》の松原（現、福岡市西区）の防塁《ぼうるい》の上に座して一門を率い同地を警固している姿が『蒙古襲来絵詞《もうこしゅうらいえことば》』に描かれていることはよく知られている。出田氏は熊本県菊池市出田を本拠とした武士である。

京都宮廷側の哀惜

京都宮廷側の驚きも大きく、吉田経長《つねなが》はその日記『吉続記《きちぞくき》』閏五月四日の条に、政村が五月二十七日死去したことを記し「東方の遺老なり、惜しむべし々々」と哀惜している。閏五月十二日条には、時景なる人物が弔問のため下向したことが記されており、『大日本史』は亀山《かめやま》天皇の使者と解している。政村が鎌倉幕府の長老として重きをなしていたことを表にしているが、そこには、公武協調関係からも惜しむべき人物であった

常盤亭跡（鎌倉市常盤）

こと、その教養が京都貴族からみても意に叶《かな》う人物であったことなどが内意されていたろう。教養関係から言えば、京都宮廷から幕府に出仕していた、いわゆる関東祗候《しこう》の廷臣《ていしん》の、和歌・蹴鞠《けまり》に秀でた飛鳥井《あすかい》教定《のりさだ》や花山院《かざんいん》長雅《ながまさ》、将軍宗尊の和歌の師真観《しんかん》（藤原光俊《みつとし》）らと交わり、影響を受けていたようである。勅撰集への北条氏一門の入集数はきわめて多いが、西畑実氏は北条氏は五十八名、歌数四百三十六首を算定している（『大阪樟蔭女子大学論集』九）。そのうち政村の入集数が最多で、西畑氏の計算に従うと、総計四十首である。私撰集への入集も多い。発想や調べが新鮮で技巧にも優れ、京都貴族の鑑賞にも堪えたろう。当代の代表的武家歌人といってよい。連歌も好んでいた。

政村の常盤亭

『吾妻鏡』の弘長《こうちょう》三年（一二六三）二月八日・十日条に政村が常盤《ときわ》（鎌倉市大字常盤）の別荘（本邸は小町）で一日千首和歌会を主催したことが記されている。これよりさきの康元《こうげん》元年（一二五六）八月二十三日条には、将軍宗尊が同所に臨んだときの盛儀のさまが詳記されていて、泉屋があり、金銀以下で作った屋形船があったことなどが記されている。政村は同所で和歌会などの雅事を営んでいたのである。「御所ノ内」、「殿入」（北条義政の屋敷地と伝えられる）、「たちんだい」（館の台の転訛《てんか》か）などの地名が残っている。昭和五十二年（一九七七）に鎌倉市教育委員会が発掘調査し、礎石《そせき》建物や溝・井戸などを検出し、上質の石製硯《すずり》・金銅製水滴《すいてき》その他多くの遺物が出土した。政村屋敷跡伝承地にふさわしい高級な調度品などをもつ文人的な生活をしのばせる規模の大きな屋敷があったことが明らかにされた。北条氏常盤亭跡の名称で国史跡に指定されている。

田口卯吉、政村を評価

ところで、時宗と政村との関係をどうみるかは、時宗の問題としても、さらに政村の締めくくりとしても肝要な問題であろう。この点について、明治三十二年（一八九九）の『史学雑誌』十編十号に掲載された経済学者・歴史学者田口卯吉《たぐちうきち》（一八五五〜一九〇五）の「北条政村」は重要な論点の一つを示している。蒙古撃退の功を時宗に帰するのは誤りである、というのが結論であり、弘安四年、時宗が主戦論を動かさなかった功は無視できないものの、日蒙交渉のはじめ、主戦論に決したのは政村で、最初の議決は重いというのである。また政村の生前に元使を斬らなかった点で政村を賞せざるを得ない、とも述べている。結論に至る理由として日蒙交渉開始期に時宗の年齢が若かったこと、「東方の遺老」と言われた政村の人となりをあげている。

三浦周行の反論

これに対し三浦周行《みうらひろゆき》（一八七一～一九三一）が「北条時宗と同政村」（『日本史の研究』新輯二）と題する文章で反論し、田口の論の骨子である年齢の点は、議論そのものが不確実であるとして反証をあげ、嫡庶の関係からも見るべきであるとしている。その後、政村を主題とした研究はほとんどなく、現在では渡辺晴美氏の「北条政村の研究」（『政治経済史学』三四四・三七〇・三八七号）がよるべき詳細な研究である。日蒙交渉開始期のことについては、本書ですでに述べているところである。

五　時宗と政村

『大日本史』の政村評

水戸藩主徳川家が編纂した『大日本史』は北条政村の人物を「沈黙温雅」と評してい

る。本来の性格でもあろうが、元仁《げんにん》元年（一二二四）、北条義時《よしとき》の後妻伊賀《いが》氏が兄弟の伊賀光宗《みつむね》と謀って、自分の子の政村を執権に、娘婿の一条実雅《いちじょうさねまさ》を将軍にしようとして北条政子《まさこ》から機先を制せられ、計画が失敗した、いわゆる伊賀氏の変に深く省みるところがあったからであろう。このとき罪に問われなかったことが、その後の、政村の得宗支持の生き方を方向づけたとみられる。

政村の官歴

延応《えんのう》元年（一二三九）三十五歳で評定衆《ひょうじょうしゅう》に列し、翌年評定衆筆頭となり、康元《こうげん》元年（一二五六）連署となるまで評定衆筆頭である。建長《けんちょう》元年（一二四九）一番引付頭人、文永《ぶんえい》元年（一二六四）六十歳で執権、文永五年再び連署となっている。寛喜《かんぎ》二年（一二三〇）二十六歳で叙爵《じょしゃく》（従五位下）、嘉禎《かてい》二年（一二三六）右《う》馬権頭《まごんのかみ》、康元元年陸奥守《むつのかみ》、正嘉《しょうか》元年（一二五七）越後《えちご》の国務を与えられ、相模守に任じ、文永二年左京権大夫《ごんのだいぶ》、文永元年執権となるのと同時に従四位上、同三年正四位下に叙している。守護職《しゅごしき》の所見はない。

父義時が政村を深く愛していたのは、政村の性格・能力によるものであろう。連署になるまで十七年間も評定衆筆頭であったのは義時の子という出自にもよろうが、兄泰《やす》時《とき》・経時《つねとき》・時頼《ときより》ら歴代執権をはじめ幕政関係者が信頼していたからであろう。

政村の時宗補佐

時宗との関係で、主として問題になるのは文永元年政村が執権に就任し時宗が連署となるときからである。時宗を連署とし、時輔を六波羅南方《ろくはらみなみかた》としたのは、卒去直前の長時や幕政中枢部の人たちの意向もあったろうが、決定は政村の周到な配慮によるものであろう。それは時宗の得宗としての地位の強化、執権就任を必至とする措置であった。文永三年の親王将軍宗尊の京都送還も、つまるところは政村の大局的な措置であったろう。日蒙交渉の開始は、政村に時宗との執権交代を決意させ、異例の、政村の連署再任となった。卒去前年の二月騒動では、時宗の北条氏一門の統制、得宗としての地位の確立のため、政村は時宗の意を体して行動した。機密を要する緊急な重要課題などは時宗を中心とする寄合で決められたが、政村の長く高い政治的閲歴に基づく総合的判断は重視されたであろう。

　政村は時頼・時宗から深く信頼され、得宗を第一としてその補佐役に徹した。自らの若い日の苦い経験や、眼前に見た名越（江馬）光時が北条時頼を除こうとして失敗した「宮騒動」など、深い鑑戒としていたに違いない。政村がことに時宗の補佐役に徹したのは時宗が得宗であったからばかりではなく、時宗の器量を評価していたからであろう。政村の時宗に即しての役割は、得宗時宗の執政を補助・促進し北条氏一門の結束を固めることにあった、と要約できよう。そして、政村の死は、時宗自らの手による「専制」

化のさらなる前進の起点になったのである。

政村の政治的独自性

政村は時宗を北条氏得宗として推戴しながらも、その補佐を介して自らの政治基盤を強化し、自己および自己一門を得宗に次ぐものとしていこうとしていたとみられる。姻戚関係の広い設定などそうであるが、公的に執権として幕政の実質上の最高位におり、その間、政村体制と言ってもよい独自性をもっていた。そのことに関連する一例をあげよう。政村帯任の政所別当《まんどころべっとう》（長官）の問題である。

政村の政所別当帯任

政村が政所別当となったのは建長八年、連署で政所別当を兼ねていた重時《しげとき》が出家したため、その替わりとして連署になってからである。重時と同じく、連署に政所別当を兼ねたのである。政村は連署になった翌月の四月五日に陸奥守になり、四月十四日に政所始めの儀を行なっている。建長八年七月三日将軍家政所下文《くだしぶみ》（尊経閣《そんけいかく》文庫所蔵「武家手鑑《ぶけてかがみ》」）が政村の政所別当として出した文書の初めである。執権（のち再び連署）となってもそのまま政所別当を兼ねた。政所不設置期間を除き、政村は五十二歳から卒去まで政所別当を兼ねていたのである。その間に出された将軍家政所下文は、『鎌倉遺文《かまくらいぶん》』に収められているもので、建長八年七月三日の分から文永九年八月二十五日の分まで二十六通にのぼる。内容はすべて御家人所領の安堵《あんど》（承認）で、ほとんど相続安堵である。御家人にとっては重要な問題である。長期間にわたっての政村の政所別当兼任は、連署・執権として当然と言えば当然であるが、やはり政治基盤の維持に作用したと言えよう。

ともあれ、政村の死は時宗にとって、よき補助者を失なったという点では大きな打撃であったが、時宗もすでに二十三歳、以上のようなことから、名実共に時宗の時代に入ることになる。政村のあとを継いで連署となったのは政村の兄重時の子義政《よしまさ》である。ときに三十二歳であった。

第七　文永の蒙古合戦と異国警固

一　文永十一年の蒙古合戦

蒙古国書、幕府から朝廷へ

文永《ぶんえい》五年（一二六八）蒙古《もうこ》からの招諭《しょうゆ》の国書が到来したあと、同趣旨を奉じた使者の往来がくり返された。それが日本に緊張を与え、内政展開に波動を起こしたことは言うまでもない。文永六年の初めに対馬《つしま》に着いた蒙古使節は目的を果たせぬまま島民二人を捕えて帰国した。続いて同年九月蒙古の命を受けた高麗《こうらい》の使者が来日すると、大宰府守護所《だざいふしゅごしょ》は蒙古の国書（中書省の牒《ちょう》）を幕府に報告、幕府はただちに朝廷に報告した。朝廷では菅《すが》原長成《わらながなり》（「ながしげ」とも）に返牒を起草させたが、幕府は返書をしないことに決定した。和親の返牒を出すという情報に憤慨した京都正伝寺《しょうでんじ》の住持東巌慧安《とうがんえあん》は、蒙古を「神国日本に敵対する辺国の欲深く憍慢《きょうまん》な国」とする認識のもとに、その降伏を熱烈に祈願している。このような蒙古観は東巌一人のものではなかった。

蒙古は高麗国王の廃立問題に対応しながら高麗への干渉を強め、江華島《こうかとう》から開京《かいけい》への還都に伴う三別抄《さんべつしょう》の反乱も蒙古の高麗支配を増強させた。そのような推移のなかで三別抄は日本に援助を求め、日本はその情報をもとに蒙古防備と悪党鎮圧の態勢をとった。

趙良弼の来日

そのあとの文永八年九月、趙良弼《ちょうりょうひつ》以下百余人の蒙古使節が来日し、国書の写しが鎌倉を経て京都に進達された。国書の趣旨は変わらない。日本の返牒は得られず、趙良弼もまた要領を得ぬままに大宰府を退去した。その後、趙良弼は再度日本に渡っているが、目的は果たしていない。帰国後、クビライに日本遠征は価値なく、かつ困難であることを進言したが、聞き入れられなかった。

日本遠征の準備進む

至元《しげん》八年（文永八・一二七一）十一月、蒙古は国号をたてて大元《だいげん》とした。一二七三年二月、南宋《なんそう》の要衝である襄陽《じょうよう》（湖北省）を陥落させ、同年四月三別抄を平定した。日本との通好の望みのないこともはっきりした。ここに日本遠征を妨げる要因はなくなり、遠征の条件は強化され、遠征の準備が進められた。クビライの厳命のもと、高麗の財政や人民の負担能力をかえりみることなく造船事業が進められ兵員の徴発が行なわれた。日本遠征に用いられた兵数は、池内宏氏によると、蒙古人・女真人《じょしん》および金《きん》（一一一五～一二三四）の治下にあった漢人合わせて二万人、都元帥《とげんすい》は忻都《きんと》、右副元帥は洪茶丘《こうさきゅう》、左副元帥は劉復《りゅうふく》

対馬・壱岐から博多へ侵攻

平景隆の墓（長崎県壱岐郡勝本町）

亨《こう》、高麗の助征軍は約六千（『高麗史』は八千）で金方慶《きんほうけい》が指揮、そのほか数多くの梢工《しょうこう》・水手《すいしゅ》（かこ）などの航海従事者がいた。高麗負担の造船数は大船・快速船・汲水小舟各三百艘、合計九百艘である。

文永十一年十月三日、元・高麗の連合軍は高麗の合浦《がっぽ》（慶尚南道馬山）を出発した。十月五日、対馬に上陸、翌日応戦した守護代宗資国《そうすけくに》（「助国」とも）以下が戦死、続いて十月十四日、壱岐《いき》の守護代平景《たいらのかげ》隆《たか》以下が戦死した。十月十六日、今の佐賀県唐津《からつ》市一帯を本拠とした石志《いしし》兼《かぬる》が猟子あての譲状《ゆずりじょう》を書いた。蒙古人の合戦で嫡子二郎を伴って出陣する、無事に戻られるかどうかわからないので、先祖相伝の私領を譲る、という内容である。合戦に臨む武士の心事や、身辺整理を書いた稀《け》有《う》の文書である。なお、同じ唐津市一帯を本拠にした佐志直《さしなおし》も十月十五日、出陣にあたり子息の熊太丸に譲状を書いており、父・兄弟と共に戦死している。

博多湾に進入してきた元軍《げんぐん》は十月二十日今津《いまづ》（現、福岡県福岡市西区）・百道原《ももち》（現、福岡市早良区）の海岸から上陸を始め、百道原に上陸した元軍は麁原《そはら》へ向かい、さらに鳥飼《とりかい》（現、福岡市城南区・中央区）と別府《べふ》（現、福岡市城南区）の両方面に進み、続いて赤坂（現、福岡市中央区）に進撃している。今の福岡市の西部一帯である。元軍の集団戦方式や火器「てつぽう」の使用などで、日本軍は苦戦し、筥崎八幡宮《はこざき》（現、福岡市東区）も焼失する始末で、日本軍は博多（現、福岡市博多区）・筥崎を打ち捨て、水城《みずき》（現、太宰府市）に退いた。日本軍の応戦に元軍は左副元帥劉復亨が負傷するなど損傷は大きかった。大宰府攻略が当面の目標であったろうが、軍議をし、撤退した。

文永十一年の蒙古合戦について述べるべきことは多いが、戦闘過程については以上に止めておく。合戦について記述した確かな文書類は乏しく、後述の恩賞配分関係文書から、十月二十日の鳥飼浜の合戦が知られることなど、ほんのわずかである。伝聞を記した日蓮遺文などを加えても少ない。戦闘過程を記述している史料としては、『蒙古襲来《もうこしゅうらい》絵詞《えことば》』と『八幡愚童訓《はちまんぐどうきん》』甲《こう》本が中心になる。前者は絵と詞で合戦の状況がまさに活写されていて貴重であるが、弘安《こうあん》四年（一二八一）の合戦と同様、竹崎季長《たけざきすえなが》個人に即したもので全体にわたるものではない。後者は八幡神の神徳を児童にもわかるように記述したもので、宗教性・啓蒙性が土台になっており、蒙古合戦に即して言えば、神社側の軍忠状《ぐんちゅうじょう》とも言うべき性質をもっている。

応戦の理由

文永十一年の蒙古合戦で何より重要なことは、戦闘に至った理由である。元側に即して言えば、南宋攻略の一環として、日本と南宋の関係を絶ち、高麗を仲介としながら高麗への干渉・支配を強め、日本に対して服属を迫った、というのが招諭の骨子である。日本が承知しなければ征討の用意がある、としながらも、たてまえは和平的交渉であった。それは蒙古（元）の外交方式であったが、日本側は、侵略的な先ぶれとしか受け取らなかった。日本の伝統的な夷狄《いてき》観、蒙古を貪欲・惰慢かつ侵略的とする認識があった。日本の政治の実質的担い手は戦闘を属性とする御家人を束ねていた鎌倉幕府である。外圧は、悪党《あくとう》問題などの内政の矛盾解決の方向に利された。元の遠征、日本の応戦は必至だったのである。

蒙古軍の撤退と「神風」

同合戦は不明なことが少なからずあるが、その終末については「神風」問題として論

「神風」は神々の戦い

議が分れている。元側には、日本上陸後の不断の武器・兵糧の供給にもとづく戦闘継続の意図があったのかどうか、遠征が多分に示威的であったこともあり、一日の戦闘で損害を受けると、「官軍とのはず、また矢尽き」たからということで撤退している（『元史』日本伝）。それに「神風」がどうかかわったか、である。高麗側の史料によると、撤退の記述に続いて「会《たまたま》夜大風雨があり、戦艦が巌崖に触れて多く敗れた」とあり、元軍の撤退直後に大風雨にあったような書きぶりである。ところが、勘解小路《かでのこうじ》兼仲《かねなか》の日記『兼仲卿記《かねなかきようき》』（『勘仲記《かんちゆうき》』）の文永十一年十一月六日の条には「或人云《いわ》く、去る比《ころ》凶賊の船数万艘海上に浮かぶ。而《しか》るに俄《にわ》かに逆風吹き来たり、本国に吹き帰す」とある。「而るに」では時日を決め難い。『八幡愚童訓』甲本では、合戦の翌日二十一日の朝、海上を見ると蒙古の船は皆々戻っている、と不審がっている。

『兼仲卿記』は、逆風の事は神の御加護であると言っており、いわゆる「神風」があったことは、日時は別として、確かな史料に見えている。右のような史料状況なので、著者としては、筑紫豊氏の『元寇危言』の意見を参照し、合浦に帰り着くまでの撤退途上、と解しておくのが、今のところ穏当ではないか、と思っている。その規模など、もとより不明である。肝心なのは当時の人々が使っていた「神風」という言葉の意味であるが、当時の別な表現で言えば「神軍（神のいくさ）」「神戦」で、日本と蒙古の神々の戦いであり、単に風速何メートルなどというたぐいではない。

さらに、北条時宗《ときむね》のこの合戦へのかかわり具合が問題であるが、代官派遣以外、直接史料を見いだし得ない。弘安四年の場合のように禅僧と共にかかわったことを示す史料もない。現地の指揮は武藤資能《すけよし》・経資《つねすけ》父子と大友頼泰《よりやす》がとっていた。資能は戦況の報告、経資は戦功の注進《ちゅうしん》をしている。『八幡愚童訓』甲本では資能・頼泰両人の指揮能力のなさをからかっており、日蓮遺文の「種々《しゅしゅ》御《お》振舞《ふるまい》御書《ごしょ》」には「大宰府もやぶられて少弐《しょうに》入道《にゅうどう》・大友ら聞き逃げに逃げ」と書いている。実情は不明であるが、根拠のないことではあるまい。後述の守護交代と関係があるかもしれない。時宗の同合戦との直接のかかわりについて言えることは、資能らからの、日数を要する早馬での相次ぐ戦況報告を受けながら、鎌倉で応戦の手だてを考え、瀬戸内方面の防備態勢を強化したり、経資の戦功注進を受けて、戦後は恩賞配分についての手配を指揮したりしていた、ということなどである。

二　幕政と公武関係

文永《ぶんえい》十一年（一二七四）の蒙古の第一次襲来のあと、ことにその翌年、建治《けんじ》元年（一二七五）の日本は、蒙古問題で律せられたと言っても過言ではない。二十五歳の執権時宗を首脳とする鎌倉幕府の施策は、もとより蒙古問題を主軸とするものであった。

時宗を補佐する人々

時宗を補佐する連署は文永十年六月就任の北条義政《よしまさ》である。建治元年の評定衆《ひょうじょうしゅう》は二十三名、引付衆《ひきつけしゅう》は十六名で活動を始める。両衆のうちの北条氏は前者が六名、後者が三名である。各番の引付頭人《ひきつけとうにん》は一番が北条（金沢《かねさね》）実時《さねとき》（五十二歳）、二番は北条時村《ときむら》（政村の子、三十四歳）、三番は北条宗政《むねまさ》（時宗の弟・二十三歳）、四番は北条時広《ときひろ》（時村の子、五十四歳）、五番は安達泰盛《あだちやすもり》（四十五歳）で、安達泰盛以外は北条氏である。実時は病気で五月に自邸の金沢《かねさわ》（現、神奈川県横浜市金沢《かなざわ》区）に引退し、時広は六月二十五日に没した。時広のあとには北条（名越《なごえ》）時章《ときあき》の子公時《きみとき》（生年未詳）が就任する。時宗にとって師父とも言うべき実時の引退は、名目上翌年の死没まで在職するが、やはり打撃であったろう。反面、政治面で時宗の独自性が増強されることをも意味する。北条氏以外の評定衆・引付衆は、時宗の執権就任のところで述べたことと、基本的には同じ傾向で、多くは実務系の者たちである。

幕府政治の推移

幕府政治の推移を指標的に示すのは、執権《しつけん》・連署《れんしょ》が将軍の命を奉じて出す形式の関東《かんとう》下知状《げちじょう》・関東御教書《みぎょうしょ》などである。建治元年の関東下知状は、木田見《きたみ》次郎入道成念《じょうねん》の嫡女熊谷尼と弟の長家との成念遺領をめぐる争いを裁決した七月五日付けの一通が知られる。関東御教書は、『鎌倉遺文』では二十六通知られる。訴訟手続き関係もあるが、主として蒙古対策関係で、長門国《ながとのくに》警固、異国降伏《ごうぶく》祈禱令、交通政策などである。あとでことを分けて述べよう。

両統迭立

中世政治史で重要な問題の一つは、皇統が持明院統《じみょういんとう》と大覚寺統《だいがくじとう》に分裂して対立・抗争し、交互に皇位を継承することになる両統迭立《りょうとうてつりつ》である。この問題の端緒は、以下述べるように、ほかならぬ時宗の関与にあった。その間の経緯は、歴代天皇の宸翰《しんかん》の伝存する主要なものを集めた、『宸翰英華《しんかんえいか》』第一冊や『増鏡《ますかがみ》』第九草枕その他で知られる。「宸翰」とは天皇・上皇の自筆の書きもののことである。

後嵯峨天皇《ごさがてんのう》は嫡子の後深草《ごふかくさ》天皇に譲位《じょうい》した。その後、後嵯峨上皇《じょうこう》の意向で後深草天皇は弟の亀山《かめやま》天皇に譲位した。亀山は健康・英明であり、後嵯峨やその皇后で後深草・

両皇統系図

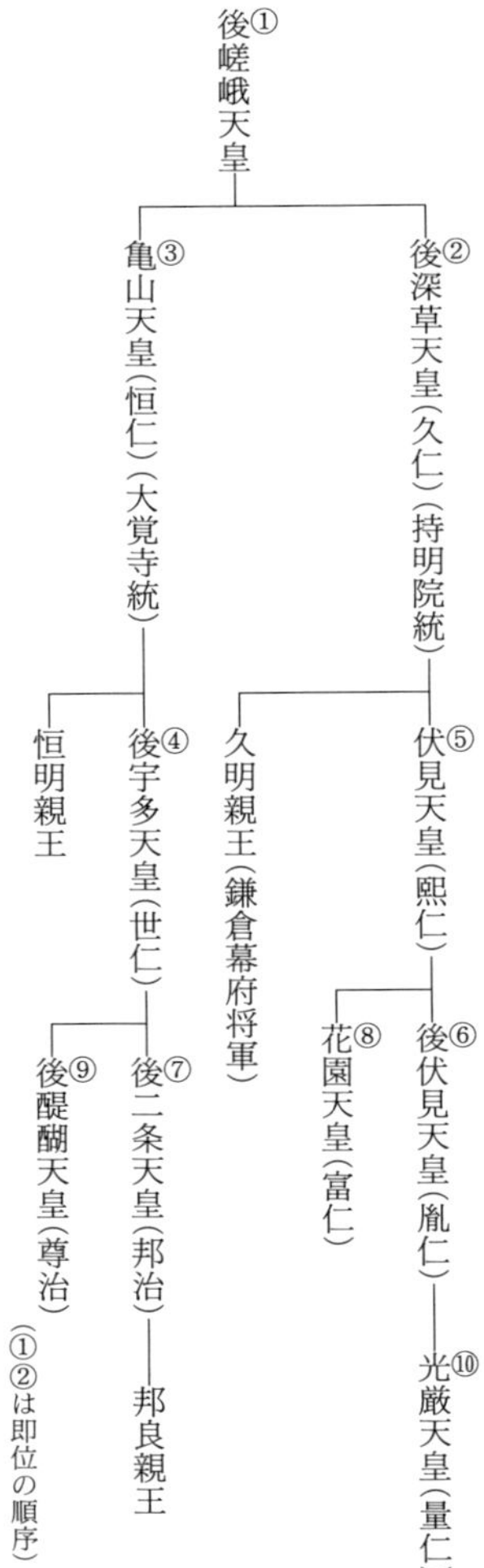

「治天の君」の決定を幕府に任せる

亀山の母である大宮院《おおみやいん》(西園寺《さいおんじ》実氏《さねうじ》の娘)がことさら愛していたからだと言う。後嵯峨は文永九年二月十七日に亡くなるが、死に先立ち、所領の処分はしたが、「治天《ちてん》の君《きみ》」、つまり実際に政務を執るのが後深草(院政《いんせい》)なのか亀山(天皇親政)なのかは明言していなかった。『五代帝王物語』によると後嵯峨は「治世(治天下)のことは関東(鎌倉幕府)の計《はか》らいとせよ。自分が執権北条泰時《やすとき》の推挙によって践祚《せんそ》した例にならい、幕府の決定に任せる」旨の自筆の勅書を書いた、とある。

しかし幕府としては決定し難く、大宮院に後嵯峨の遺志をうかがい、幕府はそれにもとづいて、亀山天皇の親政を取り計らった。こうして亀山親政となり、文永十一年には後宇多《ごうだ》に譲位して院政を行なった。事態の推移を悲観した後深草は出家しようとした。『増鏡』第九草枕によると「これを知った時宗は後深草に同情し、後嵯峨の意向には深いわけがあるだろうが、後深草はおおぜいの兄弟たちの年長者で、たいした過失もないだろうに、どうして一代限りの皇位ということなのだろうか、大変よくないことだ、と言って、亀山に奏し、諸方なだめて、洞院実雄《とういんさねかつ》の娘愔子《いんし》所生の若宮（伏見天皇）を立太子《りったいし》させ、建治元年十月（十一月の誤り）五日、その式典が行なわれた」と記している。『増鏡』はこの記事の最初に、時頼《ときより》の子時宗も、まことに立派な人物で、と書いている。

両統の争いの起点

こうして後深草の皇子熙仁《ひろひと》（伏見天皇）が亀山の猶子として後宇多の東宮《とうぐう》となり、その東宮即位の折に、後深草が院政を執ることとなった。以上の調停は、蒙古問題緊迫の事態にあって、紛争の激化をおそれた時宗を首脳とする幕府が、専決を避け、大宮院を介して後嵯峨の遺志をうかがう形をとり、解決をはかったものである。その時点ではいちおう円満な調停であったが、その後、関東申次《もうしつぎ》の動向、皇室領庄園の帰属その他をめぐって大覚寺統と持明院統との対立、抗争へと推移していくことになる。このときの幕府の処置が両統の皇位継承の争いの起点になっていることは明らかである。

春夏秋冬三か月ずつ九州各国分担

三　建治元年の異国警固

文永《ぶんえい》十二年（一二七五）は四月に「建治《けんじ》」と改まるが、「比志島文書《ひしじまもんじょ》」の同年二月四日の武《む》藤経資《とうつねすけ》の書状から蒙古警固結番《けちばん》の制度が定められたことがわかる。「結番」とは順序を決めて交代で勤務することである。それは次のような次第であった。

春三か月　正月・二月・三月　筑前《ちくぜん》国・肥後《ひご》国
夏三か月　四月・五月・六月　肥前《ひぜん》国・豊前《ぶぜん》国
秋三か月　七月・八月・九月　豊後《ぶんご》国・筑後《ちくご》国
冬三か月　十月・十一月・十二月　日向《ひゅうが》国・大隅《おおすみ》国・薩摩《さつま》国

すなわち、一年の春夏秋冬の各三か月ずつを九州各国がそれぞれ分担して順次番役を勤仕するという定めであった。この制規で次のことが注意される。まず、これには壱《い》岐《き》・対馬《つしま》が入っていないことである。壱岐・対馬は防御の最前線であり、両島は筑前の要害地などを警備する余裕はなく、おそらく両島は自らを警備することがたてまえであったろう。両島に関する警固番役の史料は島内外を合わせ、今のところ見いだしえない。

九州の守護配置

次に、この制規はこの段階での守護の配置状況を合わせて見なければならない。春・夏の分担国である筑前国・肥後国・肥前国・豊前国の守護は武藤経資である（父資能の可能性もある）。秋の分担国である豊後国・筑後国の守護は大友頼泰《よりやす》である。「野上文書」は武藤経資のことを「西方守護人」と記し、「都甲《とごう》文書」には、大友頼泰を東方《ひがしかた》奉行所（守護所）と端書に書いているが、蒙古防備の指揮の実態に即して記しているのかもしれない。いわゆる奥三か国のうちの日向国の守護については明らかでない。大隅国の守護は北条公時《きみとき》（時章の子）であり、薩摩守護は島津久経《しまづひさつね》である。なお建治元年末には、肥後守護は安達泰盛に、豊前守護は北条（金沢）実時に、筑後守護は北条（塩田）義政《よしまさ》に交代する。前線基地九州における北条氏の進出は明白で、安達氏分も含め、蒙古防備のための戦略的措置であることは明らかである。九州における伝統的な守護勢力である武藤氏・大友氏の後退を引き替えにしていることもまた明らかである。

中国地方の四か国結番の体制

二月の制規が出されたあとの五月十二日、大友頼泰は一族の志賀《しが》禅季に惣領泰朝《やすとも》に属して蒙古人用心番を勤仕するよう命じている。志賀氏は豊後の御家人《ごけにん》で七・八・九月の勤務である。蒙古防備の要地長門の守護二階堂行忠《にかいどうゆきただ》が長門警備の御家人の増強を申請してきたのに対し、幕府は同日、時宗・義政連署の関東御教書をもって周防《すおう》・安芸《あき》を協力させることにし、さらに五月二十日、これに備後《びんご》を加えて、四か国結番の体制とし、翌二年八月には、山陽《さんよう》・南海《なんかい》道の勢をもって長門を警固するよう命じている。「野上文書」（尊経閣所蔵）建治元年六月五日の大友頼泰の書下《かきくだし》（命令書）は、さきの二月の制規の実施を知らせてくれる。豊後・筑後は七・八・九の三か月分の分担国であるが、その三か月をさらに一か月ずつ各御家人が分担して三番で順廻するということにしていたのであり、長期にわたる勤務はいろいろ支障が出てくるからこうしたのだと述べている。また勤務者本人が重病などで警固番役が勤めがたいときは、それが虚偽でないという誓状を提出し、病気が回復するまでの間は子息を代官に立てて勤務させるという定めであった。さらに、当番でなくとも、もし異敵が来着したら全員すぐさまそこへ駆けつけよ、という臨戦時の指示も加えていた。

蒙古再襲の疑い

建治元年九月二十二日、大友頼泰は豊後の御家人野上資直に次のようなことを命じた。九・十両月に蒙古再襲の疑いがあるという西方守護人武藤経資の連絡があった。それに備えて今月中に筑後国の守護所のあたりに出張せよ、ただし重病で勤務しがたい者はその由の誓状を提出し、平癒したら子息親類若党一人を漏らさず差遣せよ、もし十月一日以前に下着しない者は、その日数分を勤め越せ、怠る者は関東に注進する、と。幕命を背景とする守護の管内御家人の異国警固番役勤務催促の実情をこまかく知ることができる。いっぽう御家人の異国警固番役に臨むときの心事・身辺整理については前に述べておいた。

西国の交通統制強化

蒙古防備は兵員・軍需物資の輸送を伴うから、幕府にとって交通政策は緊要であった。「菅浦文書《すがうらもんじょ》」(滋賀《しが》大学保管)の建治元年六月二十日・同年九月二十七日の関東御教書によると、文永十二年に入ると早々に西国の新関(新関所設定)や河手《かわて》(河川の関で徴収する通行税)の停止を命じていたが、違犯者がおり、甚《はなは》だ猛悪である、重ねて下知せよ、と六波羅探題《らたんだい》の北条義宗に命じている。西国の新関というのは、豊前の門司・長門の赤間《あかま》以下所々の関手《せきて》(関で徴収する銭貨)のことである。蒙古襲来を機として、幕府がそれまで管轄外だった分もふくめ西国一般の交通統制を強化したことが知られる。第二次の蒙古襲来の直前、弘安《こうあん》四年(一二八一)四月二十四日、幕府は、時宗の奉ずる関東御教書で、津料《つりょう》(港で徴収する関税、銭でとると関手=関銭)・河手を地頭《じとう》が押し取ることを停止するよう諸国の守護に命じている。弘安七年六月には、さらに徹底化がはかられることになる。

四　元の使者斬られる

建治《けんじ》元年（一二七五）の日元《にちげん》交渉を見てみよう。元の日本遠征軍がいたましいありさまで、かろうじて高麗に帰還した翌年（元の至元十二年、日本の建治元年）の正月、高麗の金方慶《きんほうけい》、印公秀は国王の命を受けて元に赴き、高麗の窮状を訴えて、クビライの日本再征を思いとどまらせようとした。しかしクビライが耳を貸さなかったのは、次の二点からはっきりしている。

クビライの宣諭使派遣

一つは礼部侍郎《れいぶじろう》の杜世忠《とせいちゅう》らを宣諭《せんゆ》日本使として派遣したことで、他の一つは、日本への再度の出兵に備えてであろう、元の軍隊（南宋人の兵）を高麗に送りこんでいることである。これは至元七年（一二七〇）クビライが趙良弼《ちょうりょうひつ》を日本国信使に任じるのと同時に日本遠征の準備として屯田《とんでん》の計画を立てたのと同じである。宣諭使の派遣は、もとより日本の来服を促すためであった。元の国書は伝わっていないが、その内容については『関東評定伝《ひょうじょうでん》』に「前のように順伏すべしとの趣《おもむき》」であったと記しており、従前の国書とほぼ同様であったことが知られる。

クビライが宣諭使を日本に派遣するについては、第一次遠征についての反省なり評価なりがあったと思われるが、そのことを明確に記した史料はない。池内宏氏は「宣諭使の差遣に対する世祖の期待は、さほど大きくなかったと見なければならぬ」（『元寇の新研究』）と述べている。『鎌倉年代記裏書』や『関東評定伝』には宣諭使の名を記している。正使は杜世忠、副使は兵部郎中の何文着《かぶんちょ》（著）、計議官承仕郎《しょうしろう》の回々都魯丁《かいかいとろてい》（撒都魯丁）、書状官薫畏国人杲《くんいこくじんこう》（果）、高麗訳語郎（通訳）の将徐《しょうじょ》（池内宏氏は徐贊とする）の五人である。宣諭使一行は四月十五日に長門国室津《ながとのくにむろつ》（現、山口県豊浦町）に着き、八月、鎌倉に送られ、九月七日龍口《たつのくち》（現、神奈川県藤沢市片瀬）で斬られた。死に臨んでの杜世忠・何文着（著）・将徐（徐贊）の詩が残されている。

元使斬殺の理由

元使は斬殺される前に国書の趣旨が受け入れられるよう力説したであろう。元使斬殺の理由について『関東評定伝』は「永《なが》く和親を絶たんがため通問せざるの策である」と記し、『鎌倉年代記裏書』は「永《なが》く窺覦《きゆ》を絶ち攻むるべからざるの策である」と記している。元が永久に日本をうかがいねらい攻めることのないよう、断固和親、通問を拒絶するため、ということであった。文永《ぶんえい》五年（一二六八）蒙古来牒の折に示された幕府の対応以来の必然的な帰結である。この措置をとるについては幕府は首脳部での審議の末であり、最終決断をしたのが時宗であることは言うまでもない。後述のように、時宗を直接支える人々は時宗の意向を尊重し、時宗の処置は諸事果断であった。この措置は蒙古対策の事実上の担い手が戦闘を属性とする武士の統率者であったことを、如実に示している。

元使斬殺を可とする論

蒙古襲来に際しての時宗＝幕府の対応については近世以来多くの論評があり、ことに元使斬殺についての論評は少なくない。二、三の例をあげよう。徳川光圀《みつくに》を助けて『大日本史』の編纂に中心的な役割を果たした安積澹泊《あさかたんぱく》（一六五六〜一七三七）の『大日本史賛藪《さんそう》』巻四の時宗父子の伝の賛は、斬を是とする意見の代表的なものである。斬は元主の怒りを激しくして侵攻をまねくものであり、可とすべきでない、という意見があるが、元は日本に臣従・朝貢を求め、凌辱《りょうじょく》（力づくでの暴行）・誅求《ちゅうきゅう》（きびしい取り立て）は限りないだろう、時宗が元使を斬り、日本の威武《いぶ》を宣揚《せんよう》し外国を恐れさせたのは、はなはだ善い、と言うのである。『大日本史』に依拠することの多い頼山陽《らいさんよう》（一七八〇〜一八三二）の『日本《にほん》政記《せいき》』もほぼ同様で、まま識者から元使斬殺は元の侵攻を来たす所以《ゆえん》（理由）であるとがめられるが、元使を殺しても侵攻は受けるし、殺さなくても侵攻してくる。元使を殺すのはその侵攻を早めただけである、とし、クビライのような者に逢ったら、時宗の処置をもって手本としよう、と述べている。『日本政記』が『日本外史《がいし》』とならんで、頼山陽の著述の意図とは別に、幕末の倒幕攘夷《とうばくじようい》の風を強めたことはよく知られているが、時宗の蒙古襲来対応への右のような評価が、そのなかで重要な役割を占めていたのである。

元使斬殺を非とする論

元使斬殺是非の論の骨子は、安積澹泊の論で出ているが、非とする論の書かれたものは少ない。備前国（現、岡山県）の名主武元北林《なぬしたけもとほくりん》（一七六九〜一八二〇、字は君立）の『史鑑《しかん》』などは正面から非を論じた珍しい例である。要を言えば、和議をもってきた罪もない元使を殺せば、日本侵攻の口実となり、日本は守備に多くの費用を使い、何の益もない、この暴挙は蒙古を野蛮・獣視するところからきている、というのである。ただ、この武元も結局は、北条氏の武備を評価している。元使斬殺是非の論は、幕府の元に対する武断的対応一般についての是非の論の基本になるものであり、幕末攘夷から近代日本の軍国化とともに、是とする意見が、それを支え、まかり通っていった。

元使斬殺についての日蓮の論

建治元年九月、駿河国《するがのくに》富士郡西山（現、静岡県富士郡芝川町）の大内氏は鎌倉から西山に帰ると早々に身延山《みのぶさん》（現、山梨県南巨摩《こま》郡身延町）の日蓮に供養の品々を送り、元使斬殺のことを報じた。大内氏は『本化聖典大辞林《ほんげせいてんだいじりん》』の推測のように、得宗被官《とくそうひかん》ではなかろうか。

時宗らの処置についてのなまの情報である。日蓮はすぐに返事を書いた。「蒙古使御書《もうこつかいごしょ》」と言われるものである。日蓮は、念仏・真言《しんごん》・禅《ぜん》・律《りつ》などの僧侶は斬られずに、何の罪もない蒙古の使者が首をはねられたのは、まことにかわいそうなことだ、と書いている。正しい宗教（法華《ほっけ》経）を信ずることが国を救うことになるのだ、という信念からの記述である。だから、続けて、「一切の大事のなかに国の亡びるということが第一の大事である」と書いている。法華至上の立場から時宗らの元使斬殺を非とする意見であるが、それを大内氏がどのように受け取ったのかは不明であるし、このような否定論の後続は知られない。

元使斬殺の必然性

以上、元使斬殺をめぐる諸問題について述べてきたが、肝心の、その理由について考えられることを記しておこう。幕府が蒙古来牒《らいちょう》以来、応戦を辞せずの態度を貫いていること、使節を派遣して外交交渉を進める蒙古の外交方式を幕府がわきまえなかったこと、幕府は何よりも戦闘を属性とする戦士集団を束ねるもので、武断的措置は、いわば必然であったこと、そして、前年蒙古の襲来をうけて間もなくのことで、戦闘気分は横溢していたことなどが考えられる。建治元年はことに元の再襲に備えて防御体制が各方面にわたり急速に強化されていた時期である。結果的な言い方になるが、みせしめのようにして元使を斬り、対外的危機感をあおり、防御の緊迫度を高め、防御体制の再編・強化の槓杆《こうかん》にしたのである。

五　恩賞の配分

異国合戦の忠に対する御恩

文永《ぶんえい》十一年（一二七四）の蒙古合戦のあと、蒙古問題に限っても、時宗ら幕府首脳部の直接対処すべき事柄は多かった。そのなかでもことに恩賞《おんしょう》給付は重要な問題であった。武士たちが異国の侵攻を防ぎ、弓箭《きゅうせん》の誉れを立てるという思いで戦ったのはもちろんであるが、恩賞を得て所領《しょりょう》の維持拡大をはかりたいという思いもまた強かった。異国合戦の忠《ちゅう》という奉公《ほうこう》に対する御恩《ごおん》（恩賞）の要求である。

九州では、幕府の命を受けて、武藤氏・大友氏が文永十一年蒙古合戦後間もなくに合戦の戦功について調査し、その結果を幕府に報告している。御恩奉行《ごおんぶぎょう》としてそれらを束ねていたのが安達泰盛である。文永十一年十二月七日、大友頼泰が豊後《ぶんご》（大分県）の都甲《とごう》惟親《これちか》に筑前国鳥飼《とりかい》浜合戦の忠を関東に注進したことを報じた「都甲文書《とごうもんじょ》」が、この関係の史料としては早い例である。幕府が文永十一年蒙古合戦の勲功賞を給付したことの知

将軍家政所下文による恩賞配分

られる最初の史料は、上松浦党《かみまつらとう》の基本史料である「有浦文書《ありうらもんじょ》」の弘安《こうあん》二年（一二七九）十月八日関東下知状に引かれている「建治《けんじ》元（一二七五）年七月八日御下文《くだしぶみ》」で、佐志《さし》勇《いさむ》の女子が亡父勇の蒙古合戦勲功賞として肥前国松浦西郷庄佐志《さし》村々田畠を得ている。佐志村は佐賀県の東松浦半島一帯である。この「御下文」とは将軍家政所《まんどころ》下文であろう。

文永十一年蒙古合戦勲功賞配分を示す完全な形での文書として現在知られるのは、次の二通である。一つは佐賀県伊万里《いまり》市を本拠としていた山代《やましろ》氏の文書の建治元年十月二十九日将軍家政所下文である。亡父山代諧《かなう》の勲功賞として亀丸《かめまろ》（栄《さかえ》）が肥前国恵利地頭《じとう》職《しき》を与えられたものである。佐賀県佐賀市や同県小城《おぎ》郡三日月《みかつき》町に江里・江里ケ里があるが、恵利がどこか確かでない。今一つは、大分県所在の「曾根崎《そねざき》文書」の弘安元年七月八日の将軍家政所下文案である。豊後国田染郷《たしぶのごう》内糸永名《いとながみよう》（現、豊後高田市）綿貫行《わたぬきぎょう》仁《にん》の跡の地頭職を配分されていたが、恩賞地の在郷名字が相違していたので改めて曾禰《そね》崎法橋慶増《ざきほっきょうけいぞう》に給付したものである。このころの将軍家政所下文の署判は執権・連署に限られていて、「山代文書」では時宗だけ花押《かおう》を加え、義政は花押を加えていない。「曾根崎文書」では、連署は義政がやめたままで、時宗だけが花押を加えていたことを示す「在御判《ありごはん》」の文言がある。いずれも将軍は惟康《これやす》であるが、将軍家政所下文による勲功賞配分の際の政所別当時宗と御恩奉行安達泰盛との関係は明らかでない。

文書の形として残っているものではないが、建治元年十月二十九日に恩賞配分を受けていることが知られる史料がある。工藤敬一氏が紹介された熊本県宇土《うと》郡《ぐん》不知火《しらぬい》町の「高浜文書」の藤吉種家《ふじよしたねいね》子息光童丸申状《もうしじょう》である。光童丸の高祖父田尻種継《たじりたねつぐ》が文永蒙古合戦の恩賞として筑後国三潴《みずま》庄《のしょう》藤吉村《ふじよしむら》（現、福岡県久留米市大善寺町）地頭職を給付されていたというものである。大分県の「生桑寺文書《いくわじもんじょ》」にある将軍家政所下文案断簡も文永合戦恩賞関係であろう。なお、筑後「高良《こうら》神社文書」に建治元年十月二十九日の将軍家政《まん》所《どころ》下文案《くだしぶみあん》があるが、これは偽文書であろう。なお「福田文書」（長崎県）に建治元年九月二十五日の福田兼重申状写があり、文永十一年蒙古合戦での鳥飼での奮戦などを記しており、写しではあるが、前述の「都甲文書」の内容とも関連している。

竹崎季長の恩賞申請

建治元年の蒙古合戦勲功賞配分で逸することのできないのは、『蒙古襲来絵詞』（宮内庁三の丸尚蔵館所蔵本）で知られる竹崎季長《たけざきすえなが》である。前巻の詞五―七、絵九・詞八・絵十・詞九（詞七と同文）が恩賞申請のため鎌倉に赴いた場面を示す主な素材となる。

季長が肥後国竹崎《たけざき》（現、熊本県下益城《しもましき》郡松橋《まつばせ》町）を出て鎌倉に着いたのは建治元年八月十二日のことで、翌月には元使が斬殺されている。季長は方々奔走したあげく、十月三日、

安達泰盛（左）と竹崎季長（右）
（『蒙古襲来絵詞』前巻第37紙　宮内庁三の丸尚蔵館所蔵）

直接御恩奉行安達泰盛に会って、去年合戦の軍功を訴えた。現場の指揮官武藤経資が季長に与えていた文書の軍功の記載は、季長が一番望んでいた先駆《さきが》け（まっさきに敵中に攻め込むこと）ではなく、手《て》疵《きず》（戦傷）であった。当時の軍功には、討死・分《ぶん》捕《どり》（敵の首を取ること）・手負《ておい》（戦傷）・先駆けがあった。泰盛すなわち幕府としては討死・分捕が第一で、手疵はようやく軍功のうちといったところで、先駆けはそのほかであった。貧窮御家人の季長としては先駆けが一番目立つ合戦の仕方であり、弓箭の面目であったが、全体の軍勢指揮の立場からすれば、先駆けは、むしろ統制を乱すものであったろう。

『蒙古襲来絵詞』は、泰盛・季長両人のやりとりを目に見るように活写している。ときに泰盛四

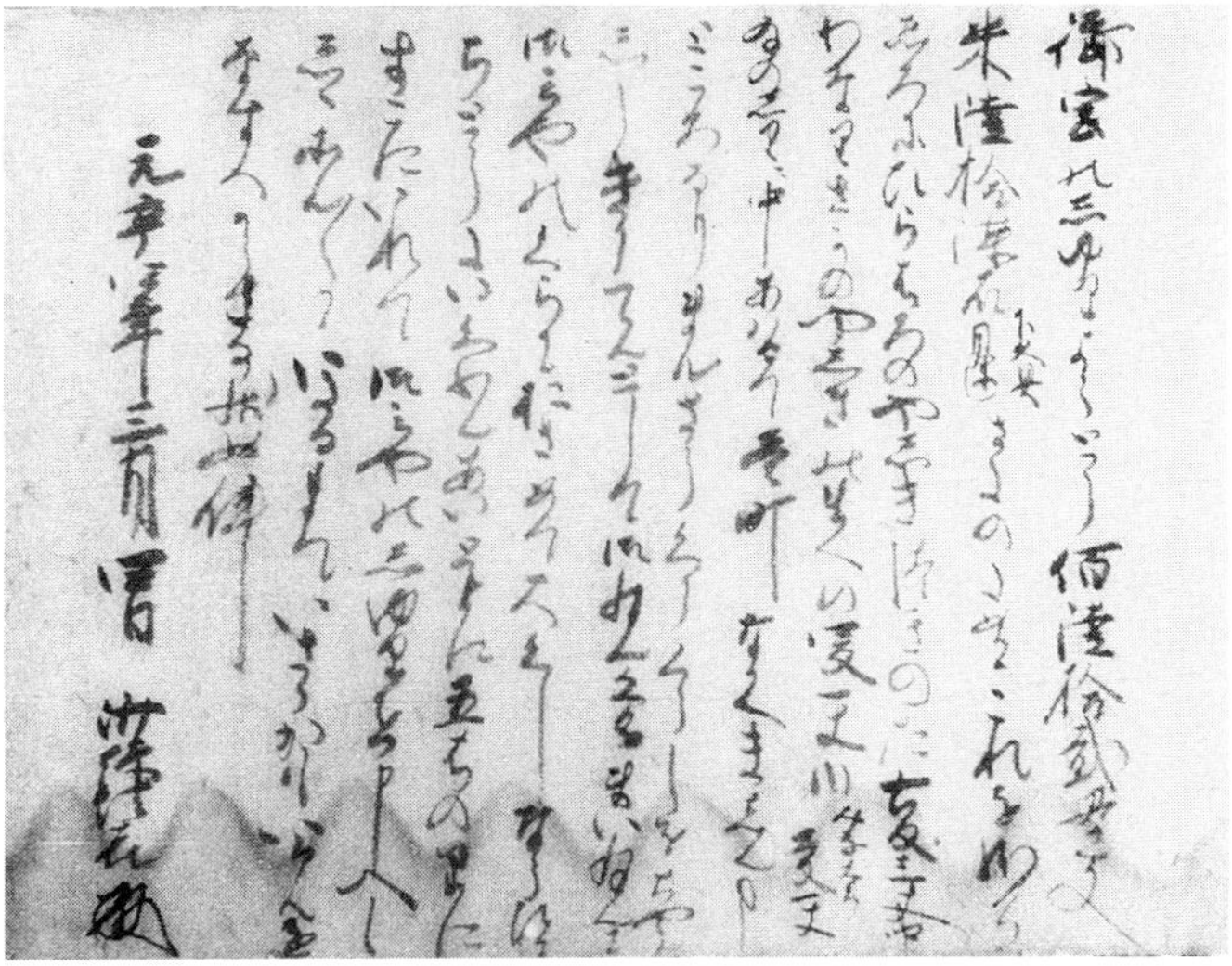

竹崎季長（法名法喜）寄進状（「秋岡家文書」）

十五歳、季長三十歳。泰盛の冷静・周到な反論に対し、異国合戦に先例なしとして、先駆け一つに集約して退け、納得させる季長の姿は、まさに眼前に見るようである。恩賞ほしさの訴えではないと言いながら、実際に支配していない本領の訴訟のために貧窮であり、恩賞の下命を待つ住所もない、と述べ、恩賞を確かなものにしているあたり、そのしたたかさも描写されている。また、その一徹さ強さを元の再襲に備えての軍事力に吸集する政治人泰盛の姿も見事に描き出されている。

竹崎季長、肥後海東郷を得る

十一月一日、季長は鶴岡八幡宮《つるがおかはちまんぐう》に詣でて泰盛の邸におもむき、季長に直接渡すようにとの将軍の仰せであるとして泰盛から肥後国海東郷《かいとうごう》(現、熊本県下益城郡小川町《おがわ》)の地頭職を給付する旨の将軍家政所下文が与えられた。『蒙古襲来絵詞』によれば、同時に幕府は大宰府に百二十余人の恩賞給付を命じている。前述のように建治元年十月二十九日付けの恩賞配分の将軍家政所下文が残っており、季長の分も同日であった可能性が高い。季長の直訴《じきそ》成功は、前述のような行賞実施の流れのなかでのことであるが、その季長の直訴は、蒙古合戦勲功賞配分の重要性を幕府に一段と強く認識させたと思われる。このあと季長は弘安四年の蒙古合戦に奮戦し、甲佐社《こうさしゃ》領海東郷の地頭として所領経営を進めることになる。

第八　「異国征伐」

一　異国降伏の祈禱と時頼の十三年忌

蒙古国書《もうここくしょ》の到来以来、京都朝廷を中心に異国降伏《ごうぶく》の祈禱は盛んに行なわれたが、建治《けんじ》元年（一二七五）に入ると幕府によって体制的に行なわれるようになる。滋賀県の地域史研究に多くの業績を残した中川泉三《なかがわせんぞう》（一八六九〜一九三九）は大正六年（一九一七）に発表した「弘安役《こうあんのえき》の新史料」（『史林』二巻一号）で滋賀県犬上《いぬかみ》郡多賀町の「敏満寺《びんまんじ》旧蔵文書」と「東寺百合《とうじひゃくごう》文書《もんじょ》」との異国降伏祈禱関係文書を紹介している。前者は敏満寺跡の東隣にある胡宮《このみや》神社の所蔵で、(1)建治元年九月十四日佐々木泰綱《やすつな》あて関東御教《かんとうみぎょうしょ》書案と、(2)同年十月七日敏満寺衆徒《しゅと》あて馬渕公綱《まぶちきみつな》施行《しぎょうじょう》状案で、後者は正応《しょうおう》五年（一二九二）十一月十二日若狭遠敷《わかさおにゅう》郡《ぐん》地頭御家人預所あて沙弥西念《しゃみさいねん》施行状案である。

中川泉三の史料紹介

(1)は執権《しっけん》時宗・連署義政《れんしょよしまさ》が奉じた幕命で近江守護《おうみしゅご》佐々木泰綱《やすつな》に近江国中の寺社に異国

幕府による異国降伏祈禱の体制化

降伏の祈禱をさせたもの、(2)はそれを受けて近江守護代が敏満寺に祈禱を実施させたものである。『兼仲卿記《かねなかきょうき》』裏文書によると、常陸《ひたち》国の一宮《いちのみや》鹿島《かしま》社（現、茨城県鹿嶋市所在）の神主にあて、建治元年十一月二十一日、時宗は相模守《さがみのかみ》の官名で、異国降伏の祈禱の巻数《かんず》（実績報告書）を受け取った返事を出している。異国降伏の祈禱は宗教的な戦闘行為であるから、巻数請取《かんずうけとり》（返事）は、武士で言えば合戦の軍忠の証明書のようなものである。この請取は、さきの(1)(2)と関連する性格のものであろう。ともかく、(1)(2)は、幕府が各国の守護を介して、その管轄する国の寺社に異国降伏の祈禱を命じた、つまり、幕府による異国降伏祈禱の体制化を示す初見史料である。このことは、蒙古問題を機とする一宮・国分寺《こくぶんじ》の復興とも表裏をなしている。一宮は由緒正しい古社で、国内で一番の崇敬をあつめ、経済的基盤も大きかった神社、国分寺は八世紀中ごろに聖武天皇《しょうむてんのう》の発願《ほつがん》で国ごとに建立された僧寺である。

得宗分国

「東寺百合文書」に収める文書によると、弘安《こうあん》六年（一二八三）四月に連署となった駿河守《するがのかみ》北条業時《なりとき》が関東御教書で、同年十二月二十八日、相模守北条時宗にあてて、武蔵《むさし》・伊豆《いず》・駿河・若狭《わかさ》・摂津《せっつ》・播磨《はりま》・美作《みまさか》・備中《びっちゅう》各国の寺社に異国降伏の祈禱を命じている。時宗はこれら各国（得宗分国《とくそうぶんこく》）の守護として受命したのである。これを受けた若狭（現、福井県西部）の文書が残っており、翌弘安七年正月四日、若狭国の守護代にあて、佐藤業連《なりつら》ら得宗家公文所《くもんじょ》の奉行人が同命令を伝達し、それを受けて平某がさらに若狭国守護政《まん》所《どころ》に同命令を伝達している。異国降伏祈禱関係史料が、はからずも、時宗の得宗分国と得宗守護の命令伝達の系路を明らかにしているのである。文永《ぶんえい》九年（一二七二）十月の段階では、時宗の分国としては駿河・伊豆・武蔵・若狭・美作が知られていたが、建治元年十一月頃には播磨・備中が増加し、弘安六年十二月では右のように摂津が増加していることに留意しておきたい。

異国降伏の所領寄進

幕府の異国降伏祈禱と不可分の関係にあるのが、異国降伏祈禱成就《じょうじゅ》のための幕府の寺社に対する所領の寄進である。建治元年十月二十一日、幕府は、伊勢大神宮《いせだいじんぐう》（現、三重県伊勢市）の祭主と宇佐八幡宮《うさはちまんぐう》（現、大分県宇佐市）の大宮司に、それぞれ伊勢国桑名神戸《くわなかんべ》地頭職《とうしき》、豊前国到津《ぶぜんのくにいとうづ》（企救郡）・勾金《まがりかね》（田川郡）両庄の地頭職を寄進している。後者の関東寄進状の奉者の記名は「従五位上行《じゅごいのじょうぎょう》相模守平朝臣時宗」である。

異国降伏祈禱関係のついでに述べることになったが、建治元年は、珍しく時宗の私的なことにかかわる史料が見られる。近江「貴船神社《きぶねじんじゃ》文書」建治元年十月十一日北条時宗田地寄進状《きしんじょう》として『鎌倉遺文《かまくらいぶん》』に収められている文書である。同文書によると、内容は、近江国甲賀郡岩根《こうがぐんいわね》（現、滋賀県甲賀郡甲西町《こうせい》）内の所領を「故最明寺殿《さいみょうじ》」（北条時頼《ときより》）の菩提《ぼだい》（死後の冥福）のために寄進したもので、文書の袖（右端）に時宗の花押《かおう》が加えられている。同文書は時折、時宗文書として理解・利用されているが、東京大学史料編纂所写真版によると、袖判《そではん》は時宗のものではなく、文中には「故最明寺殿」もない（吉原弘道氏に確認いただいた）。

時頼の十三回忌

ところで、時頼《ときより》は前述のように、弘長《こうちょう》三年（一二六三）十一月二十二日に亡くなっており、建治元年は時頼の十三年忌にあたる。右文書は、危うく同年忌のための所領寄進と解したくなるものである。このころは十三年忌供養（十三仏事）は広く行なわれていた。時宗は大休正念《だいきゅうしょうねん》を導師《どうし》として建長寺《けんちょうじ》で時頼の十三年忌を営んでおり、そのことは大休の語録で知られる。また日蓮《にちれん》は、建治元年九月の駿河国富士西山（現、静岡県富士郡芝川町）の大内氏にあてた「蒙古使御書《もうこかいごしょ》」のなかで、時頼の十三年忌のことに言及している。それらを参照すると、蒙古防備、異国降伏祈禱と、対蒙古の措置が重畳《ちょうじょう》するなかで、時宗は、時頼の十三年忌供養をそれなりの形でとり行なったようである。時宗の父への追慕の念の深さと、右のほかの供養行為については、渡来禅僧の大休正念や無学祖元《むがくそげん》らが語録に記し伝えているところである。

二　守護交代と六波羅強化

「異国征伐」「高麗征伐」「高麗発向」

建治元年は、これまで述べてきたように、幕府主導のもと、日本が異国警固の体制を画期的に固めた年であるが、ことに年末になると、以下のように重要な施策が行なわれた。その一つとして異国防御の施策だけでなく、元の日本侵攻の基地である高麗《こうらい》を逆に攻めて、元の日本侵攻を絶とうという、いわゆる「異国（異賊）征伐」の計画が立てられた。「異国征伐」は「高麗征伐」「高麗発向《はっこう》」とも呼ばれている。『帝王編年記《ていおうへんねんき》』は、北条（金沢《かねさわ》）実時《さねとき》の三男実政《さねまさ》が、建治元年十一月、「異賊征伐」のために鎮西《ちんぜい》に下向した、と伝え、伯耆国大山寺《ほうきのくにだいせんじ》（現、鳥取県大山町）の縁起八十段は葦名《あしな》（三浦）次郎左衛門が「異国制（征）罰」のために伯耆国の守護として赴任した、と伝えている。建治元年、島津氏惣領《そうりょう》の久経《ひさつね》が子息忠長《ただなが》を伴って警固役《けいごやく》についたのも、高麗進攻と無関係ではなかろう。

高麗進攻計画のその後については後述しよう。この計画と関連しながら、異国防御体制のうえで画期的なのが建治元年末ごろの守護の多数交代である。このことについては佐藤進一『増訂 鎌倉幕府守護制度の研究』第四章越前の項や村井章介『アジアのなかの中世日本』第二部V一などの精密な研究がある。両書、ことに後者を参照しながら概略を述べておこう。その主な史料は凝然《ぎょうねん》（一二四〇～一三二一）自筆『梵網戒本疏日珠鈔《ぼんもうかいほんしょにっしゅしょう》』巻八紙背《しはい》文書《もんじょ》（東大寺図書館所蔵）である。

大規模な守護交代

右史料では、長門《ながと》・周防《すおう》・筑後《ちくご》・肥前《ひぜん》・肥後《ひご》・石見《いわみ》・越前《えちぜん》・伯耆《ほうき》・能登《のと》九ヵ国の守護交代が知られる。それ以外では、豊前《ぶぜん》が北条（金沢）実時に代わり、前述のようにその三男実政《さねまさ》が父の名代《みょうだい》として豊前におもむいている。播磨《はりま》・備中《びっちゅう》もこのころ得宗時宗の守護分国となっている。この守護交代は、村井章介氏が言われるように、次の点で、従来の守護交代とは質が違っている。

(1)守護自身あるいはその名代が直接現地へおもむいて、管国の武士の軍事指揮にあたっていること。

(2)北条一門が多数の守護国を獲得したこと。

(3)北条（金沢）実政の例のように、北条一門の有力者が九州におもむき直接の軍事指揮にあたるという、まったく新しい事態が現われたこと（村井氏は「系譜的に鎮西探題《ちんぜいたんだい》へつながる側面をもつ」と述べている）。

以上に補足して言うと、島津久経のように惣領が初めて直接に九州におもむいているのは、武藤・大友氏と協力して九州現地の異国警固の指揮を強化させようとしたものであろうし、北条一門の守護国獲得では、時宗のそれが目立っていることに注意したい。北条氏専制体制、ことに得宗権力の強化を表示しているからである。

北条時国の六波羅就任

さらに建治元年十二月、朝廷との交渉や西国の政務などを扱う京都の、いわゆる六波《ろくは》羅探題《らたんだい》の人事に大きな異動がみられた。当時、六波羅には探題（北方《きたかた》）として北条義宗《よしむね》がいた。義宗については二月騒動《にがつそうどう》のところで述べている。南方《みなみかた》は時輔《ときすけ》が義宗に誅殺されて以来空席であった。その南方就任のために北条時国《ときくに》が上洛した。ときに十三歳である。祖父で、かつ養父でもある時盛《ときもり》がその後見として同道上洛した。ときに七十九歳である。時盛は承久《じょうきゅう》の乱の折には父時房に従って上洛、泰時《やすとき》・時房《ときふさ》のあとをうけ、時氏《ときうじ》（泰時の子）とともに六波羅探題（南方）になっている。十七年間南方の職にあった幕府の長老である。時盛の上洛の日は十二日であるが、時国については史料で若干相違するけれども、「六波羅守護次第《ろくはらしゅごしだい》」に言うように、ともかく「鎌倉祖父禅門（時盛、法名勝円）に同道入洛」したのである。なお時国が正式に南方に就任するのは建治三年十二月で、北条時村の北方就任と時を同じくしている。

同月、伊賀光季《いがみつすえ》・二階堂行清《にかいどうゆききよ》・町野政康《まさやす》の関東引付衆《ひきつけしゅう》三名が六波羅評定衆《ひょうじょうしゅう》に転じた。六波羅探題の政務運営は評定衆を中核にしているから、時国・時盛の上洛と合わせ、これらの人事が六波羅探題の強化にあることは言うまでもない。以上の人事異動は、村井章介氏の表現をかりれば「元軍再襲に備えた首都防衛策」（『アジアのなかの中世日本』一九七頁）にはなっているが、何よりも西国の支配・統制の強化が直接目的で前述の幕府の皇統問題への関与も含め、これまで述べてきたことと関連し、広く異国防御体制が強化された、と言えよう。

六波羅強化は異国防御体制の強化

　建治元年の異国防御体制の強化、「異国征伐」計画の進行に関して、異国警固の要地安芸国《あきのくに》の状況を生々しく伝える未刊の貴重な史料が、「東寺百合文書《とうじひゃくごうもんじょ》」な函に収まっている。十一月十七日付けの「しんせう房」にあてた右馬允康経《うまのじょうやすつね》の書状である。東寺の所領安芸国新勅旨田《ちょくしでん》の年貢徴収のために現地におもむいたときの同地の状況を伝えたものである。従来、文永十一年のものと解されていたが、村井章介氏は建治元年「異国征伐」にかかわる軍事徴用を示すものとしている（『北条時宗と蒙古襲来』）。従ってよかろう。ともかく、

　田舎はむくり（蒙古）の事こうじやう（興盛）になり候て、あさましき次第にて候、

という状況のもとでのことである。その内容を示そう。

異国防御体制下の安芸

幕府から安芸国に下向する命を受けた安芸守護武田信時《たけだのぶとき》は、十一月十一日以前に安芸の守護所に着いており、幕府から、御家人《ごけにん》・地頭《じとう》と共に蒙古のために門司《もじ》の関に向かえ、との命を受けた。年貢米を船に少々積んだが、船が強制収用されてしまったので、年内にはそちらには届くまい。あえて送米をしようとすれば、兵粮米《ひょうろうまい》にすると申している。総じて守護が強制収用した船は百余艘に及んでいる。格別のことがなくても守護所というのはなにかにつけて煩《わずら》いをなしたがるものなので、すぐに船を空けて年貢米を積ませてくれることはよもあるまい、と人々は語り合っている。

高麗出兵動員数

年貢米などを輸送する船が軍事用に転用されたことを示しており、安芸一国で百艘を超える船数であった。沿岸各地域から軍事専用船などがこれに加算されるのである。海津一朗氏は論文「合戦の戦力数―鎌倉幕府の高麗出兵計画を素材として―」(『日本史研究』三八八号)で、建治期の第一次高麗出兵について海外派兵される九州全域からの総動員を仮定して、戦闘員二千三百人～五千七百余人(所従を含む)に兵士役(水手《かこ》・梶取《かじとり》・人夫)を加えたもの、と試算している。蒙古合戦における日本側の軍勢の実数など、把握は困難であり、高麗出兵の全体の規模も不明であるが、右の安芸の例と合わせ、この論文はその実数把握の手掛りを与えている。

三　高麗発向中止

高麗出兵の規模

建治《けんじ》元年（一二七五）十二月八日、幕府は執権時宗・連署義政の奉ずる関東御教書《かんとうみぎょうしょ》で、安芸国の守護武田信時《たけだのぶとき》にあて、明年三月のころ異国を征伐せよ、梶取《かじとり》（「かんどり」とも言い、船の責任者）・水手《かこ》（梶取の下で働く水夫）が鎮西《ちんぜい》（九州）で不足することがあれば、山陰《さんいん》・山陽《さんよう》・南海道《なんかいどう》などの国々から徴集するように大宰少弐《しょうに》武藤経資《つねすけ》に命じたので、安芸国の海辺に知行地をもっている地頭御家人のほか、幕府の支配のおよばなかった本所一円地《ほんじょいちえんち》などにもあらかじめ梶取・水手などを召集しておき、経資から求めがあったら、賦課《ふか》した人数どおりに梶取・水手などを博多に派遣せよ、と命じている。

高麗出兵の発想

　このように、いわゆる「異国征伐」は、大宰少弐武藤経資が博多を根拠地として軍勢動員の準備にあたり、まず鎮西諸国の兵員、船員を主として高麗進攻軍を組織し、これに不足があったら、鎮西の地に近い山陰・山陽・四国方面の諸国から軍勢を徴集する計画であった。もとより、時宗を中心とする幕府首脳部による立案であるが、戦略的なこと以外、どうしてこのような発想が出てきたのであろうか。日本側の報復気分や朝鮮半

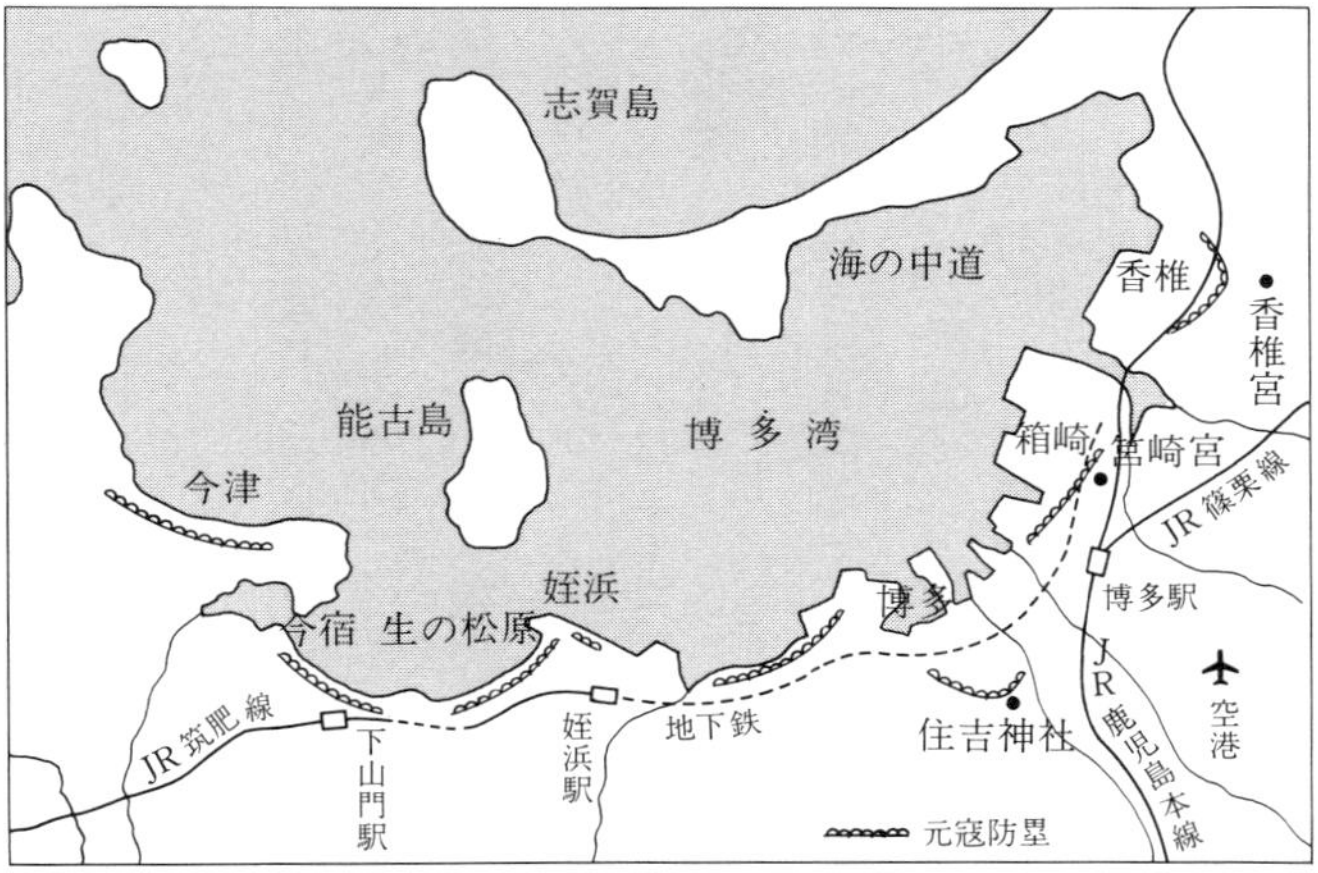

元寇防塁関係地図

島を従属的に見る伝統的な観念もあったろうし、初期倭寇《わこう》と言われる、これ以前からの朝鮮半島に対する日本人の海寇行為も見逃せない。

建治二年三月五日、大友頼泰《よりやす》は異国用心《いこくようじん》（防御）のために管轄下の豊後《ぶんご》国の某（おそらく野上《のがみ》氏）に代官の差遣を命じ、さらに同日、「異国発向《はっこう》（高麗進攻）用意条々」として、野上資直《すけなお》にあてて二つの命令を出している。一つは、所領の規模に応じての櫓《ろ》の数を付記した領内大小の船、および年齢を付記した水手・梶取の名簿を来月中旬までに博多《はかた》津《つ》に送ること、他の一つは、高麗進攻のとき連れて行く人数（年齢付記）と兵具を注進すること、であった。これらのことを本月二十日以前に注進せよ、命令に従わなかったら重科《じゅうか》に処すと付け加えている。

「元寇防塁」の築造

同月十日「深江文書《ふかえもんじょ》」（佐賀県立博物館保管）によると、大宰少弐武藤経資は、肥前国深江村（現、長崎県南高来《みなみたかき》郡深江《ふかえ》町）の地頭にあてて、異国警固のための要害である石築地《いしついぢ》（元寇防塁）の築造は、高麗発向の輩《ともがら》以外のものに負担させるものであり、今月二十日までに人夫を連れて博多津に行き、分担の場所を受け取るように、と命じている。高麗進攻従軍者以外は博多の石築地いわゆる元寇防塁を築造させる、というもので、幕府は攻守両面の策を立てたのである。

「異国征伐」の肥後の例

　右より以前の二月二十日、大宰少弐武藤経資は「異国征伐」の幕命を肥後守護代《しゅごだい》の安《あ》達盛宗《だちもりむね》（泰盛の子）に伝え、盛宗は管国内にこれを施行している。これを受けて、肥後国内の地頭御家人・本所一円地《ほんじょいちえんち》住人（非御家人）たちが、手勢・兵具・乗馬などの注進をし、博多に行くことを報じた文書が「八幡筥崎宮御神宝記《はちまんはこざきぐうごしんぽうき》」紙背文書（石清水八幡宮《いわしみずはちまんぐう》所蔵）として残っており、その注進は三月十一日から閏三月八日にかけ、明確にわかるもの十一例が知られる。「広瀬文書」（大分県日田《ひた》市）には、このときのものかと思われる筑前国怡土《いと》郡怡土庄の中村弥《いや》二郎続《つづく》の軍勢注進状が残っている。注進の内容は、本人の「続乗馬鎧　舎弟三郎乗馬腹巻　若党乗馬五郎太郎」、歩兵として又二郎以下七名が書き上げられている。

今津の石築地

建治２年（1276）の築造。昭和43年（1968）８月発掘調査。時宗の蒙古に対する応戦の選択とそれに伴う重責、築造に従った九州の守護・御家人・本所一円地の住人（非御家人）・民衆の労苦を合わせ表示する歴史の遺産である。

（「元寇防塁」福岡市西区）

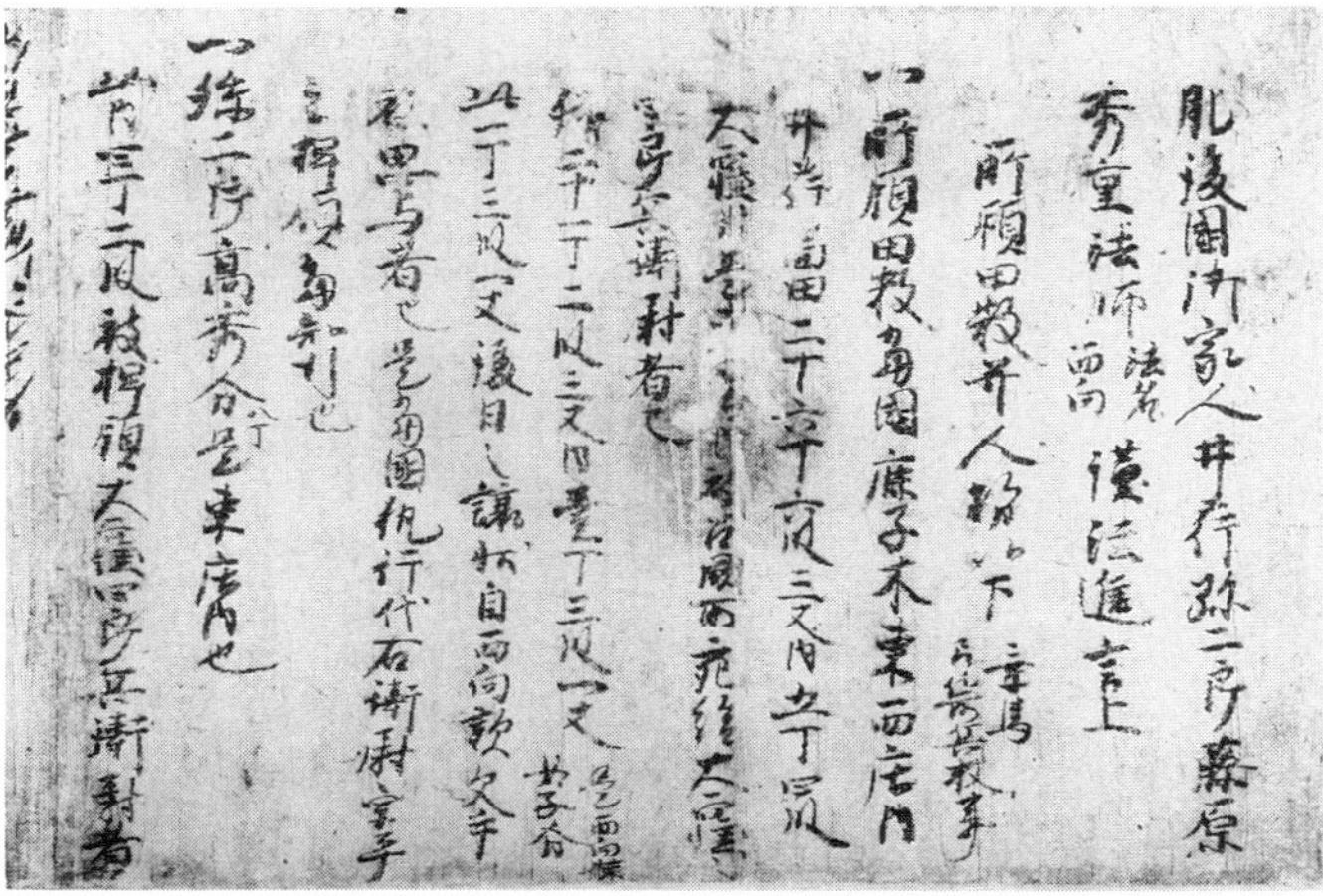

肥後国御家人井芹弥二郎藤原
秀重法師 法名西向 謹注進言上
所領田数并人勢弓箭兵具事

「異国征伐」に際しての井芹秀重の注進状（石清水八幡宮所蔵）

後欠文書であるが、中村続の軍勢のほぼ全容を示していよう。蒙古襲来関係の日本側軍勢の末端部分の実情が知られる。以上のほか高麗進攻の動員関係の事例は肥前・薩摩などにも残っている。

右の肥後の事例のうち、鹿子木庄《かのこぎ》（現、熊本県飽詫郡北部町《ほうたくぐんほくぶまち》）の御家人井芹秀重《いせりひでしげ》（法名西向《さいこう》）と北山室《きたやまむろ》（現、熊本市）地頭尼真阿の例はよく知られている。前者は注進状（請文《うけぶみ》）として内容具備したもので、八十五歳の秀重が所領二十六町六段余のうち、闕所《けっしょ》となっているものや押領《おうりょう》されているものを除き、現に支配しているのが秀重十一町三段余と孫二郎分三町八段であること、軍勢として出動できるのが嫡子永秀六十五歳、同子息経秀三十八歳、親類秀尚十九歳、孫二郎高秀四十歳として、武具・所従などを付記注進したものである。後者は子息や婿の出動を約したものである。

明治期の「異国征伐」の意味付け

「八幡筥崎宮御神宝記」紙背の「異国征伐」関係文書と、それが示す事実は、日露戦争末期の明治三十八年（一九〇五）四月刊行の『弘安文禄征戦偉績』所収の三浦周行《みうらひろゆき》「鎌倉時代の外征計画」で広く知られるようになった。とくに右二例は六十五歳でふるって召集に応ぜんとする意気、か弱い女の身で力と頼む子息と婿とを差し出し馳参させた心意気、つまり一般士気の旺盛さを示す、と評価され、以後の日本国民の愛国心の養成に資する史実として広くながく喧伝・敷衍《ふえん》され、効果をあげていき、時宗はその指揮者として称賛の度を高めていった。前者が過当な軍役負担のかからぬよう所領支配の実情と出動可能な人勢を注進したものであり、後者が基本的には女地頭に軍役がかかった場合の普通の対応であったことは、言うまでもない。前者は過少申告とも言われている。

「異国征伐」の意義

しかし、「異国征伐」計画は、結局、実行されなかった。その理由については、以下のことが考えられる。「異国征伐」計画の具体化と、異国防御のための石築地築造の始まりは、ほぼ時を同じくしており、御家人や本所一円地の非御家人らの負担は過重で、攻守同時併進は事実上困難であった。幕府首脳部の間でどのような論議がかわされたかはわからないが、具体的に進行しはじめた石築地築造に重点を置かざるをえず、「異国征伐」の実行にまでは至らなかったのであろう。

ただ、中止になったとはいえ、幕府に即してみれば一定の意義をもっている。狭くこの計画に即してみても、それまで幕府の支配下になかった本所一円地に軍勢動員をしており、臨戦的な防御のための措置であったとはいえ、幕府勢力の拡大を意味するものであった。幕府首脳部に批判的な御家人もいたろうし、また京都の公家側も合わせて、幕府首脳部の施策を、異国防御の名のもとに納得させる要件となったろう。この計画は、守護の多数交代、六波羅の人事異動、その他、異国防御体制強化の連関のなかにあり、総じて得宗時宗の権力強化を大義名分化するものであった。

この計画で広範な軍事動員の準備がなされ、水軍戦力はかなり計画的に準備されたと思われ、それは、元の再襲への防御体制の強化へと転化していった。

第九　『建治三年記』にみる時宗

一　将軍惟康

北条時宗の肉声が聞こえてくるような史料というのは、そう多くはない。その点『建《けん》治《じ》三年記』は、建治三年（一二七七）正月から十二月まで一年間のうち六十八日分の記事ではあるが、時宗の個人的なことから、元の再襲に備える緊迫した状況下の内政運営の諸般にかかわることなど、時宗の動きをかなり具体的に記した貴重な史料である。まず、同記の書誌的なことを簡単に述べておこう。

『建治三年記』の書誌

記述者、いわゆる記主は鎌倉幕府の評定衆《ひょうじょうしゅう》・問注所執事《もんちゅうじょしつじ》の太田《おおた》康有《やすあり》。本姓は三善《みよし》氏で、このとき五十歳である。同記は、職務の上から記していたと思われる日記を、康有自ら抄写したものである。記事中、自分のことは実名で記している。金沢文庫《かねさわぶんこ》旧蔵、のち加賀金沢藩主前田綱紀《つなのり》の有に帰し、前田家尊経閣文庫《そんけいかくぶんこ》に現蔵。『群書類従』武家部、

『続史料大成』第十巻に収められ、複製本が尊経閣叢刊の一つとして刊行されている。研究としては龍粛「建治三年記考」（『鎌倉時代』上）が拠るべき成果である。ことに伊藤一美校注『建治三年記注釈』は労作であり、以下の記述に参照した。

同記は幕府関係の記録であるから、最初に将軍関係の記事について簡単に述べておこう。当時の将軍は惟康《これやす》である。

惟康の官歴

惟康は文永《ぶんえい》元年（一二六四）四月二十九日、鎌倉に生まれ、文永三年に父宗尊《むねたか》が将軍を廃されると、三歳で将軍となった。父に続き母宰子も妹も上洛した。文永七年に元服《げんぷく》、臣籍降下して源姓となり、左近衛中将《さこんのちゅうじょう》、従三位、文永九年従二位、建治二年（一二七六）それまでの尾張権守《おわりごんのかみ》から讃岐《さぬき》権守となっている。建治三年は十四歳。時宗は二十七歳である。弘安十年（一二八七）中納言と右大将に補任《ぶにん》された。同年親王宣下《せんげ》をうけて皇籍に復帰している。このようなことは初めてである。『建治三年記』に惟康関係のことが見えるのは二十回近くである。元日鶴岡八幡宮《つるがおかはちまんぐう》に参詣。帰ると例年のように年始めの饗応儀礼である垸飯《おうばん》が行なわれている。『吾妻鏡《あずまかがみ》』に見える文永二、三年の例からして、時宗が沙汰人として儀式をとりしきったのであろう。将軍の象徴性と時宗の実権掌握の確認の意味をもったろう。回数が多いのは方違《かたたがえ》の記事で、前後六回、すべて宇都宮景綱《うつのみやかげつな》の

惟康史料としての『建治三年記』

宿所（亭）に入っている。ちなみに、景綱は歌人として知られ、家集『蓮愉集《れんゆしゅう》』があり、その妻は時宗の妻の姉である。

七月十九日、御所が新築され、惟康は新御所に入り、翌日御所新築に伴う弓場始《ゆばはじめ》（新造弓場で初めて射を試みる儀式）が行なわれている。時宗が御所に出仕し（七月二十一日）、惟康が山内の時宗邸におもむいているが（八月二日）、そんなことは稀ではなかったろう。

将軍惟康の政務関係の史料は、将軍家政所下文《まんどころくだしぶみ》・関東下知状《かんとうげちじょう》、関東御教書《みぎょうしょ》などとして残っているが、実際は奉者の執権《しっけん》・連署《れんしょ》、ことに時宗が主体である。惟康は正応《しょうおう》二年（一二八九）二十六歳で将軍を廃せられ、悲惨なかたちで京都に送られるときも「御歌などいふ事の一つも聞えざりし」（『とはずがたり』巻四）と言われ、勅撰集に一首も入っていないていたらくで、かれこれ惟康を語ってくれる資料は乏しい。そのような意味で、『建治三年記』の記事中、直接惟康関係のことにふれている記事は、全体の四分の一程度であるが、まとまりのある惟康史料として貴重である。

時宗に即して言えば、時宗が推戴《すいたい》していた将軍は宗尊・惟康父子である。宗尊は廃して京都に送還したが、時宗は、弘安七年死去するまで、惟康を、ともかく推戴していた。

二　貞時の元服と得宗領

『建治三年記』は、建治《けんじ》三年（一二七七）における時宗の私的な生活の一面を伝えていて貴重である。私的と言っても得宗執権《とくそうしっけん》としての公的側面と不可分であることはもとよりである。

時宗の妻、流産

二月一日辰《たつ》の時（午前七～九時）、時宗の妻が流産をした。妻は時宗が十一歳のとき結婚した堀内殿《ほりうちどの》（安達義景《あだちよしかげ》の娘、兄泰盛《やすもり》養女、潮音院尼《ちょうおんいんに》・覚山志道《かくさんしどう》）である。時宗の子供として貞時《さだとき》以外に記事があるのは、『系図纂要』平氏五に「足利讃岐守貞氏室《あしかがさぬきのかみさだうじしつ》」と記している娘ぐらいである。母は不明。貞氏は尊氏《たかうじ》・直義《ただよし》の父で、その母（貞氏の妻）は上杉頼重《うえすぎよりしげ》の娘清子である。『続群書類従』所収の「北条系図」金沢顕時《あきとき》の女子の項に「足利讃岐守源貞氏妻」とあり、『系図纂要』の記事は、これを誤って混入したのではあるまいか。

教時女子の他界で軽服

三月二十六日の条は、二月騒動《にがつそうどう》で誅殺された北条（名越《なごえ》）教時《のりとき》の女子が他界したので、執権の時宗と連署《れんしょ》の義政《よしまさ》が軽い喪に服した、と記している。教時の子としては、男子は宗教、宗氏、公教《きみのり》などが系図類その他に見え、女子は右の記事で知られるが、さらに「西大寺《さいだいじ》文書」の「西大寺田園目録《でんえんもくろく》」で、永仁《えいにん》四年（一二九六）十月、教時の娘尊浄が遠江《とおとうみ》国（現、静岡県）浜松《はままつ》庄内の地を西大寺に寄進していることが見えている。ともかく、自分が殺させた教時の娘の死去にあたり、喪に服した時宗の心のうちはどのようなものであったのだろう。時章・教時遺族への慰撫の気持ちもあったろう。

富士御精進

十月三十日の条は、富士《ふじ》御精進《みしょうじん》が今月から厳密に行なわれるので、来月の六日までは評定《ひょうじょう》の沙汰は行なわないということである、と記している。このことの主体について『静岡県史』資料篇5などは将軍源惟康としている。そのようにとれないこともないが、伊藤一美氏の解釈のように時宗とも解し得る。「富士御精進」とは、伊藤氏の説明のように、富士浅間《あさま》神社（現、静岡県富士宮市）のために行なう精進潔斎、および参詣のことを言い、富士山信仰である。『吾妻鏡』によると、貞応《じょうおう》二年（一二二三）六月、北条義時《よしとき》は駿河国浅間宮の造替遷宮《せんぐう》を行なっており、浅間神社所在の駿河国は時宗の守護管国である。日蓮《にちれん》は駿河国の有力信徒で得宗被官《ひかん》か重時《しげとき》流北条氏の被官であったのではないかと思われる高橋氏にあてた書状で、駿河国は守殿《こうどの》（時宗）の御領で、ことに富士などには「後家尼御前《ごけあまごぜん》」（時宗の母）の御内《みうち》の人々が多い、と述べている。このようなところから、この富士御精進の主体は時宗ではないかとも考えられる。将軍であったにせよ、実際の執行者が時宗であったことに間違いはあるまい。

貞時の元服

十二月二日、時宗の嫡男貞時の元服の式が行なわれた。太田康有は甥《おい》の宗有《むねあり》と共に末席につらなって、式の経過をかなりこまかく記録している。文永《ぶんえい》八年（一二七一）生まれの貞時は、七歳である。元服は私的なことではあるけれども、時宗の後継者として誰の目にもはっきりしており、式はおのずから公的な性格をもち、参会者は時宗の直接支持者であり、貞時に対しても支持を続けることは確かと思われるものたちである。欠席者でもそのようなものはいるだろうが、当日の参会者について分析的に考察してみよう。おおまかに三類に分けることが可能である。

参会者の分類

一つは北条氏一門で、評定衆《ひょうじょうしゅう》または引付衆《ひきつけしゅう》を兼ねるものと、そうでないものとの二種を内容としている。評定衆を兼ねるものは、時宗の弟の宗政、名越氏の公時《きみとき》、重時流の業時《なりとき》、大仏宣時、引付衆を兼ねるものは金沢氏の顕時《あきとき》、名越氏の時基《ときもと》である。評定衆も引付衆も兼ねていないものは、重時の子忠時《ただとき》、政村《まさむら》の子政長《まさなが》、時房流の宗房《むねふさ》である。この分類で目をひくのは公時と時基で、公時は二月騒動で誅殺された時章《ときあき》の子、時基は教時の弟である。前述の教時の娘の死去のとき、時宗と義政が喪に服したこととも関連し、一度たたいておいて慰撫し登用するやり方である。以後も、名越氏の得宗支持の度合は高かった。

二つめは北条氏一門ではない評定衆である。安達泰盛、長井《ながい》時秀《ときひで》、佐々木氏信《うじのぶ》、二階堂行有《にかいどうゆきあり》、宇都宮景綱、それに太田康有で、甥の太田宗有は評定衆でも引付衆でもないが、かりにここに記しておく。彼らは評定衆として単に儀礼的に参加したのではなく、いちいちの挙証は省くが、おおむね得宗支持の念から参会していたとみてよいと考える。

三つめは、得宗被官で、工藤・長崎・南条氏の名が見られる。こまごましたことは彼らが処理していったろう。時宗も七歳で元服しており、『吾妻鏡』はその盛儀を詳細に伝えている。貞時の元服の記事は『建治三年記』の性質上、必要な範囲の叙述で時宗ほどではないが、それでも得宗後継者の元服として貴重な事例であり、時宗を中心とした政治集団の実態を伝えている。

得宗としての時宗の記事

『建治三年記』には得宗としての時宗の側面を示す記事も見られる。二月七日夜、公文所《くもんじょ》が炎上した。『史料綜覧《そうらん》』は「幕府公文所、災ス」としているが、これは、あるいは得宗家公文所かもしれない。幕府の公文所は、この当時は幕府の公的文書などを保管した建物である。得宗家の公文所は、鎌倉末期の法律用語の解説書『沙汰未練書《さたみれんしょ》』に「公文所トハ相模守殿御内沙汰所《さがみのかみどののみうちのさたどころ》也」とあり、得宗領関係の訴訟を扱っているが、実際には得宗領の支配に関するほとんどすべての事項を扱っており、蒙古《もうこ》襲来期は得宗家公文所の拡充にとって画期をなしている。ここの公文所炎上が幕府か得宗家のそれか判断はつかないが、後者の可能性もある、とだけ記しておく。

六月十三日、太田康有は評定衆・御恩《ごおん》（恩賞《おんしょう》）奉行の安達泰盛から松谷別荘《まつがやのべっそう》（現、鎌倉市佐助《さすけ》）に呼び出され、次のような指示を受けた。時宗が肥前《ひぜん》・肥後《ひご》の安富庄《やすとみのしょう》の地頭職《じとうしき》を拝領したいという内々の意向をもっているので、康有の奉書として、その「御下文《おんくだしぶみ》」を書くように、ということであった。康有は書いた「御下文」を持参して時宗の山内殿に行き、得宗被官の諏訪《すわ》左衛門入道真性《しんしょう》を取次ぎとして園殿で時宗に会い、時宗から「少し事情があって安富庄地頭職拝領を言上したところ、とりはからってくれて有難う」と礼を言われた（五味文彦『増補吾妻鏡の方法—事実と神話にみる中世—』二一七頁参照）。

肥前・肥後の安富庄は、筧雅博氏の論文「関東御領考」（『史学雑誌』九三—四）によれば、平家没官領《へいけもっかんりょう》から関東御領になっていたものという。両国の安富庄はそれぞれ現在の佐賀市・熊本市を中心とする広大な庄園である。蒙古襲来期のまっただなかにあって時宗の所領（得宗領）が設定される手続きが如実に伝えられており、貴重である。所領の拝領（御恩の沙汰）が実現する過程を示す実例として、ほかには前に述べた竹崎季長《たけざきすえなが》の例があるぐらいで、稀有《けう》な記述である。

いま一つ、七月四日条に得宗領関係の、有栖河殿《ありすがわどの》領などを時宗が拝領した、という記事がある。関係史料としては「円覚寺《えんがくじ》文書」寛喜《かんぎ》元年（一二二九）十一月二十六日の将軍家下文と永仁六年十月十七日の北条貞時袖判下知状《そではんげちじょう》がある。寛喜元年、坊城《ぼうじょう》女房が源実朝の追善《ついぜん》のため、京都嵯峨野《さがの》に有栖河清浄寿院《しょうじょうじゅいん》を建立し伊勢国鈴鹿《いせのくにすずか》郡原御厨《はらのみくりや》（現、三重県鈴鹿市）・越前国山本庄（現、福井県鯖江《さばえ》市）の預所職《あずかりどころしき》、地頭職《じとうしき》、河内国大窪《かわちのくにおおくぼ》庄（現、大阪市守口市）の地頭職を寄進した。「有栖河殿領」というのはこれらのことで、時宗の所領となり「一円御内御相伝《いちえんみうちごそうでん》」（すべて得宗の相伝）と言われた。

三　北条義政の出家・遁世

『建治三年記』には時宗を直接補佐して幕政に携わった北条氏一門の人々のことが具体的に記されている。任官・守護職補任・逝去の記事など、同記にだけしか記されていないものもある。そのいちいちを紹介することは省略するが、連署義政の出家・遁世をめぐる記事は省くわけにはいかない。

義政は文永《ぶんえい》十年（一二七三）六月連署に就任し、七月駿河守《するがのかみ》から武蔵守《むさしのかみ》となり、建治《けんじ》三年

（一二七七）四月まで連署の任にあった。義政の政務執行は、時宗と連署して出す関東下知《げち》状《じょう》・関東《かんとう》御教書《みぎょうしょ》、将軍家政所《まんどころ》下文《くだしぶみ》（時宗以外の職員との連署分もある）で概括的に見ることができよう。『鎌倉遺文』を参照し、若干の加除をすると、現在、関東下知状は十四通、訴訟所領の安堵《あんど》関係もあるが、主として裁判の判決書である。関東御教書は三十二通、関係もあるが、広く政務一般に及び、異国防御関係の指令が多い。将軍家政所下文は四通、肥前山代《やましろ》氏あての文永十一年蒙古合戦の勲功宛行《あてがい》以外は所領の安堵である。

義政の出家・遁世

『建治三年記』の四月四日・六月二日・六月五日には、義政の出家、遁世の記事が見える。関係史料をまじえて義政の出家・遁世にかかわる問題をみてみよう。

四月四日、義政はかねてからの望みであった出家を遂げ、さらに遁世（出家、入道したあと、真に世縁を絶つこと）し、信濃《しなの》の善光寺《ぜんこうじ》におもむいた。関係者が驚いたことは言うまでもない。「内外仰天《ぎょうてん》」と記されており、甲斐《かい》の身延《みのぶ》山にいた日蓮《にちれん》も、すぐに信徒あての書状のなかでふれている。報知を受けた時宗は得宗被官《ひかん》の工藤三郎右衛門入道《にゅうどう》道恵《どうえ》を使者として慰留をしたが、義政は応じなかった。

出家・遁世の理由

この件では、義政がなぜ出家・遁世をしたのかが一番問題となる。『関東評定伝《かんとうひょうじょうでん》』には病《やまい》によって出家したとある。病気で、かねてから出家を望んでいたことになる。弘安《こうあん》四年（一二八一）には亡くなっているから、おそらくそうであろう。そうであるにせよ、出家の背景は考えておいたほうがよかろう。それが出家の理由のなかに加わるからである。

網野善彦氏は、義政の同母姉妹（重時《しげとき》の娘）は安達泰盛の妻で、義政は泰盛と近く、泰盛と得宗被官平頼綱《たいらのよりつな》との危機的対立のなかで義政の立場は微妙なものがあったろう、と推測している（『蒙古襲来』）。そのことも考えられ得るが、重時流（極楽寺流《ごくらくじ》）のなかでの義政の立場も微妙であったろう。当時、極楽寺流のなかで義政とともに幕政にあずかっていたのは、義政の兄長時《ながとき》の子、つまり嫡流の義宗と義政の兄弟で普音寺《ふおんじ》家の家祖業時《なりとき》である。義政の兄で常葉《ときわ》家の家祖時茂は文永七年に没している。義宗は二月騒動で時輔《ときすけ》を誅殺したあと建治二年十二月鎌倉に帰り、義政の出家・遁世一件のなかで建治三年六月に評定衆となっている。極楽寺傍流の義政は文永四年評定衆、文永十年連署となっており、義政としては家格の高い本家筋の義宗にはばかるところがあり、他方、時宗は義宗に期待するところがあったろう。長時・義政・業時はそれぞれ母が違っており、義政は六郎で年上の業時は七郎である。義政・業時兄弟の通称の順序が長幼の序と違うのは、桃裕行氏の言うように、その生母の尊卑や元服の前後などの事情によるもの（『桃裕行著作集』三）であろうか。業時は建治二年に評定衆となっており、弘安六年、義政の遁世退任以来空席であった連署に就任している。

　義政は時宗の連署であったのであるから、やはり時宗との間を考えておかねばならない。義政の連署就任は時宗の望むところであったろうし、蒙古襲来の危機を前に、あるいは文永初度の蒙古合戦、その後の蒙古再襲の臨機的状況のなかで義政は時宗を補佐して施策にあたってきた。しかし、建治元年十月から、幕府が出す文書（将軍家政所下文・関東下知状・関東御教書など）に、連署として花押《かおう》を加えなければならないのに、加えないことが見え始め、建治二年八月以降は全く加えていない。連署としての任務を果たしていないのである。鎌倉幕府の執権・連署の略歴を列記した「北条時政以来後見次第」（尊経閣文庫所蔵）の義政の項には建治二年七月以後所労（病気）と記していて、右の事実に合致する。出家を、かねてからの望みであったというのも、うなずけるし、関係者が一応は納得する理由であったろう。

被官をめぐる義政と時宗

　義政と時宗との関係から義政の出家・遁世を考えるのに多少具体性をもった一件がある。『入来《いりき》文書』で知られる渋谷《しぶや》氏の例である。渋谷氏は相模国高座《さがみのくにこうざ》郡渋谷庄《しぶやのしょう》（現、神奈川県綾瀬市など）を本拠とする御家人だが、北条氏への被官化がみられる。渋谷定仏《じょうぶつ》（重《しげ》経《つね》、寺尾《てらお》氏）は、建治三年四月五日に得宗被官の諏訪真性《すわしんしょう》に書状を送り、次のように述べた。子息三人を時宗のもとに仕えさせているが、そのうちの与一重員《しげかず》・七郎頼重《よりしげ》は北条義政に参じ、自分に不孝をしたから、今後彼らを義絶、勘当する、というのである。背景には所領をめぐる問題があった。

この書状は義政が出家をした翌日であり、時宗には書状の趣旨は伝えられていたろう。義政は出家後の五月十二日、被官の木島道覚《きじまどうかく》を定仏のもとに遣わして、勘当を解くように申し入れている。義政はその後間もなく世縁を絶って遁世しているから、主家替えをして渋谷兄弟が義政に期待したものは無に帰した。この一件は義政の遁世に微妙な影響を与えたことだろう。

義政の性格

義政の性格も考えておかねばなるまいが、それを知りうる直接の史料は見あたらない。ただ、義政の残している詠草を見ると、繊細で屈折しており、隠遁的方向に傾いているようである。詠歌のもつ虚構性を考慮に入れても、背反・対立・抗争をしぶとく切り抜けていく強靭な政治人の印象はない。

義政の出家・遁世で見逃せないのが、自由出家の問題である。義政は出家にあたっては将軍に暇を得ているようであるが、時宗の慰留に応ぜず、遁世をしたため、『関東評定伝』などは所帯を収公されたと記している。勝手に出家をした、いわゆる自由出家に

義政遁世の政治的意義

塩田城跡（長野県上田市）

対する処罰である。その規模は知悉できないが、時宗権力の強化に資したことは間違いない。

　前述のように、義政は建治元年十月ごろから連署として加判すべき幕府発給の公文書に署判を加えていないことが見え始め、翌二年八月以降は、連署としてのつとめは事実上果たしていない。その理由は病にあったが、それは、最高の幕政段階ではすぐに政治化されるものである。極楽寺流は重時以来得宗支持で知られ、その線で自家勢力を保持してきたのであるが、義政の所職改替や、前述の幕政の人事交代などをみると、何とも素早い措置で、すでに予定されていたおもむきもある。蒙古防備の緊張のなかで、義政はもう幕政運用に有用でないと判断されていたのであろう。その無用化の直接の理由は、たしかに病気にあろう。しかし、形式的にもせよ、時宗は慰留をしており、当時としては慰留される程度の病気の義政が、

日蓮が見た義政出家

あえて出家し遁世を敢行しているのは、十分な政治的配慮のうえのことであろう。義政遁世の政治的意義は、得宗執権時宗が連署を置かないまま独走体制に入ったことである。

義政の出家・遁世について、二つのことを付言しておく。(1)日蓮は宗教活動の初発から極楽寺流の圧迫を受けていると解しており、義政の出家・遁世によって極楽寺流が衰退(一時的ではあるが)したのはその現報であると、信徒に説示している。(2)義政は遁世して信濃国塩田庄《しなののくにしおだのしょう》(現、長野県上田市)に入り、そのあとは塩田氏と称して続き、塩田の地に「信州の鎌倉」と言われるような中世文化が展開したことはよく知られていることである。

信州の鎌倉

四　時宗の人事掌握

『建治三年記』は、のちの『永仁《えいにん》三年記』と同じように、実質的には幕府の公務日記と言ってよく、そこからは幕府政治の動向が知られる。執権《しっけん》、連署《れんしょ》と評定衆《ひょうじょうしゅう》で最高決裁を行なう評定の記録として貴重である。『建治三年記』に見える評定記事については、日付け・出席者のこと、重要記事である公武関係、比叡山《ひえいざん》と園城寺《おんじょうじ》の争いなど、今は省略する。評定関係記事のうち幕政関係について見てみよう。幕政の基本になるのは人事、機構関係である。

義宗を評定衆に加える

六月十七日、時宗は得宗被官《ひかん》の諏訪真性《すわしんしょう》をもって北条義宗《よしむね》が評定衆に加えられたことを連絡させている。引付《ひきつけ》を経ない義宗の評定衆就任が時宗の推挙によることは明らかである。義宗は二月騒動のとき時宗の命を受けて時輔《ときすけ》を討ち、時宗の得宗の座を固めており、建治《けんじ》二年（一二七六）末六波羅探題《ろくはらたんだい》を退いて鎌倉に帰っていた。これも時宗の意向によるものであろう。義宗の赤橋《あかはし》家は極楽寺《ごくらくじ》流の嫡家で得宗に次ぐ家格であり、義政の出家・遁世もからみ、時宗は自分の腹心として支えてくれることを期待して評定衆に推挙したと考えられる。しかし義宗は同年八月十七日に死去しており、時宗の悲嘆が推測される。義政が連署をやめたあと、弘安《こうあん》六年（一二八三）極楽寺流の業時《なりとき》が連署になるまで連署をおかなかったのも、義宗の死去と無関係ではないだろう。

評定衆人事

八月二十九日、評定衆関係の人事が行なわれた。太田康有《やすあり》は山内《やまのうち》の時宗から呼び出されて、北条宗政《むねまさ》を一番引付頭人《ひきつけとうにん》に、北条宣時《のぶとき》を二番引付頭人に、北条業時を三番引付頭人とする、このことを早く彼らに触れ申せ、と言われ、夕方、宗政・宣時に伝達して了解をとっている。四番引付頭人北条公時《きみとき》、五番引付頭人安達泰盛《あだちやすもり》はそのままである。

一番引付頭人は北条（金沢《かねさわ》）実時《さねとき》の死去のあとであり、二番引付頭人は北条時村《ときむら》であったが、十二月に六波羅探題として上洛する。幕政の中核をなす評定衆人事は時宗が完全に掌握していたのである。なお、義宗が評定衆に加わった翌七月二十五日の評定のとき、時宗は、評定衆の誓状（起請文《きしょうもん》）につき、新たに加わった者の署判をとって進めるよう得宗被官平頼綱を通じて命令をしている。綱紀粛正の令達である。

評定衆以外の人事

　八月二十九日、評定衆人事に続き、時宗は、問注所寄人《もんちゅうじょよりうど》（職員）の新加指名、合奉行《あいぶぎょう》役の指名を本人たちに伝達させている。なお、十二月十四日には、安達泰盛の受命として合奉行の新加を太田康有に令達させている。さかのぼるが、四月二十日条の記事には、常陸国《ひたちのくに》の雑人奉行《ぞうにんぶぎょう》のことについて、越後《えちごの》左近大夫将監《さこんのたいふしょうげん》（引付衆北条〈金沢〉顕時、実時の子）出仕の上は（父の喪《も》あけ）、同人に返す、とある。「雑人」というのは、凡下《ぼんげ》・甲乙人《こうおつにん》などと呼ばれた一般庶民で、鎌倉中雑人訴訟は政所の所管、諸国雑人訴訟は問注所の所管であった。八月五日評定が行なわれ、北条義宗を上野国《こうづけのくに》雑人奉行とする、ということで、問注所執事でもある太田康有は、時宗の命令下達の文書（書下《かきくだし》）を書き、時宗の花押をすえた。ところが義宗が死去したので、九月十六日の評定で、時宗は、上野国の雑人訴訟は問注所がその事務を取り扱うよう問注所執事太田康有に命じている。

これまたさかのぼるが、二月二十九日条に評定衆二階堂行有《ゆきあり》が安堵《あんど》奉行を命ぜられた、とある。時宗の意向によるものである。行有は時宗死去のとき出家しており、時宗には近い存在であった。「安堵」というのは、所領、所職などの領有権の確認・承認で、安堵奉行は相続安堵に関する事務を担当した。安堵奉行は、史料のうえでは蒙古襲来期の文永年間から見え、御恩《ごおん》奉行、官途《かんと》奉行などとともに蒙古襲来期の幕府支配の安定化に重要な役割を占めた。御恩奉行は本領安堵・新恩《しんおん》（新たな所領）給付などを扱い、官途奉行は御家人の任官、叙位のことを扱った。その「御恩」「官途」について『建治三年記』六月十六日の条は、時宗の権力の性格を知るのに重要である。

「御恩」「官途」と

記事は御家人の任官関係で、内容は以下の三点である。

(1)宇都宮時業《うつのみやときなり》が検非違使《けびいし》に任ぜられたこと、

(2)御家人の任官推挙の権限について、

(3)御家人が名国司（名儀だけの国司）に任ぜられる場合、以後、諸大夫《しょだいぶ》（四位、五位）、侍《さむらい》（六位以下）の別なく一律に功要（成功銭《じょうごうせん》）を取り立てること、

功要とは、任官に際して進納する金銭のことである。問題は(2)である。原文を読み下しにして示そう。

諸人官途の事、自今以後《じこんいご》評定の儀をやめ、御恩沙汰に準じて直《じき》にきこしめされ、内々《ないない》に御計《はか》らいあるべきの由、定められおわんぬ、

内々の御計らい

御家人らの官途（叙位《じょい》・任官）のことについては、これからのちは幕府の評定で審議決定することをやめ、御恩沙汰（本領安堵・新恩給付）に準じて、内々《ないない》に時宗の裁量とすることが決定された、という意味である。「直にきこしめされ、内々に御計らいあるべき」の主語については、将軍か時宗か解釈が分かれており、その解釈の仕方で時宗の権力の性格についての理解がかなり変わってくる。著者は時宗と解釈する。

ここで重要なことは、「御恩沙汰」を得宗の直接裁量としていたことに準じて諸人官途を時宗の直接裁量としていることである。つまり、これまでの幕府評定の儀による御家人の官途推挙を御恩沙汰とともに、実質的には時宗が掌握したのである。時宗の専権化を示すものと言えよう。

五　山内殿と幕府政治

『建治三年記』には、太田康有《やすあり》が時宗に呼ばれて、しばしば「山内殿《やまのうちどの》」（山内亭）に行

山内庄

っている記事がある。「山内殿」というのは、現在の鎌倉市山ノ内にあった時宗の別荘である。時宗当時は鎌倉市北部から横浜市戸塚区・保土谷区などに広がる山内庄《やまのうちのしょう》のうちで、山ノ内はその遺称地である。山内庄は北条義時《よしとき》が建保《けんぽう》元年（一二一三）和田氏の乱の勲功賞で与えられて以後、得宗領となり、得宗が庄内を支配した。北条泰時は仁治《にんじ》元年（一二四〇）十月、「嶮難《けんなん》の間、往還の煩《わず》らいあるにより」ということで山内道路を造らせているが、奥富敬之氏の論文「相模国得宗領の研究(二)」（『神奈川県史研究』一二）に言うように、武蔵国所在の得宗領支配を目的に、東海道と鎌倉とを結び付けるためであろう。山内には時頼《ときより》によって建長寺《けんちょうじ》が建てられ、禅宗に伴う中国文化の受容、武家文化創造の拠点となった。元来鎌倉の外であったが、その一部となり、都市鎌倉の独自性を示す地域になったのである。

鎌倉の時宗の邸

『吾妻鏡』正嘉《しょうか》元年（一二五七）六月二十三日条には、将軍宗尊が納涼のため時宗（七歳）の山内泉亭《いずみてい》で遊宴をしたことが見えている。山内亭とは別に鎌倉には時宗の本邸があった。『吾妻鏡』弘長《こうちょう》元年（一二六一）四月二十五日条に鎌倉御亭とあり、文応《ぶんおう》元年（一二六〇）三月二十一日条には東御亭とある。東御亭について貫達人氏は論文「北条氏亭址考」（『金沢文庫研究紀要』八）で、今の宝戒寺《ほうかいじ》（現、鎌倉市小町三丁目）の敷地あたりとしている。若宮《わかみや》大路《おおじ》将軍御所の北東にあたる。『関東評定伝』や『鎌倉年代記裏書』は御所（時宗の館）が建治《けんじ》二年（一二七六）正月二十日焼失したと記している。さらに、弘安《こうあん》三年（一二八〇）十月二十八日の鎌倉の大火で時宗の館をはじめ北条氏一門の屋舎が多く焼失している。

山内亭が司令塔

ところで、時宗の山内亭（山内殿）のある山内庄には、前掲奥富氏論文に言うように、伊具《いぐ》氏のような北条氏一門や得宗被官の諏訪刑部《ぎょうぶ》左衛門《さえもん》入道《にゅうどう》・平頼綱《よりつな》らの居宅があり、常葉《ときわ》流北条氏の常葉郷、得宗被官尾藤《びとう》氏・南条氏その他にちなむ地名や所領が存在するなど、得宗関係者の居宅・所領があった。交通・文化の面のみならず、軍事的にも政治的にも重要な地域で、時宗の政治運営は鎌倉の邸と山内亭を二本の足としていた。しかし、以下述べるように、事実上は山内亭に重心があった。蒙古襲来関係に即すれば山内亭が軍務の司令塔であったと言えよう。得宗政治の私的側面を示すものである。

京都の仁の所領調査

『建治三年記』に見える山内亭における時宗の政務処理について述べよう。将軍宗尊《むねたか》が折々時頼の山内亭におもむいているように、将軍惟康《これやす》も時宗の山内亭におもむいている（八月二日）。山門をめぐる争乱についての指示・連絡も山内亭で行なわれている（七月八日・十二日）。七月二十三日条には、

評定以後召しにより山内殿園殿に参ずるのところ、仰せ下されて云《いわ》く、佐藤中務（業連）相

ともに京都の仁の所領を注し抽《ぬき》んずべしと云々、

とある。京都の御家人の所領についての調査を命じたのである。伊藤一美氏は、すぐ前の記事に関連ありと解してであろう、「長講堂《ちょうこうどう》・常盤井殿《ときわいどの》炎上に係わって幕府所管及び御家人所持である京都の土地を調べてその復興費用を捻出させるためのもの、又は当座の屋敷とするためのものと思われる」としている。

そうであるかもしれないが、別途の解釈も可能である。長講堂・常盤井殿炎上とは無関係な項目で、仮に「京都の仁」を「在京人」（後述）と解して、蒙古再襲に備えた臨戦態勢下で、洛中警固＝京都防衛の強化をはかるために、その軍事力の正確な掌握を意図したもの、と解することである。とすると後述の十二月十九日・二十五日条と関連することになる。

以上、畿内関係であるが、同記は幕府人事関係がやはり記述の中心をなしている。時宗が連署義政の遁世の報を聞いたのも山内亭であった（六月二日）。八月二十九日、時宗が山内亭で評定衆《ひょうじょうしゅう》（引付頭人就任）人事や問注所寄人《もんちゅうじょよりうど》新加などについてこまかい指示を与えたのが山内亭であったことは前述している。九月四日条では、時宗は同じく山内亭で評定衆の引付頭人《ひきつけとうにん》就任人事についてさらにこまかく指示し、引付奉行人関係の人事について逐一指示している。以上のように、時宗は政務の機構と運営のほとんどすべてを掌握していたのであり、それらについての立案・指示は主として山内亭でなされていた。立案にあたっては、得宗被官の諏訪《すわ》真性《しんしょう》や平頼綱らの補佐があったろう。

得宗被官の補佐

なお、時宗の肥前・肥後国安富庄地頭職拝領について前述したが、それについて太田康有は、諏訪真性を介し、山内亭の園殿《そのどの》で直接時宗に報告し、時宗に喜ばれている（六月十三日）。得宗被官や得宗領などのことについては、最終的には主として、時宗が山内亭で諏訪氏・平氏などの得宗被官最上層部の意見を聞きながら決めていったのであろう。

六　寄合

寄合は得宗主催の内々の幕政会議

『建治三年記』には、十月二十日・二十五日・十二月十九日・二十五日の四回、寄合《よりあい》の記事がある。寄合は、この段階では評定《ひょうじょう》会議とは別の時宗中心に時宗外戚《がいせき》で外様《とざま》御家人の安達泰盛《あだちやすもり》、法曹《ほうそう》吏僚の太田康有《やすあり》、佐藤業連《なりつら》、得宗被官《ひかん》の平頼綱《よりつな》、諏訪《すわ》真性《しんしょう》ぐらいの狭い範囲の出席者でなされた幕政会議である。場所は十月二十五日、十二月十九日は山内殿《やまのうちどの》とある。十月二十日は記載がないので山内亭の可能性もあるが、十二月二十五日は評定以後とあって場所の記載がない。両日ともに鎌倉の時宗私邸であったのかもしれない。十月二十日と二十五日条には「孔子《くじ》一二」とある。「孔子」は「籤」である。発言順を示すかともみられるが、出席者が少ないので座配順を示すかとも考えられる。会議の模様を順次簡単に説明し、政治的な意味を述べよう。

十月二十日、出席者は時宗・太田康有・平頼綱。内容は京都御返事《ごへんじ》清書役《せいしょやく》の人事。京都御返事の内容はわからない。十月二十五日、出席者は時宗・太田康有・佐藤業連・平頼綱。業連は評定衆であるが、弘安年間には得宗被官上層部として活動しており、時宗側近の一人である。弘安《こうあん》十年（一二八七）四月四日死去している（『外記日記《げきにっき》』）。内容は京都の本所・領家《りょうけ》などから申請された兵粮料所《ひょうろうりょうしょ》、在京武士に与えられていた所々の返還についてで、業連の取り扱いである。兵粮料所は戦時における軍兵の食糧にあてるよう臨時に指定した所領である。文永十一年蒙古合戦のあとの復旧措置であろう。蒙古襲来にかかわる兵粮米・兵粮料所のことは弘安四年のものは知られているが、この記事は従来問題にされていない。また、兵粮料所は源平争乱期、承久《じょうきゅう》の乱、南北朝期については論議されているが、蒙古襲来期については論及が少ない。在京武士拝領所々の返還も文永十一年蒙古合戦後の復旧措置であろう。

北条時村の上洛

得宗邸跡（鎌倉市小町）

十二月十九日、出席者は時宗・安達泰盛・太田康有。内容は六波羅探題として上洛する北条時村《ときむら》（政村《まさむら》の子）に申し渡す六波羅政務の条々で、記事は重要かつ詳細である。本条については佐藤進一・森茂暁・森幸夫・伊藤一美氏らの論及があるので、それらを参考にしながら説明しよう。

まず最初に六波羅探題のことについて触れておかねばならない。十二月十三日条には北条時村が六波羅探題として上洛《じょうらく》するために自宅の常盤殿《ときわどの》（現、鎌倉市常盤）で出発の儀を行なったとあり、六波羅政務条々について指示をうけ、十二月二十二日に出発している。

十二月十九日条の末尾には、時村の上洛赴任について関東申次《かんとうもうしつぎ》の西園寺実兼《さいおんじさねかね》に申し入れをすることを決めたことと、時村と六波羅探題南方《みなみかた》北条時国《ときくに》の両探題が「六波羅雑務」の文書に署判《しょはん》を加えるようにと時宗が命じたことを記している。時国の上洛については前述しているが、時国が六波羅探題の名実を備えたのはこのときであることを示している。

安達時盛の遁世

北条時村の六波羅探題としての就任・上洛については、一考すべきことがある。時村が選ばれたのは、政村の子であり、評定衆・陸奥守《むつのかみ》、二番引付頭人《ひきつけとうにん》という閲歴とそれに伴う経験の豊かさ、勅撰集などにも数多く入集しているような教養の高さなどによるものであったろう。ただ、当時の政情の推移からも見ておく必要がある。建治《けんじ》元年（一二七五）五月、幕府の重鎮北条（金沢《かねさわ》）実時《さねとき》が引退して翌二年十月卒去する。その前月に、評定衆の安達時盛《ときもり》が突然遁世して鎌倉の寿福寺《じゅふくじ》に入り、所帯をすべて没収され、惣領《そうりょう》の泰盛から義絶されている。弘安八年六月卒去したときには、時宗後室（潮音院殿《ちょうおんいんでん》）や泰盛の兄弟は喪に服していない（『関東評定伝』）。泰盛の兄頼景《よりかげ》は弘長三年（一二六三）六波羅の評定衆に転出して幕政の中枢からはずれ、霜月騒動《しもつきそうどう》のときは泰盛に与同していない。安達氏内部では泰盛の惣領としての統制は一枚岩ではなかったのである。ただ時盛の遁世は、理由は明確にできない。前述の連署義政の出家とも関係があるのかもしれないが、断定的なことは言えない。しかし結果的にみれば幕政における泰盛の勢力がそがれたことにはなる。五味文彦氏は、あきらかに御内人《みうちびと》の攻撃にさらされて、義政も含め、泰盛派の人物が失脚した、としている（『鎌倉と京』）。

以上のような政情の推移を踏まえ、高橋慎一朗氏は論文「北条時村と嘉元の乱」（『日本歴史』五五三）で、時村が六波羅に派遣されたいま一つの理由として、時村が政治的な力をつけることを警戒されて政権の中枢から遠ざけられた、と解している。断定はできないが、考えられ得ることである。

六波羅政務条々の内容

当面の六波羅政務条々の内容説明に移ろう。まず、人数の事として因幡守《いなばのかみ》（長井頼重）から出雲《いずも》二郎左衛門尉（波多野時光《はたのときみつ》）に至る十四名の人名が書き出されている。これは、森幸夫氏の論文「六波羅評定衆」（『日本中世政治社会の研究』）の指摘のように六波羅評定衆である。構成員の特色も、森氏の指摘のように、彼らが西国の守護・地頭であり、北条氏はわずか一名、吏僚層がかなりの比重を占めているところにある。続いて寺社のこと以下五か条があげられているが、三か条は訴訟手続きについての重要事項である。それらは建治元年（一二七五）十二月に上洛して六波羅評定衆になっていた三善政康《みよしまさやす》の所管である。右に続いて、諸亭（京都にある御家人らの邸宅関係）のことから雑人《ぞうにん》（一般庶民）のことに至る六か条について、それぞれの管轄者を定めている。そのあとに、内裏《だいり》守護（京都の朝廷の警備）は追って指示し、大楼《たいろう》（六波羅の獄舎）宿舎のことは前からのように両探題が執行するように、ただこれも追って指示する、としている。

さらに、探題は命令に背く在京人らの交名《きょうみょう》（人名列記の文書）を関東に送ること、仙洞《せんとう》（上皇）、貴所の使者への応接の仕方などを記している。最後の二か条は前述した。十二月二十五日の寄合（出席者は時宗、安達泰盛、太田康有、諏訪真性）も六波羅関係五か条で、うち二か条は十九日条の修正である。

寄合での時宗の専決

以上、四回の寄合についてあらましを説明してきたが、まとめよう。

六波羅政務の細部にわたる指示、兵粮料所などに関する本所との関係など、幕政の最重要事項を、安達泰盛や太田康有、佐藤業連、得宗被官最上層部の平頼綱・諏訪真性ら、まさに一握りのものを相談相手に、時宗は私的な形で専決しているのである。佐藤業連は評定衆であるが得宗被官と言ってよく、太田康有も吏僚というよりは得宗被官に近い。安達泰盛は重要な六波羅関係には出席しているが他二回には出席していない。時宗は幕政の重要事項を、多くは、得宗被官、あるいはそれに準ずるものに諮問しながら専決していったとみられる。細川重男氏の労作『鎌倉政権得宗専制論』を参考にしながら言えば、寛元《かんげん》四年（一二四六）以来鎌倉末期に及ぶ寄合の歴史のなかで、これほど得宗が専断性をもった寄合はない。

時宗の「仰せ」

『建治三年記』には、時宗の命で政務が執行されていくことを示す表現として評定会議についても「仰せを蒙り」「仰せられて云《いわ》く」「仰せ下され」「仰せに任せ」「仰せらるべきなり」「仰せの旨」「定めらる」という用語が時宗を主語として頻出する。執権と評定衆兼問注所執事としての記録表現でもあろうが、評定の形式を通しても時宗の専断性は貫徹していることを示すもの、と言えよう。

第十　時宗と無学祖元

一　無学祖元の招請

鎌倉後期日本における中国禅宗の受容・展開に大きな役割を演じた無学祖元《むがくそげん》（一二二六～八六）は、前述の大休正念《だいきゅうしょうねん》とともに、あるいはそれ以上に、時宗の人となりや宗教的生活について多くを書き残している渡来禅僧である。その語録『仏光国師語録《ぶっこうこくしごろく》』を中心にしながら、無学の来日の経緯、時宗に対する教導、鎌倉禅林《ぜんりん》の成立過程に果たした無学・時宗の役割などについて述べよう。

時宗の中国禅への傾倒

時宗は蘭溪道隆《らんけいどうりゅう》や大休正念に参じ、さらに虚堂智愚《きどうちぐ》と同門の名僧石帆惟衍《しっぱんいえん》や無準師《ぶしゅんし》範《ばん》の法嗣《ほうし》、希叟《きそう》《けそう》紹曇《しょうどん》の法語を求めるなど、中国禅への傾倒と修禅は年とともに深まっていた。希叟が時宗に法語「日本の平将軍に示す書」を与えていることが『希叟《きそう》《けそう》和尚《おしょう》広録《こうろく》』巻四法語や『隣交徴書《りんこうちょうしょ》』で知られる。このようなことで、時宗はさらに中国禅僧を招請しようと決意した。宗教的、文化的欲求であるが、元《げん》によって南宋《なんそう》がまさに併呑されようとしている大陸情勢についての情報が得られることも随伴していた。そしてそれは鎌倉禅林・武家文化の展開に画期的な役割を果たしてきた蘭溪道隆が弘安《こうあん》元年(一二七八)七月に没したことを契機としている。

葉貫磨哉氏は、著書『中世禅林成立史の研究』で、時宗は、蒙古の間諜《かんちょう》という嫌疑のもとに配流した蘭溪への追慕と反省から、蘭溪の身代わり的な宋朝の名師を招き禅林外護《げご》の姿勢を整えることが蘭溪の冥福に答えるものであり、あわせて大休正念の負担を軽減するものとも考えた、との考察を示している。

無及徳詮と傑翁宗英

時宗は蘭溪の弟子無及徳詮《むきゅうとくせん》と傑翁宗英《けっとうそうえい》とを使僧として中国に派遣することとした。それが無学祖元の来日として実現することになる。無及徳詮は無学来日後はそのかたわらにあって通訳の任を負い、時宗の参禅を助け、時宗の開基と言われる鎌倉の禅興寺《ぜんこうじ》(時頼開基説もある)や北条泰時《やすとき》開基・退耕行勇《たいこうぎょうゆう》開山の東勝寺《とうしょうじ》(廃寺)に住した。傑翁宗英は不退徳温とともに時宗の命で、前述のように希叟紹曇のもとに法語を求める使者をしており、無学来日後はその侍者になっている。この弘安元年には、石帆惟衍の法嗣で、文永《ぶんえい》八年(一二七一)時宗の招きで石帆の法語をもって来日していた西澗子曇《せいかんすどん》が帰国しており、無学招請にかかわっていたろうと推察されている。

鎌倉の円覚寺《えんがくじ》には、南宋に使僧を派遣して禅僧を招いたときの時宗の前記二使僧あての招請依頼の書状が伝わっている。次に引こう（口絵参照）。

禅僧招致依頼の時宗書状

時宗、意を宗乗《しゅうじょう》に留むること積もりて年序あり。梵苑《ぼんおん》を建営し、緇流《しりゅう》を安止す。ただ時宗毎《つね》に憶《おも》う、樹にはその根あり、水にはその源あり、是《ここ》を以て、宋朝の名勝を請《しょう》じて、この道を助行《じょぎょう》せんと欲し、詮・英二兄《にひん》を煩わして、鯨波《げいは》の険阻《けんそ》を憚ることなく、俊傑の禅伯を誘引して、本国に帰来せんことを望みとなすのみ。不宣《ふせん》。

弘安元年戊寅十二月廿三日　時宗「和南」（異筆）

詮蔵主《ぞうす》禅師

英典座《てんぞ》禅師

その意味は以下のようである。

時宗は、禅宗の宗旨に留意すること多年で、寺院を建営し、僧たちを安住させようと思っている。樹に根があり、水に源があるように、物事はその根源から導き出さねばならない。だから、禅宗の根源の地である宋朝から名僧を招請して、禅宗の宗旨を宣揚する助けにしたいと思い、無及徳詮、傑翁宗英のお二人を煩わす次第である。お二人は大波のけわしさをしのいで渡航し、すぐれた禅僧を誘引し、本国に連れ帰っていただきたい。それればかりを望んでいる。

宛名にある「蔵主」というのは経蔵の管理などに従い、「典座」というのは衆僧の食事をつかさどる僧のことである。

時宗の名で出された文書のなかで、狭く書状と言えるのは八通ほどだとみているが、それらはおおむね政務にかかわるものである。本状は時宗書状として著名なもので、時宗文書のなかでは最も研究され言及されているものである。時宗の個人的な信仰の面からだけでなく、臨済禅《りんざいぜん》の体制宗教化の面からも本状の役割は小さいものではない。本状について今少し説明を加えておこう。

時宗書状の検討

本状は対句《ついく》を用い、無学の師・無準師範や無学の墨蹟《ぼくせき》などにも見られるように、名字「時宗」の箇所を小書し、使僧の「詮、英二兄」（兄は、参禅学道の志を同じくする者の意の兄弟《ひんでい》の兄）の上を闕字《けつじ》にし、年号に干支を加え、書止めを、中国で対等な個人間に用いられる「不宣」で結ぶなど、丁重な本格的漢文で書かれている。署名の下には梵語《ぼんご》の音訳で礼拝・恭敬などの意味をもつ「和南《わなん》」（禅宗読みで「おな」）の二字を書いている。招請する中国禅僧に対して師檀の交わりを結ぶ契状にもなることが予想されており、中国に携行されたであろうとみられている。それが円覚寺に伝わっていることについては、いろいろ考えられよう。

禅僧招致依頼状は時宗の自筆かどうか

本状が時宗の自筆であるかどうかについては、全文を時宗自筆とする説、三箇所の「時宗」と名字を自筆とする説、差出名の「時宗和南」の「和南」の二字だけが自筆であるとする説、などがある。その際に考えねばならないのは筆蹟の問題である。大正六年（一九一七）の黒板勝美「武相の古文書について」（『虚心文集』第五）のなかで、本状の書風が時宗の執事佐藤業連《なりつら》のものに類似しており、業連が右筆《ゆうひつ》として書いたものではないか、と述べている。相田二郎「鎌倉時代における武家古文書の筆蹟」（『日本古文書学の諸問題』）では右筆の存在を考え、結論として「和南」の二字だけを時宗自筆とし、時宗自筆の唯一のものとしている。ところで、名字「時宗」と小書しているのは相手に敬意を表してのことであるが、「和南」以外の筆蹟と同筆であろう。つまり「和南」以外は同筆とみられ、したがって「時宗」の下の異筆の「和南」は時宗の自筆とみてよいと考える。本状の書風については、後京極《きょうごく》流の書風であると、早くから言われている。本状は最初から無学を特定したものではなかった。無学は若干の経緯を経て、景徳寺《けいとくじ》（現、浙江省）の、法兄環渓惟一《かんけいいいち》の代わりとして来日するのである。

二　宋朝禅と無学祖元

無学祖元《むがくそげん》は来日後、弘安《こうあん》二年（一二七九）八月に建長寺《けんちょうじ》の住持となり、弘安五年十二月円《えん》覚寺《がくじ》開山となり建長寺を兼務し、兼務二年で建長寺専任となり、弘安九年九月三日、六十一歳で死去した。おおむね建長寺を中心にして弘教《ぐきょう》活動をしていた。無学の時宗に対する教導をみる前に、無学禅の特色のあらましについて述べよう。無学祖元の禅が前述の蘭渓道隆、兀庵普寧《ごったんふねい》・大休正念らと同様、宋朝禅一般のなかで理解されることは言うまでもない。

宋朝禅の動向

宋朝禅は宋朝のおかれていた国際情勢から国家主義的傾向を強くもっており、教理的には総合的、融合的性格が強く、儒教《じゅきょう》や道教《どうきょう》との一致が説かれ、禅以外の仏教の教えとの一致（教禅一致）が説かれた。教団的には北宋期に雲門宗《うんもんしゅう》の勢いが強く、南宋期に入ってからは臨済宗黄竜《おうりょう》派が盛んとなり、ついで楊岐派《ようぎは》が栄えた。栄西《ようさい》は黄竜派を伝え、蘭渓らは広く言えば楊岐派の系統である。

宋朝禅の特色

宋朝禅は国家の保護（統制）を受け、その恩に報いることを旨としているが、蘭渓以下、日本にあっては、その国家は北条氏に具現化されており、無学にとって時宗の外護《げご》は、弘教の基礎であった。無学は建長寺入寺のとき、まず、天皇・将軍・時宗（相模太守《さがみのたいしゅ》都総管《とそうかん》）の寿を祝しているが、蘭溪の場合と同様で、宋朝禅のそのままの移植である。

無学禅の性格・特色

無学はその師、北礀居簡《ほっかんこかん》・無準師範、つまりは宋朝禅そのままに儒教・道教・仏教の一致、ことに儒教と禅の一致を説き、無準同様、儒教用語を使って学人を教導している例が多い。時宗や慧蓮《えれん》道人に心はすなわち太虚《たいきょ》（陰陽を生ずる大本、気）であると説いているのは（『仏光国師語録』巻七）、北宋の張載《ちょうさい》（横渠《おうきょ》）の太虚説によっており、学道の要は心を正すことにある（同前巻七）とするのは『大学』によっていることなど、早く足利衍述《あしかがえんじゅつ》『鎌倉室町時代之儒教』が指摘しているところである。

無学の語録には、ほかに『論語』里仁篇（『仏光国師記録』巻三）や顔淵篇、衛霊公篇（同前巻四）によっているところがある。衛霊公篇の「己の欲せざる所を人に施すなかれ」という敬虔《けいけん》と思いやりを説く教えなど、わかりやすく、武士などには内面化しやすかったろう。無学は儒学（宋学＝朱子学《しゅしがく》）に通じ、朱子学における『大学』重視という「心」の問題を基本にしているが、ことに君臣の名分を明らかにする考えを継受し、国家観念を結晶させ、時宗に大きな影響を与えている。

無学禅の特色は、朝倉尚氏が論文「渡日僧の教化の姿勢—無学祖元の勇猛心と老婆心—」

勇猛心と老婆心

（『中世文芸』四五）で述べているように、勇猛心と老婆心の二語に要約できよう。勇猛は仏教語としては「ゆうみょう」と読んでいる。堅固に努力精進する意志のことである。老婆心は師家《しけ》が修行者に示す慈愛の心を言う。単なる世俗的親切心ではない。気概のない禅を老婆禅とも言うが、無学の老婆禅は厳しく、かつ深い慈悲心からの教導を特質とする。右の二語について少しつけ加えておこう。

無学は「心」の重視から、小師慧通に発心堅固を求め（『仏光国師語録』巻七）、北条政村《まさむら》、時村《ときむら》の被官《ひかん》かと思われる糟屋三郎左衛門（行村か）に、前述の「正心」と「太虚」を説いている（同前巻七）。さらに大宰少弐に、我が宗門の要は、自らの本心、本性の開悟にある、としている（同前巻七）。したがって妄想を排し（同前巻三）、「勉力」（不断の参禅修業）することを学人に要求するのである（同前巻五）。断指して入門を求めた僧のことを書いているのも（同前巻八）、この無学の修禅の厳しさを示すものである。

無学、自己の体験を述べる

無学禅を教導の面に即して語録を見ると、率直かつ具体的に自分の修行の体験を述べて学人の修行の資としていることが、とくに目をひく。いわゆる老婆心である。『仏光国師語録』巻九に収める「告香普説《こっこうふせつ》」（大衆が告香して住持に請《こ》うたときに行なわれる説法）などその典型で、長文でもあり、自叙伝としても優れている。無学の語録が史料として第一等であるのも、このあたりに理由があろう。

無学は禅門に入って以来、一途に参禅工夫につとめ、本心・本性の徹見に勇猛心をもって精進を続けた禅僧である。しかも修禅の厳しさを根底に、赤裸々にその修行過程を後進に示しながら、深い慈悲心で懇切に教導を重ねた。無学の語録はそれらの全過程を詳細に記しており、中国・日本にわたるこの時代の精神世界を如実に示す記録として重要である。

三　道交深く

無学の語録は、宗教的側面から時宗の人となりや、信仰・参禅修学・教養を具体的に示しており、時宗の政治的側面を如実に記録している太田康有《やすあり》の『建治《けんじ》三年記』と共に時宗伝の史料として貴重で、もっとも詳細である。その無学の語録から時宗と無学の交流を見てみよう。

両者の交流をみる前提として、前述の宋朝禅の性格を念頭においておかねばならない。無学は明州慶元府《めいしゅうけいげんふ》の出身であるが、宋にいたとき、南宋の宰相賈似道《かじどう》が檀越《だんおつ》であったり、国家の保護・統制下にある寺院で修行し、首座《しゅそ》となっていたので、南宋の皇帝・官僚への宗教的報恩は、日本では招請者北条時宗に代置されていたのである。無学は語録のなかで、時宗の外護《げご》がなければ法幢《ほうどう》（仏法）は建て難い（『仏光国師語録』巻六）と言っており、同趣旨のことはしばしば繰り返されている。無学が、時宗にその参禅修行を通じて究極に期待したものは、国家の将相として大国の生霊《しょうりょう》（日本人民）と仏祖の道を保持し（同前巻六）、国家の柱石となること（同前巻三）であった。

無学祖元像（円覚寺所蔵）

時宗と無学の交流についての問題

両者の交流については、具体的にまず言葉のことが問題になる。無学自身、日本の言語に通ぜず（同前巻八）、意志の疎通ができない（同前巻六）と述べている。『円覚寺史』には、語録中に「いろはにほへと」を用いているから、知らなかったとはいえない。中国人としての誇りから、あえて日本語を用いなかったのであろうと書かれているが、本人は意志の疎通ができないと記しているのである。日本人同様の日本文を書くようになっていた蘭渓道隆《らんけいどうりゅう》とは大分違うようである。当時、渡宋修学しても、中国語が通じないために挫折して帰国する入宋僧もいた。文化交流における言語の重要さは昔も今も同じである。

無学の場合は、通事《つうじ》（通訳）が仲介をしている。参禅のとき、喝《かつ》を入れて棒で打つが、時宗の場合は通事が打たれている（同前巻九）。外護者の副将軍をはばかったのであろう。通事には、直接無学の招請にあたり、無学来日後は無学に随侍していた無及徳詮《むきゅうとくせん》らがあたった。時宗の父時頼《ときより》は兀庵普寧《ごったんふねい》との問答を筆談でしているが、両者の火花を散らすような、つきつめた心的交渉が、『東巌安禅師行実《とうがんあんぜんじぎょうじつ》』や『聖一国師年譜《しょういちこくしねんぷ》』に要約して伝えられている。時宗と無学の間も、高い緊張度で禅の応答がなされている。

語録の作成過程

このような通訳、筆談による問答が基礎となって、いわゆる語録が作られる。弘安四年、建長《けんちょう》寺《じ》での無学と下野《しもつけ》国那須雲巌寺《うんがんじ》開山の高峰顕日《こうほうけんにち》との筆談問答は、このことを考える際の参考事例になろう。

無学が時宗を教導する基調を、続いて問題としよう。それは、無学の建長寺入寺のときの説法のなかに端的に示されている。大守総管元帥（時宗）の招きで建長寺に住することとなったが、自ら道無く徳無く、日本一国の期望の意に背くこともあるし、四方からの修学者に答えるべきものもないことを恥じるが、仏祖たちの教えを修学者に施そう、として、

是は是、非は非

是なるときは則ち是と言い、非なるときは則ち非と言う、あえて人情を看《み》て人を仮《け》借《しゃく》せず、（『仏光国師語録《ぶっこうこくしごろく》』巻五）

と厳しく接化《せっけ》（教導）することを述べている。時宗に対しても、打つことははばかっても、懇切ではあるが、基本的には厳しい禅風で接したろう。

無学の教導の内容

肝心なのは時宗に対する無学の教導の内容である。説法が、あまねく内外の典籍《てんせき》・経論類を駆使して博引旁証する普説《ふせつ》の形をとって語録に収まっていることもあり、無学の教導は懇切を極める。儒仏（禅）一致による名分論的教導については前述した。教導についてつぶさに述べる余裕はないので、目につくことを中心に、若干述べておこう。

公案の放擲

時宗は無学の来日以前には禅の境地を深める方法として、「公案《こうあん》」を工夫することに励んでいた。「公案」とは一つの課題を与えて参禅者を悟入させる方法である。『仏光国師語録』の巻五には二つの話について時宗が諸僧の短評を求めて無学に問うたことが記されている。無学は全面これを否定し、日本国の飯を食し得ないでも仏法をもって人情にあてるわけにはいかない、禅を説くことは難しい、と言っている。また、語録の巻七に収める「大守《(時宗)》道を問うに答える書」は無学の時宗に対する教導を割合よくまとめて記述している。それは、時宗が無及徳詮を介して公案が解けないことを訴え、無学が公案をいったん捨て去るように指示したのに対し、時宗が再び示教を求めたので、無学がさらに時宗を諭したものである。さきの巻五の話と関連している。

語録巻九の「告香普説《こくこうふせつ》」は公案にこだわる僧に対して公案を放擲《ほうてき》するように説いたものであり、時宗に対する場合の一般論になっている。これは無学の公案偏重を克服するために猛精進をした得悟体験を踏まえての教導である。無学は蘭溪道隆、兀庵普寧《ごったんふねい》らの公案による教導が一定の効果をあげている意義は認めながらも得脱していないことを憂慮したのである。無学の来日当時の鎌倉禅林の一般的傾向であったろうし、時宗もその埒内にいて、公案への拘泥は強かった。こうして、無学の教導により時宗の禅体験は深められたようであり、語録巻九の「光福長老に示す」の条には、その境地が記されている。

時宗と無学の禅問答は、禅に練達の通事を介して文字表現されていることもあるからだろうが、高度に知的で、かなり難解である。いちいち原文をあげることをせず、結論的な叙述にとどめた。だから、語録に収める時宗と無学の、いわば日常的な交流の記述を見ると、救いのようなものを覚える。ただ、それさえも多くは禅の境地を深める手段である。あくことのないような時宗の精進ぶりには驚かされる。仏事関係も含め、若干例をあげよう。

無学との日常的交流

『仏光国師語録』の巻三・巻八に、時宗が虚堂智愚《きどうちぐ》（一一八五〜一二六九）の夢をみて無学に拈香《ねんこう》（香をたく）を請い、賛《さん》を求めていることが記されている。虚堂は松源《しょうげん》派で日本の南浦紹明《なんぽじょうみん》が嗣法し、日本臨済禅の法灯の根源になった高僧である。巻三には時宗が『金光明経《こんこうみょうきょう》』を写経して無学に陞座《しんぞ》（説法）を請うていることが見える。陞座は亡者の追善供養でもある。巻八には時宗が蘭溪道隆の書の裏に『法華経』を写して跋《ばつ》を求めていることが記されており、そのほかにも写経のことが知られる。時宗は蘭溪道隆の供養に釈迦像を作らせ『円覚経』を刊行しているが（『仏光国師語録』巻六）、これは文化史的にも見逃せ

写経

ない事実である。釈迦像や画像も作らせ、父時頼の供養にあてている（同前巻三）。

　時宗は観音信仰が深く、観音像を再装・供養して無学に仏事をしてもらっている（同前巻六）。また十六羅漢《じゅうろくらかん》を無学に送っている（同前巻三）。蘭溪道隆について出家し、北条時頼の知遇を得ていた朗元房《ろうげんぼう》という来日医僧がおり、時宗は彼に無学の灸治をさせているが（同前巻七および『念大休禅師語録《ねんだいきゅうぜんじごろく》』）、同時に色身・法身の問題を問うている。語録の巻八には時宗が無学に水晶の硯匣《すずりばこ》・直綴《じきとつ》（略儀の僧服）・瓜・紙など、いろいろなものを贈っていることが見え、無学はいちいち謝礼の偈頌《げじゅ》を贈っている。直綴《じきとつ》の贈呈など、『臨済録』に見える唐代の普化《ふけ》が人に直綴を乞うた話を想起させる。ともあれ、両者の親愛の情のこまやかさ、時宗の折にふれての問法と、それに対する無学の心温まる教導がうかがい知られる。

時宗と無学のこまやかな交流

　時宗の無学に対する景仰の度は深いが、それは、無学の厳格でありながら懇切な教導、豪気でありながら慈愛あふれる人柄によるものであろう。同時に、無学のもつ文学的資質の高さに時宗が心ひかれている面があるように見受けられる。

第十一　弘安の蒙古合戦と円覚寺の創建

一　弘安四年の蒙古合戦

日本が異国防御の体制を強化していた一二七六年（日本・建治《けんじ》二年）、南宋《なんそう》は事実上滅び、その影響で翌年日本の貿易船は帰国している。その翌七七年には、元《げん》は泉州《せんしゅう》以下四か所に貿易関係の事務を取り扱う市舶司《しはくし》を置いている。その年、日本商人が元で金と銅銭の交易を許されており、クビライは、「柔遠（てなづけて服従させる）の道を尽くせ」と詔諭している。奇妙にも思えるが、戦争と交易とは共存していたのである。このあと元朝が対日交易に閉鎖的になっても、日本からは寺社造営を名とする貿易船が元と往来し、民間貿易とそれに伴う中国文物の移入は活発であった。

范文虎の使節来日

弘安《こうあん》二年（一二七九）無学祖元《むがくそげん》が来日して、宋朝禅のみならず、中国の最新情報をもたらしたことであろう。ほぼ同じころ、南宋降将の范文虎《はんぶんこ》が派遣した使節が来日し、これまでと同趣旨の国書がもたらされ、鎌倉を経て亀山上皇《かめやまじょうこう》のもとで「宋朝蒙古のために打ち取られ、日本これ危し」（『兼仲卿記《かねなかきょうき》』）という認識での評定がなされたが、亡宋の旧臣が直接に日本の帝王に国書を提出しているのは無礼だという点が大きな問題とされた。

元使斬殺

事実上の決定は幕府によってなされ、元使は鎌倉に廻されることもなく博多で斬られた。

高麗《こうらい》では金方慶《きんほうけい》らが謀反をくわだてたという密告事件が起きていた。洪《こう》茶丘《さきゅう》は、高麗人でありながら、元への忠誠として、この事件を利用し高麗を全面的に元の軍事指揮下に置こうとしていた。忠烈王《ちゅうれつおう》はこの高麗の苦況を乗り切るために、自ら北方の反乱討伐と日本遠征への協力をクビライに申し出た。

旧南宋海軍を日本遠征に転用

南宋は完全に元の手中に入り、元の日本遠征の準備は進められた。杜《と》世忠《せいちゅう》ら元使が斬殺されたことも遠征の気を強め、遠征を正当化した。高麗に加えて旧南宋の領土は日本遠征の負担をになう重要基盤となり、降参した旧南宋の軍事力、ことに海軍が日本遠征に転用されることとなった。元に降参した旧南宋の膨大な職業軍人たちをどうするかは、中国を統一した元にとって大きな問題であった。こうして造船や軍隊の動員が着々と進められていった。一二八〇年（日本・弘安三年）八月には日本遠征の方針が決定され、翌年正月、正式に日本遠征の命令が下された。

一二八一年二月、東征の元軍出陣にあたり、クビライは諸将に、日本遠征の理由として、使者抑留を第一にあげ、人と土地の略取を述べ、人の支配の重要さを説き、諸将の協力一致を諭している。ちなみに、『八幡愚童訓《はちまんぐどうきん》』甲本は、第二次遠征の折、元軍は生活用具や耕作のための鋤鍬までも持ってきた、つまり屯田《とんでん》方式で侵攻したと書いている。

東路軍、江南軍出撃

遠征軍は二つに分けられた。忻都《きんと》と洪茶丘が指揮をとる蒙古人・漢人（中国北部の中国人）、高麗人計四万人（別に梢工《しょうこう》・水手《かこ》がいる）の東路軍《とうろぐん》と、南宋の降兵を主体とし阿塔海《あたはい》、范文虎を指揮者とする十万、三千五百艘の江南《こうなん》軍である。

同年五月三日、東路軍は高麗で建造した九百艘の船に分乗し、高麗の合浦《がっぽ》（現、馬山）から進撃を開始した。一方、江南軍は慶元《けいげん》（現、浙江省寧波）や舟山島《しゅうざんとう》（現、浙江省）付近で装備を整え、同年六月中旬ごろ順次発船していった。当初、東路・江南両軍は壱岐《いき》の海上で会合する予定であったが、のち平戸《ひらど》島（現、長崎県）に変更している。東路軍は五月二十一日対馬《つしま》を襲い、壱岐を経て六月六日博多湾頭に進んだ。一部は長門《ながと》に向かっている。

志賀島合戦

東路軍は志賀島《しかのしま》（現、福岡市東区）に足がかりを作って、彼我の合戦が行なわれ、この時の伊予《いよ》（現、愛媛《えひめ》県）の河野通有《こうのみちあり》の奮戦などはよく知られている。東路軍は、その後壱岐に退き、六月二十九日、七月二日と合戦が行なわれたことが、「比志島《ひしじま》文書」「龍《りゅう》

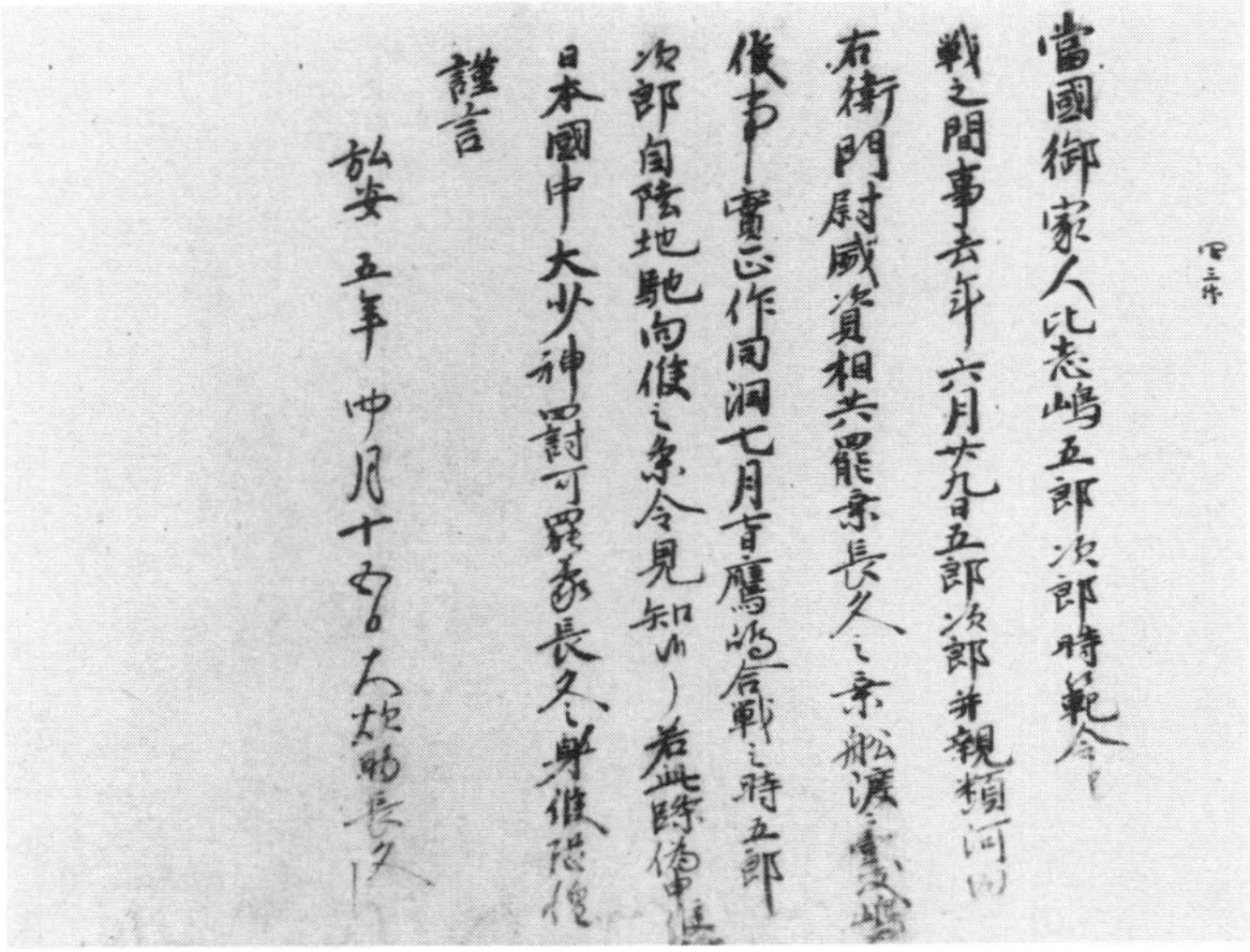
當國御家人比志嶋五郎次郎時範合
戦之間事、去年六月廿九日五郎次郎并親類河田
右衛門尉盛資相共罷乗長久之乗船渡壹岐嶋
候事、實正也、同閏七月一日鷹嶋合戦之時五郎
次郎自陸地馳向候之条令見知了、若此条偽申候者
日本國中大小神罰可罷蒙長久之身候、恐惶
謹言
弘安五年四月十五日　大炊助長久

弘安4年5月29日　壱岐瀬戸浦合戦での比志島時範の軍忠
（「比志島文書」東京大学史料編纂所所蔵）

造寺文書《ぞうじもんじょ》」や元側の「張百戸墓碑銘」に見えている。

東路軍は七月に入ると平戸島や五島列島に達した江南軍と合流し、大宰府攻略を当面の目標に、一挙に博多湾に進入すべく鷹島《たかしま》（現、長崎県北松浦郡鷹島町）付近に集結しつつあったが、閏七月一日、大風に遭い壊滅的な打撃を受けた。このあと日本軍は負けることのない残敵掃討戦を展開した。そうした様子は『蒙古襲来絵詞《もうこしゅうらいえことば》』が竹崎《たけざき》季長《すえなが》に即して活写している。筑後《ちくご》の香西度景《かさいのりかげ》、肥前《ひぜん》の黒尾《くろお》社大宮司藤原資門《すけかど》・福田兼重《かねしげ》、豊後《ぶんご》の都甲《とごう》惟親父子、日向《ひゅうが》の郡司《ぐんじ》宣景《のぶかげ》、薩摩《さつま》の比志島時範《ひしじまときのり》らの奮戦が文書・系図類などによって知られる。元軍の敗退状況は『元史』や「張百戸墓碑銘」、その他が伝えている。

『壬生官務家日記抄《みぶかんむけにっきしょう》』（京都大学所蔵）の弘安四年閏七月十一日条によると、去る一日夜元軍が大風に遭って大略漂没したとの鎮西飛脚《ちんぜいひきゃく》が九日に到来したので、上下大喜びである、と記している。次の十二日条にも、昨十一日夜鎮西飛脚が到来して、蒙古の賊は皆滅亡し、残るところの二千余人降人になったとの由、と記している。幕府は時宗が奉じた関東御教書《かんとうみぎょうしょ》で閏七月十一日、時宗の弟宗頼の子時業《ときなり》（兼時《かねとき》の初名）を播磨《はりま》に派遣し、賊船が山陽の海路に乱入してきたら播磨の御家人《ごけにん》を指揮して防戦するよう指令し、同日、武蔵《むさし》の御家人児玉《こだま》氏を安芸《あき》の所領に差し下し、賊船が門司《もじ》関に入ってきたら防戦するよう指令している。児玉氏はこれが機縁となって中国地方に住むようになり、のち毛利《もうり》氏の家臣となる。右の幕府の指令は、九州に次ぐ瀬戸内方面の第二段階の防御措置を示すものであろう。

第二回目の「異国征伐」

翌月の弘安四年八月、第二回目の「異国征伐」が計画された。少弐《しょうに》（武藤）経資《つねすけ》か大友頼泰《よりやす》を大将軍として三箇国（両氏の管轄国か）の御家人ならびに大和《やまと》、山城《やましろ》の悪徒五十六人を動員して高麗を討とうという計画である。畿内有力寺社の悪党《あくとう》関係の強訴《ごうそ》に悩まされていた幕府が、悪党対策と兵員不足の補充を兼ねて計画したものであろう。戦勝後の反撃に報復の気分もあろう。悪党問題という国内矛盾を外に転じようとしている点、建治段階の計画に共通している。

第二回「異国征伐」新史料の出現

右の事実は東大寺文書で知られていたことであるが、最近『山口県史』の史料調査で、下関市の西ふみ氏所蔵文書のなかから、この計画に関する直接史料が見いだされている。「高麗征伐」の兵船ならびに水手《かこ》のことを命じた弘安四年八月五日の幕命を六波羅探題が、同年八月十二日、備中国などに所領をもつ児玉党《こだまとう》の庄《しょう》四郎太郎入道に施行している文書と、「高麗征伐」の延期を命じた同年八月二十五日の幕命を六波羅探題が、同年九月五日、同人に施行している文書（ともに案文《あんもん》）である。戦勝直後にこの計画が立てられ、その範囲は山陽道にもおよぶものであったこと、延期のまま実行に至らなかったことが知られる。

同年九月十六日、六波羅探題《ろくはらたんだい》の北条時国《ときくに》は四か条からなる蒙古合戦後の事後処理を管轄下の豊後の御家人野上資直《のがみすけなお》に命じている。

賊船は退散したが、九州の武士たちの上洛、遠行を禁ずる、異国降人のことについては措置未定であるから、津泊往来の船を検分する（逃亡防止であろう）、わが国に初めて来る異国人は制止すること、蒙古警備や異国警固番役《いこくけいごばんやく》は怠りなく勤めること、以上である。

二　蒙古襲来の問題点

これまで蒙古使節の相次ぐ来日、第一次の文永《ぶんえい》十一年（一二七四）、第二次の弘安《こうあん》四年（一二八一）の蒙古合戦の経過などを、簡略に述べてきた。以下、これらの事柄の問題点について述べる。蒙古襲来の意義全般については、ここでは触れない。

元の日本遠征の理由

元が日本に交渉・遠征をした理由については第一次と第二次とでは、共通継続するものもあるが、異なる点もある。第一次は高麗支配の強化をあわせながら、日本と南宋の関係を絶ち切り、南宋を攻略する一環として行なわれた。第二次は、南宋の完全征服のもと、膨大な旧南宋軍事力を遠征に転用して統治の安定化をはかり、高麗支配のさらなる強化を背景に、使臣抑留（斬殺）を名目として日本の土地と人の略取をめざしたのである。高麗は王権の保持や倭寇《わこう》討伐の問題もあり、第一次の不本意な助征《じょせい》とは違い、第二次では積極的助征の姿勢をとっている。日本は、戦闘を属性とする武士を束ねる鎌倉幕府が、蒙古を侵略者とする認識のもとに第一次・第二次の段階共に武断的《ぶだんてき》対応をした。

元の日本遠征失敗の理由

江南軍総司令官范文虎とその妻の墓誌拓本

蒙古が国交上重視する使臣派遣の形式など、日本ではその認識はなかったようである。

蒙古の第一次遠征が不成功に終わった理由は、遠征達成の目標が、示威的効果程度を狙ったもので、完全征服を目指していたとは思われないこと、混成軍で指揮者間に確執があり、士気も低く、劣悪な造船条件で、蒙古軍の将士が渡洋遠征に不慣れであったことなどによる。さらに海の介在は元の両度の遠征を成功させなかった主因である。日本側の武士たちは、ともかく蒙古軍を撤退させるだけの力戦はしている。出陣には所領の保持・拡充の思いがあったことは弘安度も同じで、明治以後に言うような、すべてを愛国の観念で律することはできない。

それを高い戦力に束ねるのは指揮者の問題であるが、文永度は幕府―守護《しゅご》―御家人《ごけにん》の指揮系統が上下緊密であったとは言い難く、ことに現地の守護―御家人の間は不一致のこともあり、蒙古軍の兵器・集団戦法に悩まされた。日本側の武士がどの範囲・どの程度に動員されたのか、実態の細かい点は両度とも不明確で、その数など出陣・恩賞関係の史料などからある程度のことが推知されるぐらいである。

元の第二次遠征は、兵員から言えば、南宋の降伏兵からなる江南《こうなん》軍が主力であり、東《とう》路《ろ》軍のうちの高麗軍は被征服民といってよく、共に戦意は低かった。クビライは実際の戦略遂行は指揮官に一任していたが、諸将間の協力度はクビライの訓示に添うものではなかった。江南軍の船舶数は三千五百艘と数多いが、転用船も少なからずあったろうし、南宋の造船・航海技術は高度だといわれているが、江南の戦船は作りは大きいがこわれやすいと書いている史料もある。第二次ではとくに東路、江南両軍の連絡が悪く、作戦の拙劣さが目立つ。海上輸送に関する劣悪な条件は第一次のとき以上であり、補給の継続的計画も定かでない屯田《とんでん》方式が成功するはずもなかった。江南軍の派遣は、元にとって、勝利を得ればよし、敗北して海の藻屑《もくず》となろうとも、おのずから膨大な降参軍人の処理がつく、というものであった。

日本側は建治《けんじ》年間に急速に防備体制を整えており、本所一円地《ほんじょいちえんち》の非御家人たちも動員体制に組み込み、防塁を築き、得宗《とくそう》権力のもと、守護—管内武士の応戦体制は、文永度とは見違えるばかりに再編強化されていた。後述するが、直接、得宗被官《ひかん》が戦場に派遣されて日本軍の督戦にあたり、元の集団戦法に対する一応の検討もなされ、水際で喰い止める作戦が練られていた。仮に元軍の上陸を許したとしても、十四万の軍少なしとしないが、継続的補給計画の不明な一回限りに近い、戦意・統制不十分の軍隊では、たどる運命はおのずから明らかである。「神風」はそれを早めに一挙に実現したと言える。

六波羅探題の役割

文永度・弘安度と実際の戦闘状態に入ると、六波羅探題《ろくはらたんだい》の役割の重要さが浮彫りにされた。九州からの戦況報告の受理と鎌倉への伝達、鎌倉からの幕命を受けての九州への指令、九州、瀬戸内に続く首都京都の防衛措置など、それである。いわば日常的な主務である西国の裁判処理、朝廷との交渉・連絡などをあわせてのことである。表面に立ったのは、弘安四年四十歳の北方北条時村と、弘安七年二十二歳誅殺説に従えば、弘安四年十九歳の南方北条時国《ときくに》である。もとより幕府、六波羅評定《ひょうじょう》衆《しゅう》などの強い支持があったろう。

守護の役割

弘安度の蒙古合戦では、現地の指揮者である守護の活動が目につく。従来からの武藤経資《つねすけ》、大友頼泰《よりやす》に加えて、薩摩守護《さつましゅご》島津久経《しまづひさつね》と肥後守護代《ひごしゅごだい》安達盛宗《あだちもりむね》が戦場で指揮をとっている。『蒙古襲来絵詞《もうこしゅうらいえことば》』絵十五に見える「薩摩国守護下野守久親」は久経のことであろう。盛宗は安達泰盛《やすもり》の子で、『蒙古襲来絵詞』の詞十一・十四、絵二十一に見え、直接指揮をとり、軍功の検分をしている。前述の建治《けんじ》元年（一二七五）末ごろの守護交代を機とする、父泰盛の指示による、いわば指令部からの直接派遣である。

時宗の作戦指揮と得宗被官

弘安度の蒙古合戦で注目すべきは北条時宗の作戦指揮の問題である。臨戦下の幕命指示は、もとより時宗の名によるものである。文永九年二月、異国警固の指揮に得宗被官が派遣されたとみられるが、今回は、さらに明瞭となり、譜代《ふだい》の得宗被官合田《ごうだ》遠俊《とおとし》・安《あん》東重綱《どうしげつな》を関東御使《かんとうのおんつかい》として戦場に差し向け、前記守護たちと共に直接督戦にあたらせている。両人が時宗の意志を代行するものであることは言うまでもなく、時宗の作戦指揮の直接化と言ってよい。その様子が『蒙古襲来絵詞』に見える。福岡市「榊文書」の正《しょう》応《おう》二年（一二八九）三月十二日の蒙古合戦勲功賞配分状は検討を要する文書だと言われているが、榊氏が関東御使ならびに守護の命に従って今の長崎県松浦市星鹿《ほしか》から博多に向かい警固をしたと記されており、『蒙古襲来絵詞』の叙述と関連している。合田・安東両氏は関東の使者として京都との重要政務の連絡にあたっており、得宗被官としての活動が知られる。両氏の後裔と目される者が中世九州での事績をかなり残している。合田氏については合田昌文氏の詳細な著書『中世合田氏ノ跡』がある。

三　蒙古襲来と禅僧

北条時宗と蒙古襲来の関係で逸することができないのが、蘭渓道隆《らんけいどうりゅう》・大休正念《だいきゅうしょうねん》・無学祖元《むがくそげん》ら時宗を大檀那《だいだんな》とする渡来禅僧を介しての問題である。中国からの来日者や渡来禅僧たちは文句なくすべて大歓迎されたわけではなく、南北朝期の史料によるが、異類視され、蒙古の伴党視される向きもあったとみられる。現に蘭溪の甲斐遷居《かいせんきょ》は蒙古の間諜《かんちょう》という嫌疑によると言われている。蒙古の来襲は中国人を含めての来襲であり、とくに弘安《こうあん》四年（一二八一）は南宋人が主力であり、渡来禅僧たちの立場は微妙であったろう。しかし、時宗の蒙古襲来への対処にあたって、主として精神面に即するが、大休・無学の果たした役割は大きい。弘安四年の段階では二人共、事実上の亡命者である。

大休正念の垂示

大休が時宗に期待したものは、内は国の守護者となり、外は仏教を護ることで、蒙古襲来については、

巨敵を攘《はら》い、社稷《しゃしょく》（国家）を安んじて万世不抜の基いを立つるは、皆仏性《ぶっしょう》（仏となる可能性）を妙悟《みょうご》（本当に悟《さと》る）するの霊験なり、（『念大休禅師語録《ねんだいきゅうぜんじごろく》』法語）

と生死《しょうじ》一如《いちにょ》達観の立場から垂示している。時宗は大体の期待と垂示に見事に答えたのであり、したがって、大体は時宗の三十四年の生涯を、執権として功業を成しとげた、と高く評価する。

蒙古再襲と無学の時宗教導

無学祖元は故国で元《げん》の兵から斬られようとした体験をしており、宋朝禅僧としての民族的傾向は強く、無学禅特有の勇猛心をもって蒙古襲来に対応する時宗を鼓舞している。無学はその語録『仏光国師語録《ぶっこうこくしごろく》』の巻三に、

　弘安四年、虜兵百万、博多《はかた》に在るもほぼ意に介せず、毎月私を招いて、諸僧と禅の工夫に励んだ。

と記しており、夢窓疎石《むそうそせき》は足利直義《あしかがただよし》の問いに答えた『夢中問答《むちゅうもんどう》』でこのことを紹介している。『元亨釈書《げんこうしゃくしょ》』は、同年正月、無学が「煩悩《ぼんのう》することなかれ」（「莫煩悩《まくぼんのう》」）と書いて時宗に呈し、時宗からその意味を問われ、「春夏の間、博多はさわがしくなるだろうが、一風わずかに起こって万艦ほろびるだろう、あなたは意に介することはない」と答えた、と伝えている。

「莫煩悩」

「莫煩悩」は語録の第三に見える「莫妄想《まくもうぞう》」と同意である。時宗は無学に参じて精神の安定をはかり気力を充実させており、ありきたりの禅語でも豁然《かつぜん》として無上の指針となったのである。同時にそれは確かな大陸情報をもとにした教導で

あったようである。

一箭《いっせん》を発《おこ》さずして煙塵やみ、一刃に血ぬらずして天地清し、（『仏光国師語録』巻三）

というのが無学の理想であったが、時宗が諸経を血書して元の撃攘を願い、無学に説法を請うたとき、密教祈禱さながらに、

一句と一偈《げ》と、一字と一画と、悉《ことごと》く化して神兵となること、なお天帝釈《てんたいしゃく》とかの修《しゅ》羅《ら》と戦うが如し、この般若《はんにゃ》の力を念ずれば、皆勝捷《しょうしょう》（勝機）を獲《え》ん、（同前）

神兵と神風

と述べている。仏教の守護神である帝釈天が鬼神の阿修羅《あしゅら》と戦うように、血書の経文の一字一句が神兵と化して敵を倒す、ということである。これは日本の神が敵の神と戦って倒すという、当時の日本人の「神風」（「神軍」「神戦」）の考えと共通のものである。

『仏光国師語録』巻三には、時宗が『金光明経』を書写して亡者の冥福を祈っていることが見えるが、あるいは弘安四年蒙古合戦にかかわることかもしれない。時宗は後述のように、弘安五年に円覚寺《えんがくじ》を創建するが、同寺中に千体の地蔵菩薩像を安置し、無学が慶賛の法語を書いており、その末尾に、

彼我両軍戦死者の亡魂を弔う

前歳及び往古、此軍及び他軍、戦死と溺水と、万衆無帰の魂、ただ願はくば速やかに救抜《くばつ》（救済）し、皆苦界《くがい》（苦悩に満ちた世界）を超ゆることを得て、法界了《ほっかいりょう》（真理の世

界）に差《しゃ》無く、冤《おん》（怨）親《しん》悉く平等《びょうどう》ならんことを、（『仏光国師語録』巻四）と述べている。弘安四年蒙古合戦での日元両軍の戦死者・溺死者、敵味方平等に、そして広く亡者の魂が救われるよう願ったものである。円覚寺創建の主因を示すものである。

蒙古撃退の功を時宗に帰す

時宗の蒙古襲来への対応にあたってもっとも強く宗教的な鼓舞を与えたのは無学祖元である。それが時宗の応戦の心的基礎になっていることは否定できまい。無学は時宗の元軍撃退の功を語録の巻四に「一風に蛮煙《ばんえん》を掃蕩《そうとう》」したと高く称揚している。蒙古襲来撃退の功を時宗一身に帰する評価は近世から近代へと続いて行くが、その始源は大休・無学らの禅僧にある。

四　円覚寺の創建

時宗の禅宗文化受容の記念碑

鎌倉市山ノ内に臨済宗円覚寺《えんがくじ》派大本山瑞鹿《ずいろく》山円覚寺が、七百年を超える歴史を背負って建っている。開山は無学祖元、開基は北条時宗である。円覚寺開創の意義を時宗に即して考えると、時宗の参禅修学の禅寺創建としての具現化、時宗の禅宗文化受容の記念碑、蒙古合戦の一つの宗教的決算、と言ったところにあるのではなかろうか。開創の経

円覚寺山門（鎌倉市山ノ内）

緯をみて、そのあたりの事情を探ってみよう。円覚寺史については、昭和三十一年（一九五六）刊行の『鎌倉市史』史料編第二に「円覚寺文書」を収め、昭和三十四年刊行の『鎌倉市史』社寺編に要を得た説明があり、昭和三十九年発行の『円覚寺史』の玉村竹二氏執筆分は詳細、適確、定本と言ってよい。そのほか、昭和三十二年、彰国社刊行の太田博太郎『中世の建築』、堀田璋左右・貫達人氏をはじめとする円覚寺領に関する諸論文などがある。以下の叙述はそれらを参考としている。

円覚寺創建の要因

円覚寺の創建にはいくつかの要因が考えられる。第一に、時宗の頭には父時頼《ときより》の建長寺《けんちょうじ》創建という直接の先例があったろう。その点、後述の「円覚寺文書」弘安六年七月の時宗申文などが参考史料となる。時宗は蘭溪道隆《らんけいどうりゅう》を開山として一寺を建立しようとして、道隆の指示する土地を掘ったところ、『円覚経《えんがくきょう》』を納めた石櫃《いしびつ》が出土し、これにちなんで新寺を円覚寺と名づけることにした、という所伝がある。次に、無学の語録の巻八に無学が望郷帰国の思いを述べた偈頌《げじゅ》があるところから、時宗がそれを止めようとして新寺建立を発起したという意見がある。まったく否定はできないが、その偈頌の年次も確定できないし、今はそのようなことも考えられる、としておこう。

第三に、円覚寺落成に際して、時宗が地蔵菩薩《じぞうぼさつ》一千体を造立し、無学を請《しょう》じて供養した折の無学の法語（『仏光国師語録』巻四、前引）の末尾を根拠とする意見がある。それは、地蔵菩薩の霊威を顕揚《けんよう》し、我が国の安泰隆昌を祈り、蒙古合戦における彼我《ひが》両軍戦没者の霊を平等に弔う、という内容である。所拠も確かだし、創建の全面的な理由ではなくとも、基本的な理由ではあろう。第一・第三を合わせたあたりが、創建の理由として考えられよう。弘安《こうあん》五年（一二八二）十二月八日、釈迦成道《じょうどう》（開悟）の日、伽藍《がらん》は未完成ながら、中心になる仏殿（大光明殿《だいこうみょうでん》）ができたので無学は入寺した。建長寺住持は兼帯している。

円覚寺は中国の径山《きんざん》（浙江省杭州府）を模した左右対称の宋風の伽藍《がらん》配置で、円覚興聖《こうしょう》禅寺という四字の寺号も宋朝禅林の模倣であり、興聖の号は無学が学んだ径山の「興聖万寿禅寺」からとったものであろうと言われている。本尊は『華厳経《けごんきょう》』の教主毘盧那《びるしゃな》仏《ぶつ》であり、諸尊は『円覚経』に拠っている。初期の円覚寺は『華厳経』を根底にし『円覚経』を付加していたのであり、これは中国禅宗の伝統を受けついでのものである。

円覚寺領と時宗

円覚寺の経済的基礎をなす寺領について、「円覚寺文書」に拠りながら、簡単にふれておこう。弘安六年三月二十五日、時宗は尾張国富田庄《おわりのくにとみたのしょう》を円覚寺に寄進し、評定衆《ひょうじょうしゅう》で得宗被官の佐藤業連《なりつら》の奉ずる時宗袖加判《そでかはん》（文書本文の袖に花押《かおう》をした）奉書で、同寺奉行人に、実検使を派遣し、公私の取り分を調査するように命じた。そして同年七月十六日、幕府は、時宗の申請をうけ、関東下知状《かんとうげちじょう》で、円覚寺を将軍家御祈禱所（関東祈禱所）とし、尾張国富田庄およびそれに隣接する富吉加納《とみよしかのう》と、上総国畔蒜南庄《かずさのくにあびるみなみのしょう》のうちの亀山郷を同寺に寄進した。そこで時宗は、無学祖元にあてて次の書状（副状《そえじょう》）で寺領寄進の旨を伝えた。これは寺内では「法光寺殿《(時宗)》自筆御書」として伝えられている。

> 円覚寺を以て、将軍家御祈禱所に申しなし候。よって御教書《みぎょうしょ》これを進《まい》らす。食輪《じきりん》すでに転ぜり。法輪も常に転じて、必ず竜葩《りゅうは》の期《ご》に及ばん。感悦の至り、謝するところを知らず、委細面拝を期《ご》す。恐惶謹言《きょうこうきんげん》。

（弘安六年）七月十八日　　　時宗

円覚寺方丈侍者

その文意は、

円覚寺を将軍家の安泰・繁栄を祈る御祈禱所とすることを申請して許可されました。その旨を記した御教書《みぎょうしょ》（前述の関東下知状）をそちらに進呈します。寺領寄進の公認により円覚寺の経済的基盤は固まり（「食輪すでに輪ぜり」）、法門の修行も常に行なわれ、寺の繁栄は弥勒《みろく》菩薩出現の遠い未来にまで及ぶでしょう（「必ず竜葩の期に及ばん」）。悦びの至り、感謝の言葉もありません。くわしくはお目にかかって申し上げます。

というものである。「円覚寺文書」のなかには、右の時宗の申請状（同年七月日時宗申文）が伝えられている。

三月二十五日の得宗時宗の寺領寄進のあと、時宗の申請に応じ、七月十六日に将軍の寄進が重ねて行なわれていることについて、小田雄三氏は論文「鎌倉時代の尾張国富田庄について」（『年報中世史研究』一四）のなかで、富田庄以下三か所が関東御領（将軍家の直領）であったからではないか、としている。七月十八日の時宗書状に対して、その日、無学は時宗に自筆の礼状を出し「このような寺領寄進は、国家（皇室）、大将軍（惟康《これやす》）、太守（時宗）が永遠に栄える基であり、将来成仏《じょうぶつ》の因縁になるでしょう」と述べている。この礼状は重要文化財であるが、差出者側である円覚寺に伝来していることについて、玉村竹二氏は自筆の控だからだ、という考証を『日本禅宗史論集』で行なっている。

無学の語録巻四に収める「荘田《しょうでん》の文字に接せし普説」は、以上の寺領寄進を受けたとき円覚寺の大衆に示した法語である。獅子児が壁立万仭《ばんじん》の高さから突きおとされてもなお哮吼《こうこう》（ほえる）するような修行者が出れば、引きとめる弟子たちを振り切って来日した甲斐があるし、檀那（時宗）の円覚寺建立の志にこたえて勇猛精進するように、と強く厳しく促したものである。

円覚寺の経済

「円覚寺文書」に収める弘安六年九月二十七日の「円覚寺年中寺用米注進状」と「円覚寺米銭納下帳」は円覚寺が一年間に費消する米の予算案と決算報告で、創建当初の規模や収取内容を示す史料である。前者の袖には無学の花押があり（後者は前欠であるが同様であったろう）、両者ともに日付けのあとに「相模守（花押）」という時宗の署判がある。寺の人員は計二百六十八人、寺用米は計一千三百七十四石七斗（年貢米収入は一千五百六十九石八斗）、銭一千七百四十五貫文（年貢銭収入一千五百七十五貫四百五十一文）であった。

関東祈禱所の意義

ここで得宗の私寺円覚寺が得宗時宗の申請によって関東祈禱所になっている意味を述

べておかねばならない。鎌倉期の関東祈禱寺の多くは律宗《りっしゅう》・真言宗《しんごんしゅう》で臨済宗《りんざいしゅう》寺院はわずかである。時宗の子貞時《さだとき》の申請で円覚寺が定額寺《じょうがく》（官寺に準ずる特定寺院）になったことを示す「円覚寺文書」延慶《えんぎょう》元年（一三〇八）十二月二十二日の太政官符《だじょうかんぷ》に、円覚寺は「将軍家に奉進して御願寺」とした寺院であると述べているように、得宗時宗が将軍家の安泰・繁栄を祈る寺院として「奉進」した寺である。しかし前引の「円覚寺文書」の「年中寺用米注進状」や「米銭納下帳」に見られるように、実際には時宗の掌握下にあり、そのような形で貞時《さだとき》、高時《たかとき》と三代にわたり保護、統制されている。したがって円覚寺領も広い意味での得宗領と言ってよい。円覚寺は、得宗私寺の実質を保ちながら、将軍という名の「公」的外皮を借りたのである。そこには宋朝禅の影響があり、将軍を名目上推戴せねばならない得宗の政治的立場を宗教的に表現しているとも、得宗権力が宗教的に限界づけられているとも言えよう。

時宗の禅文化受容にかかわる諸問題は、円覚寺創建に集約されていると言ってよい、同寺創建は、父時頼の建長寺創建に続き、得宗主導による鎌倉文化の形成を象徴するものである。

第十二　終　焉

一　時宗と和歌

いよいよ北条時宗伝の最後の段階にきたので、これまでわずかしか触れなかった時宗の文事について、和歌・漢詩文を中心にまとめておこう。時宗は、隆盛を誇った将軍宗《むね》尊《たか》を中心とする幕府《ばくふ》歌壇《かだん》に積極的に参加した気配はなく、御所勤務などでその雰囲気のなかにいた、という程度である。しかし、中世和歌史のうえでは知られている時宗関係の一事例がある。

実時の和歌関係事績

時宗の和歌について云々するときは、まずは少年のときから政教にわたって教導を受けていた北条（金沢）実時《さねとき》からの影響如何を、検討せねばなるまい。しかし直接の史料を見いだすことはできない。実時が和漢の典籍を収集し、書写、校合《きようごう》に努めたことはよく知られている。また日本の古典関係としては、詠歌を含め、岳父《がくふ》である伯父政村《まさむら》からの影響も考えられる。実時は正嘉《しょうか》二年（一二五八）源《みなもとの》親行《ちかゆき》の河内本《かわちぼん》『源氏物語』を書写しており、没後その写本は実時夫人に伝えられ、それがさらに北条氏一門に書写されていることが「金沢文庫古文書」一〇三三号金沢貞顕《さだあき》書状で知られる。『源氏物語』の諸注を集成した『異本紫明抄《いほんしめいしょう》』の編者を実時に擬する人もある。時宗は、このような実時の日本古典の書写などを、おそらくは見聞きしていたろう。

「『現存三十六人詩歌』屏風」を作らせる

北条氏一門をはじめ鎌倉期武家歌人の詠歌は、勅撰集《ちょくせんしゅう》その他数多く残っている。ただ勅撰集では得宗《とくそう》の入集は泰時《やすとき》と貞時《さだとき》だけで、時頼《ときより》・時宗の入集は見られない。両人の文事の傾向が知られよう。時宗の文芸関係の文事は主として漢詩文の世界に嗜好《しこう》があったようであるが、和歌関係にまったく無関心であったのではない。その実例として、建《けん》治《じ》二年（一二七六）閏三月、時宗が作らせた「『現存三十六人詩歌《しいか》』屏風《びょうぶ》」があり、『群書類《ぐんしょるい》従《じゅう》』などに収められている。ときあたかも幕府は異国警固《いこくけいご》の強化に大わらわで、九州の現地では「異国征伐」計画の推進、石築地《いしついじ》（元寇防塁）の築造・警備と、まさに騒然としていたときである。

同詩歌屏風は、絵を入道藤原伊信《これのぶ》に描かせ、詩を日野資宣《すけのぶ》に、和歌を真観《しんかん》（葉室光俊《はむろみつとし》）に選ばせて色紙形《しきしがた》（色紙の形に切って貼った紙）に、当世の能書家《のうしょか》をもって書かせたものである。甲乙丙丁の四帖からなり、各帖詩歌おのおの九首、七言二句の詩と和歌を交互に配列している。詩歌は計七十二首におよぶが、詩歌合《しいかあわせ》ではない。詩歌の題はまちまちで、各帖のまとまりはない。三十六歌仙にちなみ、和歌の三十六人撰に、漢詩人を加えたところが特色である。

所収の詩歌は当代の貴族・高僧・一流の詩歌人の作である。赤羽学氏が同詩歌を収める『岡山大学国文学資料叢書』三の解題で述べているように、当時の権門《けんもん》・名門に対しては、洩れなく作者を求め、巧みにバランスをとっている。和歌三十六首中二十二首までが勅撰集と一致し、『群書解題』によれば、文永《ぶんえい》七年（一二七〇）閏九月の内裏《だいり》三首歌ごろまでの歌を含んでいるという。

絵を描いた藤原伊信（法名は寂明《じゃくみょう》、父は為継《ためつぐ》）の祖父は似絵《にせえ》（肖像画）の名手として知られる信実《のぶざね》である。子の為信《ためのぶ》は関東に下っており、関東の絵画（似絵）を考えるとき見すごしてはなるまい。伊信は屏風詩歌に自らの姿を描き和歌を入れている。日本画家の辞書として知られる『古画備考』は「和歌を善《よ》くし画に工《たく》み」であったと記している。この屏風詩歌には安嘉門院右衛門佐《あんかもんいんうえもんのすけ》（阿仏尼《あぶつに》）をはじめ七名の女性歌人が入れられており、藻璧門院《そうへきもんいん》少将と弁内侍《べんのないし》は信実の娘であり、鷹司院帥《たかつかさいんのそち》は和歌の撰者真観の娘である。

阿仏尼の像

阿仏尼が描かれていたことも興味深いが、宮島新一氏の同詩歌についての考察を参考にして言えば、この屏風絵は女性歌仙絵つまり女性肖像画の歴史のうえからも注目すべき事例である（『肖像画』）。女性歌人を入れたのは、結局は時宗の判断によるものであり、彼女たちが詠歌に優れていること、貴族文化の代弁者でもあることによろうが、仏教（禅）の平等思想の影響も考えられるように思う。

和歌の撰者真観

詩の撰者日《ひ》野《の》資宣《すけのぶ》は家光の子、当時歌人として知られていたが、漢詩にも長じていた。この屏風詩歌にも「閑居偶吟《かんきょぐうぎん》」と題する詩を入れている。和歌の撰者真観《しんかん》は葉室光親《はむろみつちか》の子、承久《じょうきゅう》の乱《らん》で父の罪に座して筑紫に配流されている。反御子左《みこひだり》派の歌人として活躍し、将軍宗尊の歌道師範として歌壇に勢威をふるったが、宗尊が追放されると勢力を失なった。しかし建治元年（一二七五）藤原為家《ためいえ》が没すると歌壇に返り咲いている。真観のこの屏風詩歌の和歌撰出は最後の公式雅事で、撰出の三か月後の建治二年六月九日に没している。

時宗が、追放した宗尊の歌道師範であった真観に和歌を撰出させ、いわば再登用したのは、真観が為家なきあとの中央歌壇における最長老であったからであろうが、文永十一年に宗尊が死去しており、時宗に宗尊への追懐の思いが潜在していたからかもしれない。宗尊の儒学の師であった藤原茂範《しげのり》がこの詩歌に詩を撰入されていることも見逃せない。時宗誕生の折に祈禱をした園城寺長吏隆弁《おんじょうじちょうりりゅうべん》も健在で、和歌を入れている。

「『現存三十六人詩歌』屛風」は当時現存の詩人・歌人をおおむね網羅した作品であるが、武家歌人は入れていない。当時行なわれていた禁中詩歌御会などが背景にあろう。この詩歌屛風は詩歌を中心にした当代貴族文化の簡約版とも言える。それは時宗の製作目的と関係するものであって、すでに言われているように、皇族将軍惟康《これやす》の身辺を飾るべく調進したと見なしうる可能性は大きい。

詩歌屛風は将軍惟康のために作進

この詩歌屛風は時宗の詩歌についての好尚と離れたものではないが、時宗の和歌関係のほとんど唯一と言ってよい資料である。和歌だけでないところが時宗の好みを示している。和歌の撰者真観が時宗十歳の文応《ぶんおう》元年（一二六〇）に執筆し詠歌の手引書として将軍宗尊に献じた歌論書《かろんしょ》『簸河上《ひのかわかみ》』に言う「たけたかく遠白き」（雄大で気高く奥深い）風体、「幽玄なる歌」を究極とする主張を、時宗は知らぬではなかったろう。

二　時宗と漢詩文

文学面で時宗が父から継承したもの

北条時宗の文事は、漢詩文を主としていた。それは、中国系学芸を表とする貴族知識人に準じての武家権門教養人としてのありようであったろう。現在の関係史料の残り具合からは、時宗にとって、和歌関係などは、文事としては二次的であったとみられる。時宗の中国系学芸の受容は、主として金沢実時《さねとき》や禅僧、ことに大休正念《だいきゅうしょうねん》や無学祖元《むがくそげん》の導きによるところが大きかった。時宗の漢詩文享受を考えるとき、まず、もっとも身近な、父時頼《ときより》の存在は見逃せない。その好例が、平安後期藤原明衡《あきひら》によって編まれた『本《ほん》朝文粋《ちょうもんずい》』十四巻の相伝《そうでん》関係である。

『本朝文粋』の継承

同書は嵯峨天皇《さがてんのう》から後一条《ごいちじょう》天皇に至る十七代二百余年間にわたる日本の約七十人の漢詩文四百二十七編を分類編集した詞華集《しかしゅう》で、後代文学に及ぼした影響は広範囲である。『本朝文粋』の諸伝本のうち流布本の原本と言われるのが身延山久遠寺《みのぶさんくおんじ》（山梨県）に蔵されている巻子本《かんすぼん》（巻物）であり、完本に近い十三巻（巻一欠）が残る唯一の古写本で、重要文化財に指定されている。各巻末には清原教隆《きよはらのりたか》（一一九九〜一二六五）の加点《かてん》（読解を助けるための符号類を記入すること）を示す奥書がある（巻五・九欠）。それらによると、最明寺《さいみょうじ》禅門《ぜんもん》北条時頼が故清原教隆に命じて加点させた相州《そうしゅう》（北条時宗）本を文永《ぶんえい》六年（一二六九）から同八年にかけて書写し、さらにそれを六年後の建治二年に鎌倉二階堂杉谷《にかいどうすぎがや》で書写した（巻十三奥書）もので、親本は金沢文庫本だと言われている（この身延本は、巻一を同系統の静嘉堂文庫《せいかどうぶんこ》本で補った複製本が汲古書院から刊行されている）。清原教隆の加点はおそらくその鎌倉在住中であろう（近藤喜博「身延本「本朝文粋」に関する二三の所見」『日本歴史』九五号）。

ともあれ時宗は父時頼から『本朝文粋』を相伝していたのである。時頼の卒去（一二六三年）以前、時宗の十歳前後のことであろう。時頼は清原教隆加点の『本朝文粋』を読んで平安期の漢詩文に親しんだと思われ、時宗もまた同様であったろう。清原教隆は明《みょう》経道《ぎょうどう》を家学とする清原氏の傍流で、金沢実時の支持を受けていたが、引付衆《ひきつけしゅう》つまり京下りの幕府吏僚として時頼とは密接な間柄であった。想像にすぎないが、時頼・時宗は同書からとくに政治向きの実用的文例を学んだかもしれない。

『本朝続文粋』の継承

時宗は『本朝文粋』のあとを継いで続撰された『本朝続文粋《ぞくもんずい》』を持っていた。同書は平安末期に成立し、撰者は未詳、十三巻、後一条《ごいちじょう》天皇から崇徳《すとく》天皇に至る約百二十年間の四十人の作品を分類編集した漢詩文集である。金沢文庫旧蔵の内閣文庫本十三巻は

時宗の中国学芸受容の環境

最古の写本で重要文化財に指定されている。各巻末の奥書によると、文永九年、金沢実時が時宗の所持本によって書写し、大内《だいない》記《き》広範《ひろのり》の本で点を移したものである。前述の『本朝文粋』に続いての書写である。『本朝文粋』同様、時宗が時頼から相伝していたものではないかと推察されている。『本朝続文粋』は『本朝文粋』の格調に及ばず、広く流布もしなかったようであるが、作者は紀《き》伝道《でんどう》の学者が中心をなし、『本朝文粋』以後平安末期までの重要な漢詩文を収めていて平安期の思想、文学を知るうえで貴重である。時宗が『本朝文粋』とともにどの程度まで読み込んでいたかなどはわからないが、単なる所持本に終わってはいないと思われる。

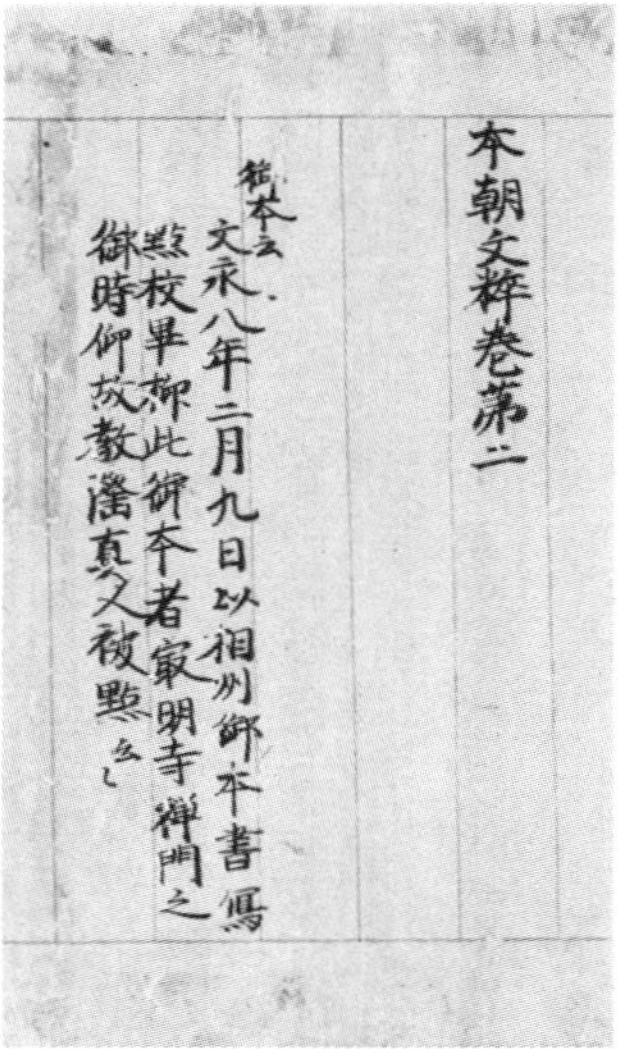
本朝文粋巻第二
摺本云 文永八年二月九日以相州御本書写
点校畢抑此御本者最明寺禅門之
御時御点教隆真人被点云々

『本朝文粋』（身延山久遠寺所蔵）

北条時頼は幕府文教の推進につとめ、将軍頼嗣《よりつぐ》の近習《きんじゅ》には和漢の才芸に秀でた者をあて、文武両道の稽古をすすめ、帝王学の教本『貞観政要《じょうがんせいよう》』を献じている。将軍宗尊《むねたか》に対しても基本的には同様であった。北条氏一門も実時以外に業時《なりとき》・時広《ときひろ》・篤時《あつとき》など中国学芸の心得があり、業時や時広などは、中国学芸の将軍進講の座につらなっていた。後嵯峨上皇《ごさがじょうこう》から派遣されて宗尊の儒学の師となった藤原茂範《しげのり》は、中国通史を編年的に述べた説話『唐鏡《からかがみ》』の作者で、時宗の「『現存三十六人詩歌』屏風」企画の発想に茂範の影響を考えてもよいのではないかと想像している。幕府評定《ひょうじょう》衆《しゅう》の中原師員《なかはらもろかず》・師連《もろつら》父子、引付衆《ひきつけしゅう》の清原教隆らは儒家出身であった。これが時宗の中国学芸受容の環境である。それに父時頼の積極的な禅宗移入があり、禅宗を引綱とする中国文化の移入がみられ、時宗は、ことに大休正念・無学祖元から大きな影響を受けた。

史料的には、つまり両者の語録からは、文学的交流の事実は大休を主としているが、無学の語録は「語録中の語録」と言われ、宗教詩文として高い達成度を示し、その詩文は当代でも評価を受けていた。その詩観は蔭木英雄氏が述べているように、自己の心に詩を求め、表現と内容の統一をはかるものであった（『五山詩史の研究』）。宋代詩論を土台としていたものとみられる。時宗は無学祖元から文字禅《もじぜん》の放却を説示されたが、無学の時宗への文学的影響は、精神の根底に及ぶものであったろう。蔭木英雄氏は大休正念と無学祖元を五山文学《ござんぶんがく》の源流と評価する。

大休が時宗の折々の問法、贈物に即して詩頌《しじゅ》をもって応答説明していたことは、大休のその項で一応述べているが、以下少し付加して、時宗の漢詩文についての習学、力《りき》倆《りょう》などについて述べておこう。

大休の語録の偈頌《げじゅ》雑題には「守殿《(時宗)》府中雪韵に賦す」「雪に賦し檀那守殿に呈す」があり、大休と時宗両者の文学的雅交はかなり頻繁であったらしい。大休は来日後、鎌倉の禅興寺《ぜんこうじ》にいたとき時宗に讃《さん》（偈頌《げじゅ》を書くこと）を請うている（「大休和尚自讃」）。時宗の二十歳代前半のことである。さらにまた偈頌雑題では、大休が自分の語録を開版しようとしたとき、序文を道交のある禅僧には依頼せず、時宗に請うていることが知られる。大休は「君が妙筆を憑《たの》んで、春風を判ぜん」と記している。時宗が大檀那《だいだんな》であったからばかりではなかろう。時宗は序文を作るに至らずして死去し、大休は自ら序文を書いて時宗への序文依頼を追懐している。時宗の卒去に近い頃のことであろう。

梅峰の号と唱和の頌

同じく偈頌雑題では、時宗が梅峰《ばいほう》と号して、頌を賦《ふ》し、その頌に対してその道の雅友たちが唱和の頌を作り、一軸に仕立たうえに大休が跋文《ばつぶん》を加えていることが知られる。時宗の晩年、大休が鎌倉の寿福寺《じゅふくじ》に蔵六庵《ぞうろくあん》を営んだとき、時宗に庵室の額字の揮毫《きごう》を頼んでいる（偈頌雑題）。大休は時宗の書を良しとしていたから頼んだのであろう。

金沢文庫にかかわる諸研究を通して鎌倉文化研究に大きな業績を残した関靖（一八七七

〜一九五八）が、昭和十七年（一九四二）刊行の著書『国難と北条時宗』（長谷川書房）や翌年の『書物展望』十三巻一号に書いた「文人としての北条時宗」で、大休語録の偈頌雑題に、時宗が唐の白居易《はくきょい》（白楽天、七七二〜八四六）の長篇の詩を大休に示し、韻に和することを請うているのを紹介し、その長篇の詩が『白楽天詩集』巻六に収める五言三十六句の「杓直《ひょうちょく》に贈る」であることを論証している。時宗が白居易の詩を愛誦していたことが知られるが、この長篇の何を好んだのであろうか。この詩は白居易が儒教から老荘《ろうそう》への思想や遍歴を経て仏教への関心が深まっていた（「廻《めぐ》りて南宗禅《なんしゅうぜん》に向かう」）ときの作である（花房英樹『白楽天』）。白居易の詩は仏教に即して日本人に愛好されているが、時宗の白居易詩の愛好もその外にあるものではあるまい。なお、時宗が持っていた『本朝続文粋』巻十二には藤《ふじ》原敦光《わらあつみつ》の「白居易祭文」があるのに注意しておこう。

時宗の白居易愛好

時宗関係の人物と白居易との関係について一言しておこう。金沢実時が白居易を愛好したことはよく知られており、『白氏文集《はくしもんじゅう》』から政務の参考となるような詩文を抽出した『管見抄《かんけんしょう》』は、実時が中心になって作られたものではないかという。白居易の政治的側面からの受容もふくめ、時宗の白詩愛好に実時の影響があったことは確かであろう。大休語録の仏祖讃頌に「白楽天」があり、時宗の白詩愛好が大休によってさらに強められた証《あかし》ともなろう。無学祖元は弘安《こうあん》七年（一二八四）六月十六日の筆者不詳の「白楽天図」に白居易を蘇東坡《そとうば》、陶淵明《とうえんめい》と並称した賛を加えており（『禅林画賛』）、『仏光国師語録《ぶっこうこくしごろく》』巻八に収める。大休語録の仏祖讃頌には「陶淵明」があり、その他の箇所でも陶淵明に言及している。大休や無学による陶淵明の推称の紹介は日本の中国文芸移入の歴史上注目されるが、時宗にとっても、いわば伝統的な白居易愛好に陶詩の深みを加えることになったのではなかろうか。

三弟の死

北条時輔《ときすけ》は別として、時宗の兄弟で、時宗の死去以前に死去していることがわかるのは七郎宗頼《むねより》と四郎宗政《むねまさ》である。

宗頼、卒去

宗頼は異国警固のためにおもむいていた長門国《ながとのくに》で弘安《こうあん》二年（一二七九）六月に死去した。死去の日は野津本《のづぽん》「北条系図」では四日、「関東開闢《かいびゃく》皇代并年代記」は五日とする。大休正念の語録には時宗が宗頼の三年忌供養を営んだことが見える。宗頼は兄時宗ともども大休に帰依《きえ》していたのであろう。宗頼の所領関係としては、文永《ぶんえい》三年（一二六六）九月、肥後《ひご》

宗頼と異国警固

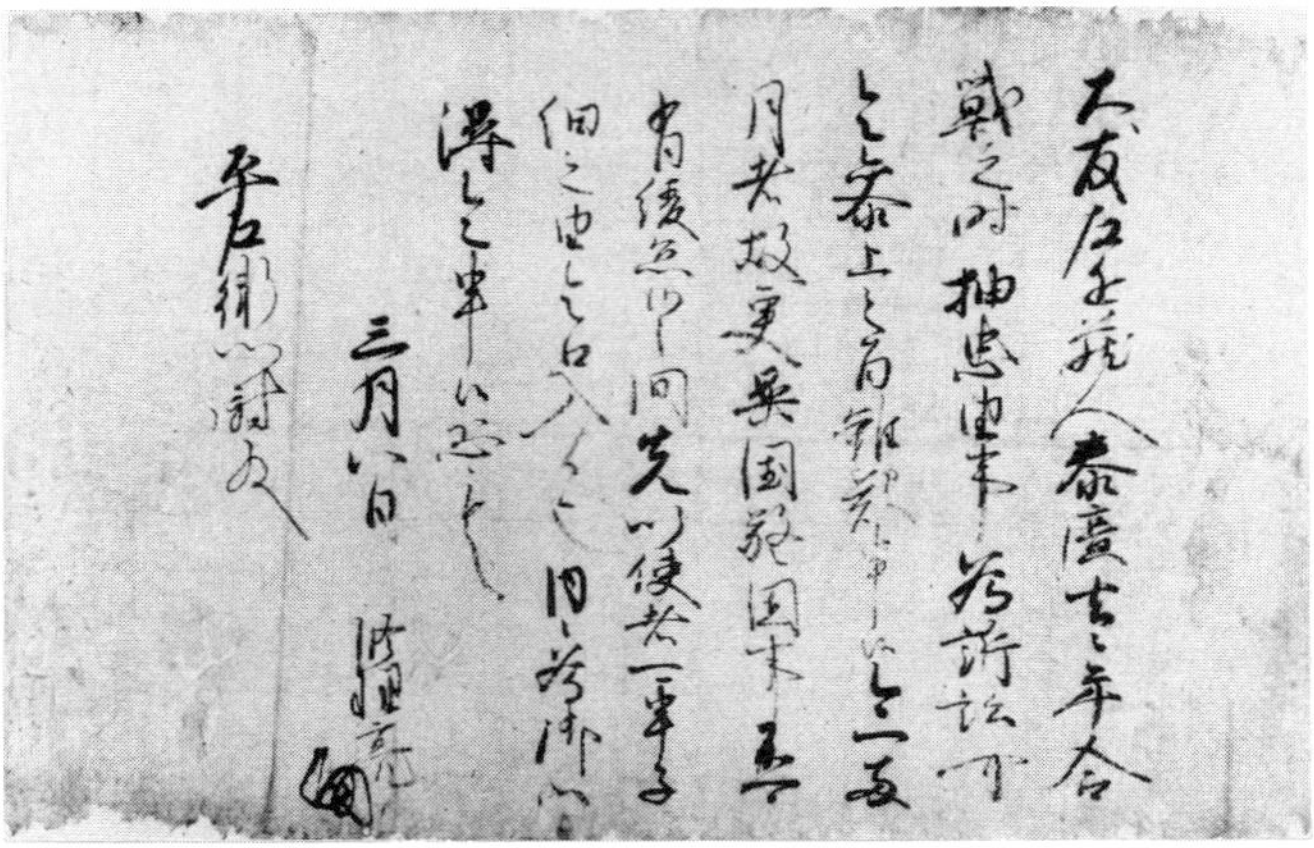

北条宗頼書状（「日名子文書」『国威宣揚元寇展図録』より）

の健軍《けんぐん》社大宮司職《しき》を津屋惟盛《つやこれもり》に安堵《あんど》したこと、同九年五月、肥後の甲佐《こうさ》社内阿蘇《あそ》社殿の造営で同国砥用《ともち》小北の沙汰《さた》を代官に命じたこと、同十一年五月、甲佐社中司安東尊心《あんどうそんしん》の訴えにより阿蘇社殿造営を進めるよう重ねて代官に命じていること、などが「阿蘇文書」で知られる。健軍・甲佐両社は共に阿蘇社の末社で、代々北条氏一門領である。

宗頼の事績のうちもっとも注目すべきことは、建治《けんじ》二年（一二七六）正月、長門守護《しゅご》として赴任し、周防《すおう》守護を兼ねたことである。得宗の近親者が直接守護管国におもむくのははじめてであり、両国守護兼帯のはじめでもある。両国の異国警固に占める重要性を考えた時宗は、弟を、いわば自分の代わりとして派遣したのである。建治二年三月、修理亮《しゅりのすけ》宗頼は豊後《ぶんご》国御家人大友《おおとも》(田原)泰《やす》広《ひろ》(能直《よしなお》の庶子)が文永十一年蒙古《もうこ》合戦の軍忠《ぐんちゅう》に関して上訴しようとしたのを、異国警固が大事であるから、まず使者をもって事情を述べるべきだ、と取り計らった旨を、得宗《とくそう》家執事《けしつじ》の平頼綱《たいらのよりつな》に報じている。周防・長門関係でなく豊後関係であるのは、宗頼の妻が豊後守護大友頼泰《よりやす》(泰広の甥)の娘だからかもしれない(湯山学『鎌倉北条氏と鎌倉山ノ内』)。建治三年正月、修理権亮宗頼は長門国の御家人光富氏久《みつとみうじひさ》らと河田谷政行との所領相論の裁決をしているが、長門守護としての宗頼の活動を示す事例である。なお、宗頼は引付衆にも評定衆にもなっていない。

　宗頼の子息としては兼時《かねとき》・宗方《むねかた》がいる。兼時は父のあとをうけて長門・周防守護となり、得宗分国《ぶんこく》播磨《はりま》・摂津《せっつ》の守護《しゅご》時宗の名代《みょうだい》を経て六波羅探題《ろくはらたんだい》となり、さらに初代の鎮《ちん》西探題《ぜいたんだい》と言われるような活動をしている。宗方は嘉元《かげん》の乱で誅殺される。時宗は、宗頼・兼時父子に異国警固の面で強く期待していたのであり、宗頼はまさに異国警固に死す、という趣である。宗頼の没年齢など不詳の点があるが、輩行《はいこう》順に従って時宗の弟としておく。

宗政、卒去

　弘安四年八月九日、鎌倉が蒙古合戦の相次ぐ勝報に沸いていたとき、時宗の弟、宗政

が卒去した。享年二十九。法名は道明《どうみょう》。「金沢文庫古文書」四三三七号の氏名未詳書状には、宗政の死について、

いまにはじめ候はぬよのならひも、いまさら心うく《憂》ゝちをしく《口惜》候て(前後略)、

と記しており、同四三四二号氏名未詳書状には、

むさしのかうの殿《武蔵守殿宗政》の御事、うけ給候しのちは、おほかたのあさましく、おもひまいらせ候ことも、申ばかりさふらはぬうゐ、いか程の御心のうちにて候らむ、

時宗の痛嘆

と記し、痛嘆している。とくに四三四〇号氏名未詳書状には、

□がみのかうの殿《相模守時宗》も、なのめならぬ御なげきにて候、御心やうもありがたきためしにて、わたらせをはしまし候、よの中にも、人々おほかたをしみかなしませ候につけ候て(下略)、

と、時宗の悲嘆の深さを伝えている。宗頼の死についても悲しんだことであろう。時宗の父母思いは禅僧らが称揚しているが、兄の時輔《ときすけ》はともかく、弟の宗政・宗頼への思いは深かった。宗政・宗頼も兄時宗思いであったろう。前引四三四二号は、多くの人が宗

宗政の人となり

政の人柄をたたえ、その死を惜しみ悲しんだことを伝えている。かつては「家務ことに無行」(『吾妻鏡』文永三年三月二十七日)といわれたことがあるが、無学祖元の『仏光国師語《ぶっこうこくしご》

録《ろく》』巻四に収める宗政葬儀のときの法語には、「学道は宮城《きゅうじょう》を守るようで、人柄は温良恭倹、権勢ぶらず、善政に心掛け、おごり怠けることがない」という意味のことを述べている。

弘安四年八月十四日の鶴岡八幡宮《つるがおかはちまんぐう》の遷宮は、宗政の死によって延期された（『鶴岡八幡宮年表』）。『念大休禅師語録《ねんだいきゅうぜんじごろく》』には、宗政の百か日・一周忌・三周忌その他の供養のことが見えており、『仏光国師語録』巻三にも一周忌供養の法語が収められている。大休は宗政の葬儀の導師をしており、宗政は無学にも参じたが、大休に深く帰依していた。宗政の禅宗帰依は時頼、ことに時宗の影響によるものである。

大休の宗政教導

大休が宗政に説くところは、心性即仏性、一切即仏で、修禅によって日用差別の相を超えるとともに皇家の柱石となることであった。儒仏道三教一致を導きとしている。大休は宗政の真摯《しんし》な修禅を称揚し、その人となりについては「邦にあってはよく忠、よく勤、上皇化をたすけ、家に処しては、曰く孝、曰く悌」「天資純厚、操守清廉、政事公明、徳声昭著」とほめちぎっている。

宗政の官途は右近将監《うこんのしょうげん》、左近大夫将監《さこんのたいふしょうげん》、武蔵守《むさしのかみ》で、文永九年十月、二十歳で引付衆を経ずに評定衆となり、翌年六月三番引付頭人《とうにん》、建治三年八月一番引付頭人となっている。守護職は異国警固の要地筑後である。村井章介氏の解釈では、武蔵守も筑後守護職も北条義政《よしまさ》のあとであり、得宗家による義政遺領ぶんどりの一環であるという（『アジアのなかの中世日本』）。なお、『建治三年記』十二月二十五日条に、宗政の所領が陸奥国津軽にあり、流刑地であったことが記されている。『帝王編年記』などには、宗政の子の師時は時宗の猶子になっていたと伝えている。

宗政・宗頼を内外に配する

時宗は異国警固体制強化の建治年間に、元軍を直接迎え撃つ筑前《ちくぜん》に次ぐ前線要地筑後の守護に宗政を配し、九州に続く警固の要地長門、周防の守護に宗頼を派遣したのである。宗政は評定衆・一番引付頭人として幕府内部で公的に時宗を助け（ただ寄合には参加していない）、宗頼は合戦に及ぶ度合の高い長門・周防に直接おもむいたのである。時宗は二人の性格・経歴などを考えて、いわば内と外にわたる形で得宗権力を固め、元の第二次遠征に備えたのであろう。それだけに、二人の死は時宗にとって痛打であり、悲嘆を深くしたことと推察される。

浄智寺

ちなみに、鎌倉市山ノ内の浄智寺《じょうちじ》は、宗政の死後、その未亡人や子息の師時《もろとき》らが宗政の菩提のために創建した禅寺であると言われている。同寺は、開山兀庵普寧《ごったんふねい》、請待《しょうたい》開山大休正念、準開山南洲宏海《なんじゅうこうかい》と伝えられているが、葉貫磨哉氏は南洲は浄智寺常住、大休は開堂の儀式法要の導師などをつとめた、と解している（『中世禅林成立史の研究』）。

四　時宗の死

時宗、出家

勘解小路《かでのこうじ》兼仲《かねなか》の日記『兼仲卿記《かねなかきようき》』の弘安《こうあん》七年（一二八四）四月九日条には、時宗が三月二十八日から病気だったと伝えており、南北朝期の成立とみられる『将軍執権次第』（『群書類従』三）も同様のことを記している。何の病気か、わからない。四月四日、時宗は無学祖元を最明寺の別業（山内亭）に請じて、巳《み》の刻《こく》（午前九時〜十時）落髪受衣して出家した。『関東評定伝《かんとうひようじようでん》』『鎌倉年代記』『武家年代記』などの伝えるところである。法号は法光《ほうこう》寺殿道杲《じどのどうこう》である。時宗の妻も同時に出家した。法号は覚山志道《かくさんしどう》である。このときの無学の偈が『仏光国師語録』巻四の小仏事にある。

檀那法光寺殿落髪

了了《りようりよう》たる知、了了たる見。生滅《しようめつ》の根源、一刀に、裁断す。斬新の風月児孫に付す、
枝枝葉葉無辺の春。

付衣《ふえ》　　終　焉

仏祖の秘要、空の空を蔵するに似たり。包裹《ほうか》（つつむ）及ばず、羅《ら》（あみ）を絶し籠《ろう》（かご）を絶す。山重々、水重々、迦葉《かしよう》（釈迦十大弟子の一人）は鶏足峯（中インドマカダ国にあり、迦葉入寂の地）に住せず。

志道大師落髪

無量劫来《むりようこうらい》（はかり知れない昔から）すべてこれ夢、夢中なんぞ覚えん路頭の長きことを。一刀に斬却す閑恩愛《かんおんない》（むだな愛情）、日照らして菩提万樹香《かん》ばし。

付衣

前三三と後三三と（『碧巌録《へきがんろく》』第三十五則の、五台山で文珠《もんじゅ》が無著《むじやく》に答える句）、ただ要す機先（事を起こそうとする直前）にすなわち荷担《かたん》する（助ける）ことを。脱体（悟道のありのまま、『碧巌録』第四十六則）留めず糸線の影、始めて成る百福相荘厳《ひやっぷくそうしようごん》（仏の三十二相の一つ一つの相について百福を植《う》える）。

時宗、卒去

『仏光国師語録』巻四の法光寺殿下火《あこ》（火葬のときの文）には、時宗の十種の徳をあげたあとに「臨終の時、死を忍んで老僧（無学）の衣法を受け、了々として偈を書して長行した」とあり、時宗の右の臨終の時のことを記している。時宗は時頼と同じく遺偈《ゆいげ》を残したようであるが、伝わってはいない。そして、時宗はその日の酉《とり》の刻（午後五時〜七時）

に、年三十四をもって卒した、と前述の諸記録は伝えている。ただ「北条時政以来後見次第」は未《ひつじ》の刻（午後一時〜三時）卒、と記し、「酉《とり》イ」と傍書している。イは異本のこと。

大休の起龕

葬儀にあたっては、時宗が本格的に参禅し深い影響をうけた大休正念が、霊棺を墓所に送り出すために棺を起こす起龕《きがん》の仏事を修した。その法語は大休の語録の大小仏事のところに記されている。次に引こう。

檀那法光寺殿杲公《こうこう》禅門の為めに起龕

浮世三十四年の事。好《よ》し似たり南柯一夢《なんかいちむ》の中。識《し》り得たり本来無一物《むいちもつ》。内空外空《げくう》内外空。弐師《にすい》の権を秉《と》って功業就《な》る。夢に残す徹手して行蹤《あんし》を没するを。万古長空雲点を絶つ。朗然たる明月清風を払う。大衆這箇《だいしゅしゃこ》是れ檀那杲公。末後《まつご》一段の大光明《だいこうみょう》蔵《ぞう》。諸人還《かえ》りて相委悉《あいいしつ》するや。いやしくも或いは未だ然らずんば更に聴《き》け、寿山別に一路を開く。脚に信《まか》せて十華蔵《じゅうけぞう》を踏飜《とうほん》す。金烏《きんう》夜海門の東に出づ。

無学の下火

これにつづいて、無学祖元が遺骸に火を点じる下火の仏事を行なった。その法語は『仏光国師語録』巻四の小仏事に収める。次に引こう。

梅子青々として子《み》を著《つ》くる時、花残り鶯老い燕初めて帰る。天開け地闢《ひら》けて山河静かなり。解脱門《げだつもん》開けたり知るや知らずや。この我大檀那杲公禅門は、大願力に乗じ

十種の不可思議

て来たり、刹利《せつり》の種《しゅ》に依って住す。其の所以を視、其の所由を観るに、十種の不可思議有り。何をか十種という。母に事《つか》うるに孝を尽くし、君に事うるに忠を尽くし、民に事うるに恵をもって牧《ぼく》し、禅に参じては宗を悟る。二十年乾坤《けんこん》を握定して、喜《き》慍《うん》の色有るを見ず。一風に蛮煙を掃蕩《そうとう》して、ほぼ矜誇《きょうこ》の状有らず。円覚を造りて以て幽魂を済《すく》う。祖師を礼して以て明悟を求む。これすなわち人天《にんでん》うたた振い、法の為めにして来たるなり。ないし臨終の時に至りて、死を忍びて以て老僧の衣法を受け、了了として偈を書して長行せり。此は是れ世間了事の凡夫も、また菩薩の応世《おうせ》と名づけん。老僧は公に托して以て残世を了《おわ》らんに、料《はか》らざりき、我に先んずること一著にして去らんとは。世相は期《ご》し難く、空華《くうげ》は落ちやすし。一笑身《み》を翻《ひるが》えして兜率《とそつ》に相《あい》まみえん。老僧末後《まつご》の句子《くす》、この時更に提撕《ていぜい》を要す。火を以て円相を打つ。烈燄《れつえん》光中もし薦得《せんとく》せば、優曇華《うどんげ》は放《ひら》く百千年。

孝心以下、時宗の十種の徳をあげ、参禅につとめ、禅宗を挙揚したことをたたえ、残生を時宗の帰依と外護に托して日本の土となろうと決意していたのに、時宗に先立たれてしまった、「世相は期し難く、空華（実在しない花）は落ちやすい」と歎き、菩薩の住《じゅう》所《しょ》兜率天で相まみえよう、と述べている。外護者に先立たれた渡来僧の痛哭であるが、宗教的共生を詩禅一如の世界で述べ切った文章である。

　無学はさらに時宗追悼の偈六首を製している（『仏光国師語録』巻八）。自らの来日、時宗の参禅と師弟相互の厳しくも心温まる練磨、時宗の悟入を、時を追って述べ、最後に、宗門の田園は荒れはて、このにごりけがれた世には永《なが》くおるべきではないから、時宗を追って天上に行こう。時宗がひとり孤独で助ける者もいないのが心配だから、と述べている。

時宗の肖像

　『仏光国師語録』巻八に収める「鼻は山河に聳《そび》え、眼は海に横たわる」に始まる「法光寺殿」は、『円覚寺史』が述べているように、時宗の肖像に加えられた賛とみてよかろう。熊本県阿蘇郡小国《おぐに》町の満願寺《まんがんじ》には頂相《ちんぞう》（禅僧の肖像画）形式の「伝北条時宗像」（絹本着色）が所蔵されている。「伝」をつけながらも時宗をしのぶ手がかりにされてきたが、『南浦紹明《なんぽじょうみん》語録』や『国郡一統志』（寛文九年・一六六九、北嶋雪山著）などによって北条定宗（時定の子）の像であるとする梶谷亮治氏の研究（『美術史』一〇八）が昭和五十五年（一九八〇）に公にされている。

　時宗の卒去により、評定衆、引付衆の多くが出家した。それは次の得宗貞時《さだとき》支持の証にもなったろう。時宗は誕生以前すでに政治的であったが、没後もまたそうであった。

時宗の死は幕府のみならず京都宮廷にとっても一大事であった。関東の飛脚《ひきゃく》によって、時宗卒去の報は四月七日に京都にもたらされている（『師守記《もろもりき》』）。『兼仲卿記《かねなかきょうき》』弘安七年四月八日条には、

世上物忩《ぶっそう》の事あり、関東相州時宗所労（病気）危急の間、去る四月出家、件《くだん》の日夭亡（天寿を全うせずに死去）の由その聞えあり。天下の重事何事かこれにしくべけんや、

と記し、「出家に及ぶといえども未だこと切れず」などとも取沙汰されていることを伝えている。四月九日条には、時宗の死は確かなことであるとして、発病から卒去まで日数が少ない、と少しいぶかしがっている。

時宗の卒去によって院の評定、京都の諸祭はあるいは停止、あるいは延引となり、殺生禁断が宣下《せんげ》され、天下の触穢《しょくえ》（けがれを慎しむ）は三十日とされた。

五　覚山志道の晩年

時宗の百か日供養

時宗卒去の翌月にあたる弘安七年（一二八四）五月、安達泰盛《あだちやすもり》の主導によって「新御式目」三十八カ条が制定され、七月には十四歳の貞時《さだとき》が執権《しっけん》となり、時宗の百か日供養が営ま

れた。七十歳の大休正念《だいきゅうしょうねん》が追善の説法をしており、その語録に収められている。時宗が上は天皇を扶《たす》けて禅寺を建立、高く仏法を挙揚し、大休を外護すること十六年と回想愛惜している。時宗が即心即仏非心非仏の公案《こうあん》を発悟したことをたたえているが、この公案は無学祖元《むがくそげん》によって放却されたものである。時宗の禅境の深化を言っているのだろうが、大休の無学への抗意めいたものが伏在していたかもしれない。

翌弘安八年、時宗の一周忌が営まれた。『仏光国師語録』巻三に無学の説法が収められている。大休の語録に収める「法光寺殿の為めの上堂《（説法）》」や、「故檀那法光寺殿杲公《こうこう》禅門を賛す」は、このころのものであろうか。後者は、

　内に慈悲の行をおさめ、外に生殺の権を現わす。（中略）君に事《つか》うるに忠を尽くし、親に事うるに孝を尽くす。政にのぞむに公を以てし、兵をひきいるに信を以てし、民を撫し及び物に接するに、一視にして同仁、森羅及び万象、一法の印するところ、

と、時宗の生涯、性格、事績を総括、称揚している。無学祖元の表現とほとんど同じである。

霜月騒動

弘安八年十一月、霜月騒動《しもつきそうどう》がおこり安達泰盛《あだちやすもり》は敗亡する。同年、時宗未亡人覚山志道《かくさんしどう》は、鎌倉山内に、のち駈込寺《かけこみでら》として知られる東慶寺《とうけいじ》を開いたといわれ、開基は子の貞時

と伝えている。もとより直接史料はない。

弘安九年、覚山尼は亡夫の冥福を祈り、一年にも満たない期間で『華厳経《けごんぎょう》』八十一巻を書写し、無学祖元を請じて供養した。以下に引く『仏光国師語録』巻三の「法光寺殿第三年忌、覚山大師自ら華厳大経を書して陞座《しんぞ》を請う」に、その間の経緯が記されている。円覚寺建立の宗教理念、無学禅、ひいては時宗の参禅の性格にもかかわる華厳の法界を縦横に説き、時宗の功業・覚山尼の写経をたたえたものである。ことに、禅を媒介とする時宗夫妻の同信、それにもとづく夫婦としてのありようが記されていて、時宗夫婦を一具にした史料、覚山尼ひいては女性史の史料として貴重である。関係の部分を掲げる。

時宗の三年忌

覚山志道、時宗供養に『華厳経』を書写

覚山上人一年を周《あま》ねからずして、華厳妙典八十一巻を書写して、法光寺殿に報薦《ほうせん》するが如きは、功何れのところにか帰す。転身の一歩方便を超《こ》ゆ。果は園林に満つ劫外の春。また云《いわ》く、人生百歳、七十の者は稀なり。法光寺殿齢《よわい》四十に満たず、功業を成就すること、かえって七十歳の人の上にあり。看《み》よ、他、国を治め天下を平定して、喜怒の色有るを見ず。矜誇衒耀《きょうこげんよう》の気象有るを見ず。これ天下の人傑たることと也《また》自如たり。弘安四年、虜兵百万、博多にあれども、ほぼ経意せず。ただ毎月老僧を請じて、諸僧とともに下語《あぎょ》し、法喜禅悦を以て自ら楽しめり。のち果たして仏天饗応《きょうおう》して、家国貼然《てんぜん》たり。奇なるかな、この力量あること。これまた仏法中再来の人なり。仏説きたまふ、菩薩人梵行《ぼんぎょう》を進修すれば、また菩薩ありて、或いは妻子眷属《けんぞく》となり、種々菩薩の諸梵行を修するを成就《じょうじゅ》し、それをして円満ならしむと。今日覚山上人、法光寺殿と曠劫《こうごう》以前、毘盧遮那《びるしゃな》会中《えちゅう》、誓願深重にして、生を人間に示し、王臣となることを示し、夫婦となることを示し、権貴となることを示し、生死《しょうじ》たることを示し、虚幻たることを示し、悲悼《ひとう》たることを示し、大勇猛《だいゆうみょう》をおこしてこの大経《だいきょう》を書す。人の行《ぎょう》じ難きを行じて、天下の人をして感動し、菩提心《ぼだいしん》をおこして阿耨多羅三藐三菩提《あのくたらさんみゃくさんぼだい》を成就《じょうじゅ》せしむ。奇なるかな、讃すれどもよく尽くすことなし。

焉　終

覚山志道の人となり

覚山尼は時宗と結婚するまで、鎌倉甘縄《あまなわ》の安達邸に松下禅尼《まつしたぜんに》と同居していたから、禅尼の篤い仏教信仰の影響を受けていたろう。時宗と結婚してからは、時頼・時宗の影響で禅の修業に励んだようで、無学祖元などの明師に参じて禅境を深めていった。母に孝養を尽くした無学の男女平等の教えにはひかれていたろう。無学に同行して来日した鏡《きょう》堂覚円《どうかくえん》も一味平等を説き、覚山尼は、その鏡堂にも問法していたことが、『鏡堂和尚語

北条時宗廟所（鎌倉市山ノ内　円覚寺仏日庵内）

録』二（『五山文学新集』第六巻）の法語「志道大師語を求む」で知られる。同法語のなかに覚山尼のことを「これ女流といえども、かえって丈夫の志あり。幼年の間より深くこの道を信ず」と記している。時宗と同信、かつ篤信の気丈な女性であったから亡夫悲悼の念に支えられながら『華厳経』全巻書写の大業を一年足らずでなしとげたのである。

時宗卒去後、無学祖元は語録の巻八の「自悼」の偈七首に見られるように、まさに孤影悄然のおもむきで、日本の土となることの感慨を深めていたが、弘安九年九月三日、六十一歳をもって没した。正応《しょうおう》二年（一二八九）十一月二十九日、大休正念が七十五歳で没した。覚山尼の悲しみは時宗の悲しみも合わせたものであったろう。

覚山志道、仏日庵に所領を寄進

「円覚寺文書」によると、覚山尼は永仁《えいにん》三年（一二九五）閏二月二十五日、時宗の墓堂仏日《ぶつにち》庵《あん》に出羽国寒河江庄《でわのくにさがえのしょう》（現、山形県寒河江市）内の地を寄進している。仏日庵の名が出てくる最初である。おそらく時宗十三年忌の予修であろう。さらに、嘉元《かげん》四年（一三〇六）三月、覚山尼は丹羽国成松保《たんばのくになりまつのほ》（現、兵庫県氷上郡氷上町）を、当時は建長寺にあった無学祖元の塔《たっ》頭《ちゅう》（墓所）正続庵《しょうぞくあん》（今は円覚寺内）に寄進した（前述）。亡夫と亡師への相次いでの仏事供養である。『続群書類従』第九輯下所収の『海蔵和尚紀年録』によると、永仁四年四月四日、副元帥（執権）平貞時《たいらのさだとき》が桃溪徳悟《とうけいとくご》を慶讃導師として亡父時宗の十三年忌を営んだとある。正安《しょうあん》元年（一二九九）元《げん》の外交使節として来日し、鎌倉末期の日本文化史に大きな功績を残した一山一寧《いっさんいちねい》の語録によると、翌正安二年、貞時は時宗の十七年忌のために千部法華経読誦《どくじゅ》の仏事を仏日庵で行ない、一山一寧が説法をしている。なお、『白雲東明和《はくうんとうみょうお》尚語録《しょうごろく》』によると、正和《しょうわ》三年（一三一四）執権北条熙時《ひろとき》の請いによって、元からの渡来僧である円覚寺住持東明慧日《とうみょうえにち》が時宗三十三年忌の説法を行なっている。

大方殿

潮音院《ちょうおんいん》殿覚山志道は、時宗没後の転変する政情の推移をみながら、前執権・得宗時宗の妻として、現執権・得宗の母として、「大方殿《おおかたどの》」の呼称で政治向きにも畏敬をうけつつ、時宗追善のさまざまな供養を行なったであろう。嘉元四年（徳治《とくじ》元、一三〇六）十月九日没した。ときに五十五歳。時宗におくれること二十二年であった。

第十三　北条時宗小論

一　後世の評価・論評

没後の時宗

北条時宗は、蒙古来牒《もうこらいちょう》から死去するまでの十六年間、対蒙古問題と共にあった。その死後、ことに近世以降、時宗に対する評価・論評は対蒙古関係に即してなされた。後世の評価・論評を合わせ述べなければ、時宗伝は完結しない。時宗死後鎌倉期以降における時宗関係の事柄、近世における論評などを見てみよう。

鎌倉市長谷《はせ》にあったという万寿寺《まんじゅじ》は、弘安《こうあん》九年（一二八六）貞時《さだとき》が亡父のために創建したと伝えている（『鎌倉廃寺事典』）。正応《しょうあん》三年（一二九〇）九月、幕府の評定において、時宗在世中の徳政《とくせい》（成敗）は不易《ふえき》の沙汰《さた》（内容不変更）とされている。法律用語の解説書である『沙汰未練書《みれんしょ》』に弘安元年（一二七八）の時宗仮託の奥書があることも、時宗関係の法的な伝説化の面から関連して注目される。時宗没後の鎌倉期に、在地領主たちが、時頼《ときより》・時宗父子あるいは時宗単独の菩提《ぼだい》を弔うため、禅寺などに所領を寄進していることが、高城《こうじょう》寺《じ》・佐々木・大慈寺《だいじじ》などの各文書に見える。在地支配の維持・強化のために、得宗に結び付きを求めたのである。

南北朝期の時宗の評価

南北朝期に入り、北畠親房《きたばたけちかふさ》（一二九三～一三五四）の『神皇正統記《じんのうしょうとうき》』後宇多院の条には、蒙古襲来について、神明の威徳で「大風にはかにおこりて数十万艘の賊船みな漂倒破滅しぬ」と記してはいるが、時宗や武士たちの応戦にはふれていない。二条良基《にじょうよしもと》（一三二〇～八八）の作者説もある『増鏡』の第九草枕には、皇位継承に関与した時宗のことを「世のなかはからふ主《ぬし》」で、大変立派な人物であると記している。京都側の時宗評価がうかがわれるが、『増鏡』のその箇所は、時頼の著名な廻国《かいこく》を記したところである。時宗には父のような社会的に広く時代的に長い伝説化は知られない。時宗についての論評が活発にかわされるのは、近世に入ってからである。

近世の時宗評価の型

時宗に対する近世の評価・論評は、史実の解釈の仕方が前提になるが、㈠称賛型と㈡批判型とに分けられよう。㈠は(イ)限定的称賛と(ロ)全面的称賛に分けられる。(イ)の好例は国学者本居宣長《もとおりのりなが》の『馭戎慨言《ぎょじゅうがいげん》』である。宣長は承久《じょうきゅう》の乱を北条氏の言わんかたなき「さかしまごと」（皇室への反逆）として厳しく批判するが、蒙古撃退については、後の世まで日本の威徳を蒙古に輝やかしたのは、承久の乱の大罪をあがなうまでには至らないが「北条が世のかぎりの大きなるいさを」であると述べている。

(ロ)の代表例は水戸藩《みとはん》の『大日本史賛藪《さんそう》』で、その影響は強く、近世における時宗論評の大部分はこの型である。同書将軍家臣の北条時宗父子の伝の賛に、神明の祐《たす》けによる颶風《ぐふう》と、時宗の堅忍不抜《けんにんふばつ》の志と防御の宜《よろ》しきを得たことによって蒙古が再挙できないようにした、と述べ、「時宗の功、亦《また》偉ならずや」と称賛している。同書本紀の後宇多《ごうだ》天皇紀の賛も、同天皇の賛というより蒙古襲来と右と同じ表現での時宗の功の称賛の記事である。

幕末の時宗評者の期待

この型の称賛は蒙古国書を日本侵略の表示と解し、元使斬殺を可とする理解に立っている。元使斬殺の是非の論については第七の四で述べた。蒙古襲来における時宗の功を称賛する論は幕末の外圧状況のなかで一段と強くなる。時宗を範とする果断の外交指導者を期待してのことである。長村靖斎《せいさい》の『蒙古寇紀《もうここうき》』や大橋訥庵《おおはしとつあん》の『元寇紀略《げんこうきりやく》』など時宗の功業の顕彰の書と言ってよい。

(ニ)の典型例としては国学者橘守部《たちばなもりべ》の『蒙古諸軍記弁疑』がある。北条氏が朝廷に対して異心をもっていたという観点から蒙古襲来をとらえており、蒙古襲来時宗隠謀説と言ってよい。蒙古襲来史料の研究で見るべき成果をあげながら、反本居宣長の立場で、事実に合わない奇矯《ききょう》な論におちいっている。

近世後期における時宗論評の大勢は、頼山陽《らいさんよう》にみられるように、全面的称賛で、幕末に入るとその傾向は強くなり、攘夷《じょうい》論の基礎づけの一つにもなり、明治以後に引きつがれ、顕彰の度を高めてゆく。

湯地丈雄と元寇記念碑

時宗関係事績で、明治期に入って注目すべきことの一つは、湯地丈雄の元寇記念碑建設運動である。同記念碑は具体的には福岡市東公園の亀山上皇銅像（福岡県指定文化財）となって実現するが、当初は時宗の騎馬像が考えられていた。湯地は同運動を、国家防護の感念を国民に扶植し教育に利する護国の大業として、元寇大油絵の展覧会、愛国幻灯会、元寇演劇、元寇講話等々を全国各地で行なった。陸軍軍楽隊の草創期を築いた永井建子作詞作曲の、「四百余州を挙《こぞ》る十万余騎の敵」で始まる軍歌「元寇」（明治二十五年・一八九二）は、この運動推進のための所産で、小学唱歌の教材として使用され、広く歌われた。第一節には「何ぞ恐れん我に鎌倉男子あり」とある。同運動関連著作として、蒙古襲来史料集として今日でも有用な『伏敵編《ふくてきへん》』が編まれている。同運動は明治二十年代・三十年代にわたって展開され、日清・日露戦争と不離の関係にあり、日本の軍国化への一定の役割を果たしている。

従一位追贈

明治期には、いわゆる元寇殉難《じゅんなん》者への贈位が行なわれたり、政府に元寇殉難者国祭の請願がなされたりする。日露戦争中の明治三十七年（一九〇四）五月十七日、時宗は従一位を追贈されている。

国難を救った英傑時宗

昭和期に入り全面戦争への足音が高くなるにつれ、「元寇」への回想・論説は多くなり、国難を救った英傑として時宗に対する称賛の度は高まり、時宗関係の伝記書も相次いで世に出された。見るべき点はほとんどない時局物であるが、昭和十九年（一九四四）高千穂書房刊行の鈴木隆『時宗新論』などは時宗を主神とする弘安神社創建請願の経緯を書いており、その意味で貴重である。甲冑研究者として著名な山上八郎の『北条時宗』（三教書院）は参考になるが、今日でも時宗伝として内容面で一応読むに堪えうるのは、蒙古襲来・日露戦争と合わせて三大国難の一つと言われた、当時の呼称で言う「大東亜戦争」（戦後は太平洋戦争、最近はアジア・太平洋戦争とも言われる）の開戦の翌年に出版された関靖『国難と北条時宗』（長谷川書房）、その翌年出版の同『史話北条時宗』（朝日新聞社）ぐらいであろう。後者の自序には、

国難（蒙古襲来）は時宗の手によって、見事に処理されたのであるから、時宗は正にその国難を

救はんがために天から、わが皇国に授けられた大偉人であったともいへよう、

とある。敗戦前の時宗観の帰結と言ってよかろう。

二　時宗における政治と文化

時頼の教訓書・教訓歌

島津氏の重臣上井《うわい》覚兼《かっけん》の日記の天正《てんしょう》十二年（一五八四）七月二十三日の条に、最明寺殿（北条時頼）が子息相模太郎（時宗）に遣わした『直心抄《じきしんしょう》』とそれに伴う和歌を詠んだことを記している。『直心抄』は、時頼に仮託された北条重時《しげとき》の「極楽寺殿《ごくらくじどの》御消息」を内容とする『直心集』のことであろう。この種の時頼仮託の教訓書は室町期からみられ、教訓歌と共に近世に広く流布した。時頼伝説に付随した時宗伝説と言える。

時宗が父時頼から継承したものは、教訓書はともかく、政治・文化その他さまざまある。政治的には得宗執権として時頼がつちかってきた政治基盤、ことに人的基盤である。それを土台に時宗は得宗を核とする北条氏一門による族的支配の方向を固めていった。その点で時宗の生涯を画したのは二月騒動《にがつそうどう》である。その頃を境いに、時頼以来の主な補佐者たちは、安達泰盛《あだちやすもり》を除き、退隠、死去し、時宗は独自の政治力を増強し、時を追っ

て独裁的な専権化の方向を強めていった。文永《ぶんえい》十年（一二七三）十月北条重時十三回忌関係の、極楽寺多宝塔供養願文《たほうとうくようがんもん》には時宗のことを「相州賢吏」と書いている。親得宗の極楽寺流北条氏の史料ではあるが、時宗の賢明さと、北条氏一門のそれへの敬服を示している。しかしこの前後から従前からの直接補佐者である安達泰盛との間は、それまでのように緊密ではなくなったように見受けられる。

時宗は賢明との評価

孤立的な専権化

政治面からみて二月騒動のあと、時宗の生涯の画期をなすのは、第二次の蒙古襲来に備えて防備体制の強化につとめた建治年間である。蒙古襲来は時宗に応戦指揮の苦悩・辛労を強《し》いたが、軍事指揮の全国的系統化を必要とし、それは従来幕府の支配外であった本所一円地《ほんじょいちえんち》（非御家人）に及んだ。連署の北条義政が遁世したあとは時宗の独走体制であり、時宗は前後に類をみない専権行使の得宗執権となったのである。それだけに政治的責任は加重された。時頼と並べてのことではあるが、無学祖元《むがくそげん》が「号令一発にして煙塵跡を払う」（『仏光国師語録《ぶっこうこくしごろく》』巻四）と言い、時宗について「慈愛民物を養い、威雄国家に震《ふる》う」（同巻八）と言い、大休正念《だいきゅうしょうねん》がその語録で「内に慈悲の行《ぎょう》を蘊《おさ》め、外に生殺の権を現わす」（仏祖讃頌）と言っているのは、時宗の専権行使を簡約化した表現でもある。

日蓮《にちれん》は時宗のことを国主と言い、無学祖元も語録の巻三で「日本国主帥《しゅすい》」と言っているが、通常「副元帥《ふくげんすい》」（『大通禅師行実』）、「副将軍」（『念大休禅師語録』）と言われ、名目に近い将軍惟康《これやす》は「関東征夷《せいい》都元帥大将軍」（『無象《むぞう》国師語録』上）と言われている。得宗執権時宗の専権行使は将軍の政務代行者としてのそれであり、得宗執権は、将軍に近くはなりえても、将軍にはなりえなかったのである。時宗が深く帰依した渡来禅僧たちの説くところは、執権は上は天皇・将軍を助け、下は人民をいつくしむ、という体のもので、円《えん》覚寺《がくじ》創建のところで述べたように、宗教制度の面にも、それは規定性をもっていた。時宗に対する宋朝禅の影響は政治・文化両面に相即して深く及んでいたのである。

「国難」の実体

ところで、時宗の専断性を増強させる契機となった蒙古襲来、従来から言われている「国難」について一言しておこう。時宗は国難を救った偉人、忠君愛国の権化《ごんげ》とされていたからである。国難の語は、蒙古の侵略、日本の受難ということで使われているが、史実としては、蒙古国書を幕府や多くの関係者が蒙古の侵略のさきぶれとして拒絶し、応戦を選択したところに起点がある。元使斬殺は、蒙古が日本をうかがいねらうのを永《なが》く絶つという幕府の措置であったが、蒙古の外交形式を無視したものであった。なお時宗を責任者とする幕府の武断的対応の事情については第七の四で述べた。

武家権門教養人として

教養人としての時宗は、中国系学芸を表《おもて》とする武家権門教養人であった。京都の貴族知識人に準ずると言えよう。父からの影響・継承はもとより、幕府をめぐる知的環境、ことに文学的資質の高い渡来禅僧たちからの影響は大きく、それは内面において政治と文化を融即させたものであった。中国文化を随伴した禅は時宗の文化的嗜好にも合っていた。ただ、時宗の参禅はひたむきで、単なる文化的装飾ではなかった。人間の諸価値を法華信仰に収束する日蓮に対しては、結局、弾圧を続けている。律宗の忍性《にんしょう》との関係は、異国降伏祈禱関係、療病所への経済的援助などについての間接的史料のほか、ほとんど直接史料を見ないが、父時頼以来の禅・律（密教）を体制宗教化する方向は、さらに強められたとみられる。それが得宗時頼・時宗主導の鎌倉文化形成の内実と言ってよい。

時宗と異国降伏の祈禱

建治年間は時宗の政治的生涯に大きな画期をなすが、建治《けんじ》元年（一二七五）、元使が斬殺された直後の九月十四日、幕府は時宗・義政の名による関東御教書《かんとうみぎょうしょ》で近江守護を通じ、国中に異国降伏の祈禱を行なわせている。幕府による異国降伏祈禱の体制的実施の初見例である。以後引き続き各国で実施された。全国規模での異国降伏の祈禱を通じて、各国の一宮《いちのみや》・国分寺をはじめ各主要寺社は、異国降伏にまつわる寺伝・社伝を再成・再編、あるいは新生させ、その歴史と効験を強調して眼前の異国降伏の祈禱の効験をきわだたせた。それらの寺伝・社伝は祈禱ならびに唱導（説教）行為などを通じて民衆の意識に内在化していった。こうした異国降伏の体制的実施の文化的諸側面に果たした影響はすこぶる大きい。それが外圧を契機とする時宗の権力拡充期に時宗を責任者として実施されたのが最初であったことに留意しておきたい。

三　人となり

大きな規模で論ずべき時宗伝のむすびとしては、矮少《わいしょう》な感もあるが、その人となりについて述べ、一応の総括としよう。

時宗、若死にの理由

服部敏良氏は著書『鎌倉時代医学史の研究』で、鎌倉時代の貴族・僧侶ら上流階級に属するものの死亡平均年齢を六一・四歳と算定し、北条氏平均死亡年齢を四十六歳弱とする桜井秀氏の算定を紹介している。算定の基礎となる資料の問題もあるが、北条時宗の三十四歳死去が、早過ぎる死であったことは確認できる。時宗は疱瘡《ほうそう》にかかっているが、体質の判断材料にはしにくい。若死の理由については、遺伝的なものや、一般政務・対蒙古問題の心労などが考えられよう。

時宗と渡来禅僧

時宗の人格が、生来の素質に後来の修養・経験によって形成されたことは言うまでもない。後来のものとして、父時頼《ときより》の教導、政治・文化両面にわたって鎌倉幕府中第一等の人物であった人々による直接補佐などを重視せねばならない。さらに、明師を導きとしての参禅修養のもたらしたものは大きい。明師大休《だいきゅう》 正念《しょうねん》・無学祖元《むがくそげん》らの語録は時宗の人となりを直叙している貴重な史料である。ただその法語は、彼らの最大の外護者《げごしゃ》である時宗を、最高の在家《ざいけ》禅者としてみているものであることを心得ておかねばならない。

だからその法語は、時宗の、仏法（禅宗）の護持者・修業者としての側面と政治人としての側面が、並列・総合して叙述され、それに沿って時宗の人となりが述べられている。時宗の人となりとその事績を集約して端的に述べているのは時宗を火葬にしたときの無学の「法光寺殿下火《あこ》」と時宗三年忌の折の時宗未亡人覚山志道《かくさんしどう》の『華厳経《けごんきょう》』書写の法語で、すでに紹介している。前引のように、「下火」で時宗の十種の徳をあげているが、これも世俗（政治）と仏法（禅宗）両面にわたるものである。世俗面として孝・忠・恵の徳をあげ、二十年治政の間喜怒を現わさず、外敵を掃蕩して誇らないと述べている。仏法（禅宗）面では、禅に参じて宗を悟り、祖師を礼して明悟を求め、円覚寺《えんがくじ》を創建して幽魂を救った、と述べている。

時宗の性格

右の無学の法語に大休の法語を合わせ、時宗の人となりについて、狭く性格という点にしぼると、喜怒の情を表に出さず、功業に誇らない人物であったと理解される。小侍所《こさむらいどころ》勤務からは謹直さがうかがえ、『建治三年記』からは、政務執行について、精勤、周到さと決断の早さが看取される。参禅についての長年にわたる持続的精進から、まじめでひたむきな性格がうかがえる。公案《こうあん》を好んで知的な喜びにひたる傾きはあるが、単なる娯楽愛好のたぐいで律せられるものではない。師を遇することはすこぶる篤《あつ》かった。

父母への孝養、弟思い

大休は語録の仏祖讃頌《さんじゅ》のなかで時宗のことを「君に事《つか》うるに忠を尽くし、親に事うるに孝を尽くす」と述べている。十三歳で死別した父への孝養は、主として父没後の追善仏事で示されている。現実には、無学の言うように母への孝養が主である。庶兄時輔《ときすけ》に対してはともかく、弟思いで、ことに宗政への思いは深かった。時宗が死に臨んで出家した折、妻は同時に出家しており、時宗三年忌のときの無学の法語からは、時宗夫妻のきずなの強さが推測され、時宗没後の未亡人の懇篤な追善仏事は、その推測を確かな認識に深める。「丈夫の志あり」（『鏡堂和尚語録』二）と言われた、時宗との禅世界の共有と芯《しん》の強さで、生前の時宗の諸活動を内から支えていたろう。

妻との間

巨敵を攘《はら》い、社稷《しゃしょく》（国家）を安んじ、万世不抜の基いを立つ、

法光寺殿歯は四十に満たず、功業を成就すること却《かえ》って七十歳の人の上に在り、

（『大休和尚語録』相模大守殿）

（中略）是れ天下の人傑なり、

（『仏光国師語録』巻三）

という、時宗を内面から熟知している大休・無学の評言は、時宗を知る同時代人のほぼ共通の理解であったろうし、後世の時宗称賛の原基をなす、と言ってよかろう。

以上のような人柄の時宗が、二月騒動でみせた一門名越《なごえ》氏と庶兄時輔の討伐、時章《ときあき》誅殺者の斬首は、父時頼の一門名越（江馬《えま》）光時の制圧・雄族三浦《みうら》氏の討伐に比べて、その規模はともかく、酷烈の度は、むしろ強い。その非情さが、禅的精進など自己修養と離れることなく、「果断」として、政治・軍事にわたる専権行使となり、「巨敵」蒙古撃退の指導力となっていたのではあるまいか。

時宗の人となりの総括

時宗は、私的側面から見れば、家庭人としての情愛などを関係史料から読み取ることができるし、在家禅者としての宗教的性格の強い、そして中国系の学芸詩文を好む武家権門教養人であった。蒙古襲来という時代との不離な関係のなかで、政治実権者としての側面から見れば、周到さとともに非情・専断を指摘できるが、とにかく、時代を精一杯生きた人であった。

円覚寺仏日庵
北鎌倉駅
円覚寺
東慶寺
明月院
浄智寺
建長寺
亀ヶ谷切通し
JR横須賀線
化粧坂
巨福呂坂
源頼朝の墓
鶴岡八幡宮
源氏山
大倉御所跡
寿福寺
若宮大路御所跡
宇都宮御所跡
宝戒寺
段葛
東勝寺跡
大仏坂
切通し
鎌倉駅
日蓮辻説法跡
鎌倉大仏（高徳院）
妙本寺
釈迦堂切通し
江ノ電
衣張山
桑ヶ谷
療養所跡
甘縄神明宮
安達盛長邸跡
和田塚駅
長谷寺
由比ヶ浜大通り
由比ヶ浜駅
若宮大路
安国論寺
長谷駅
極楽寺坂
切通し
由比が浜
滑川
材木座海岸
和賀江島

本書関係鎌倉地図

北条氏略系図

①〜⑯は執権就任順位　※は連署就任者

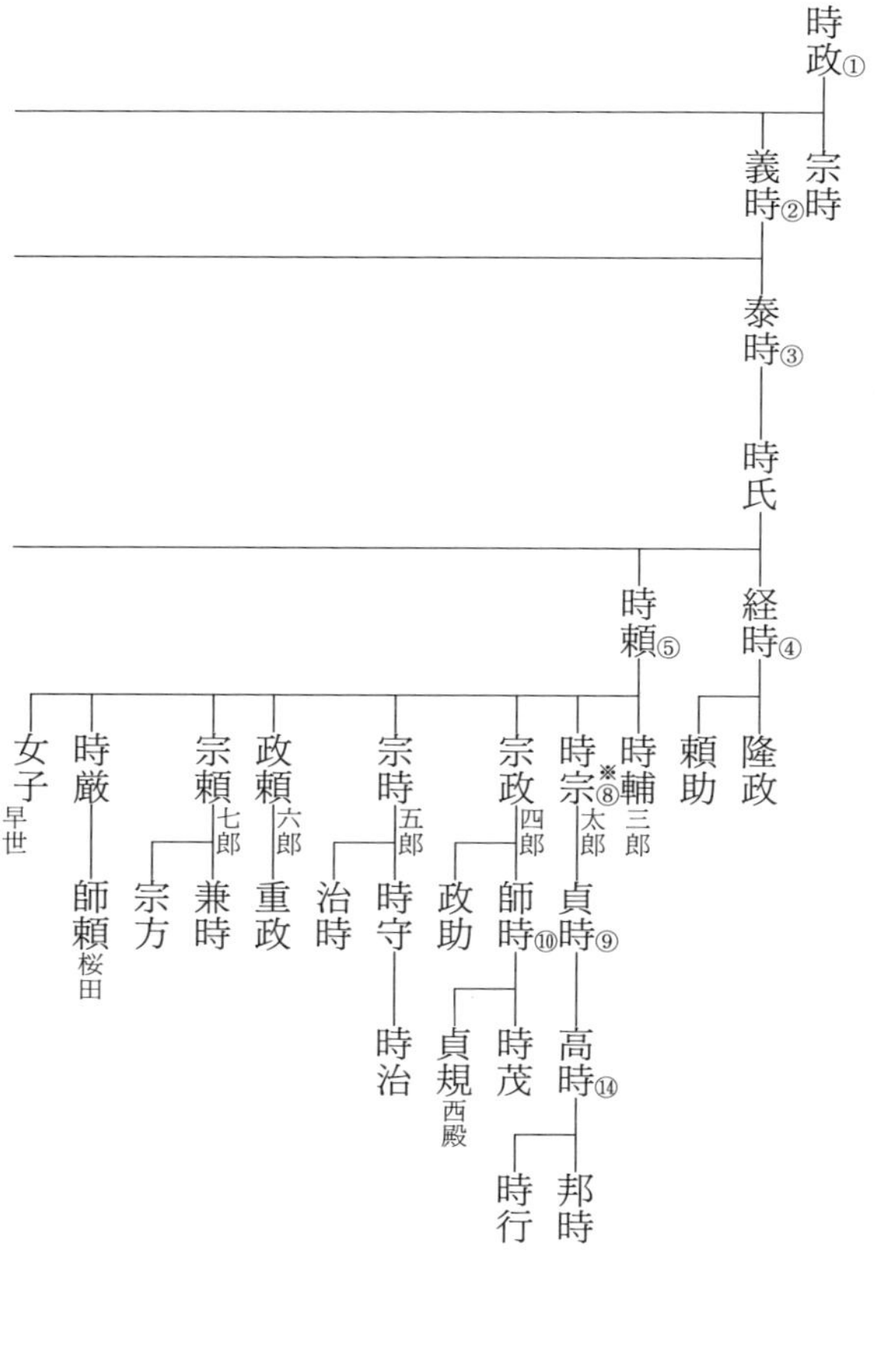

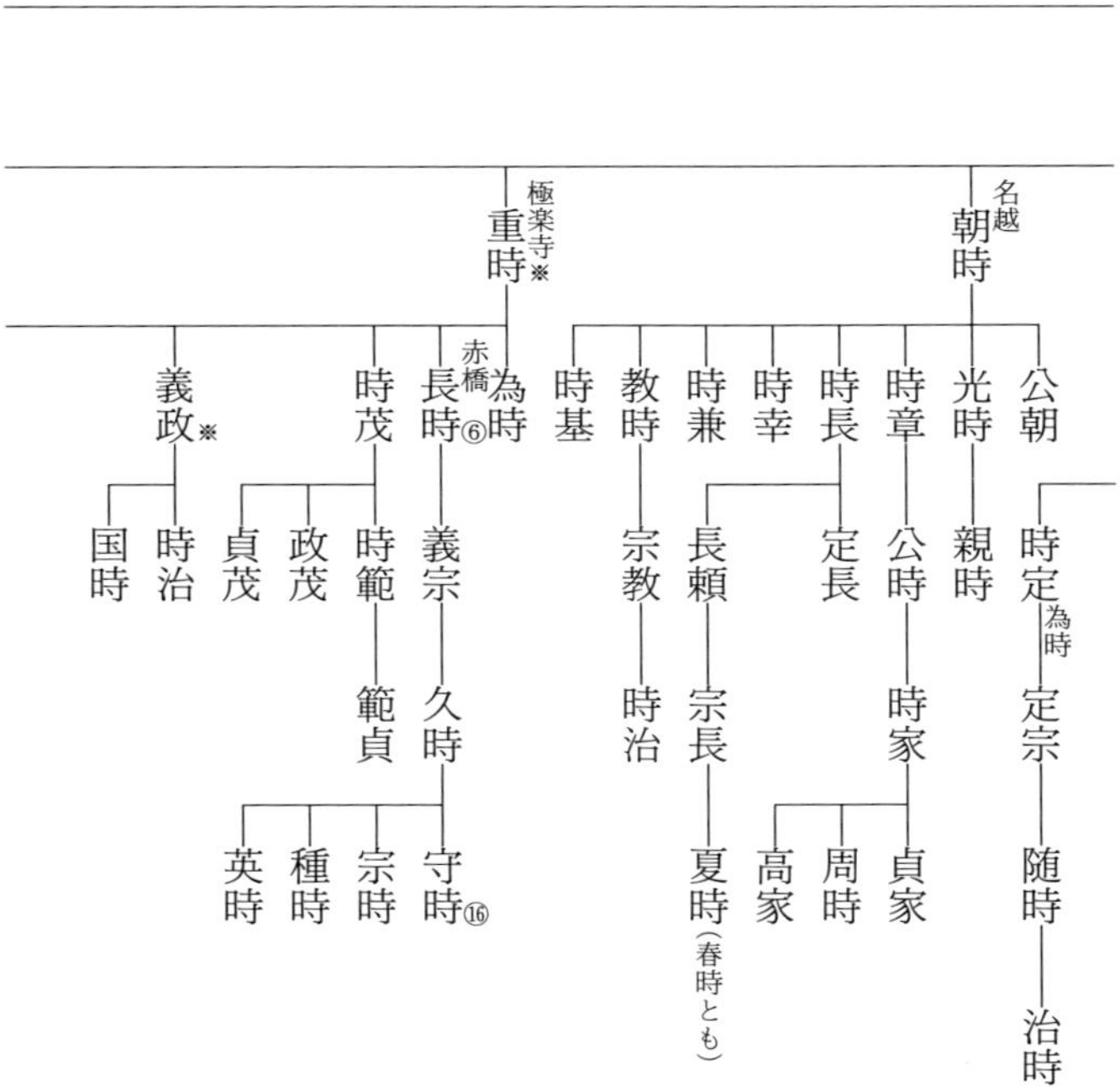
名越
朝時
公朝
時定 為時
定宗
随時
治時
光時
親時
時章
公時
時家
貞家
周時
高家
時長
定長
長頼
宗長
夏時（春時とも）
時幸
時兼
教時
宗教
時治
時基
極楽寺
重時※
為時
赤橋
長時⑥
義宗
久時
守時⑯
宗時
種時
英時
時茂
時範
範貞
政茂
貞茂
義政※
時治
国時

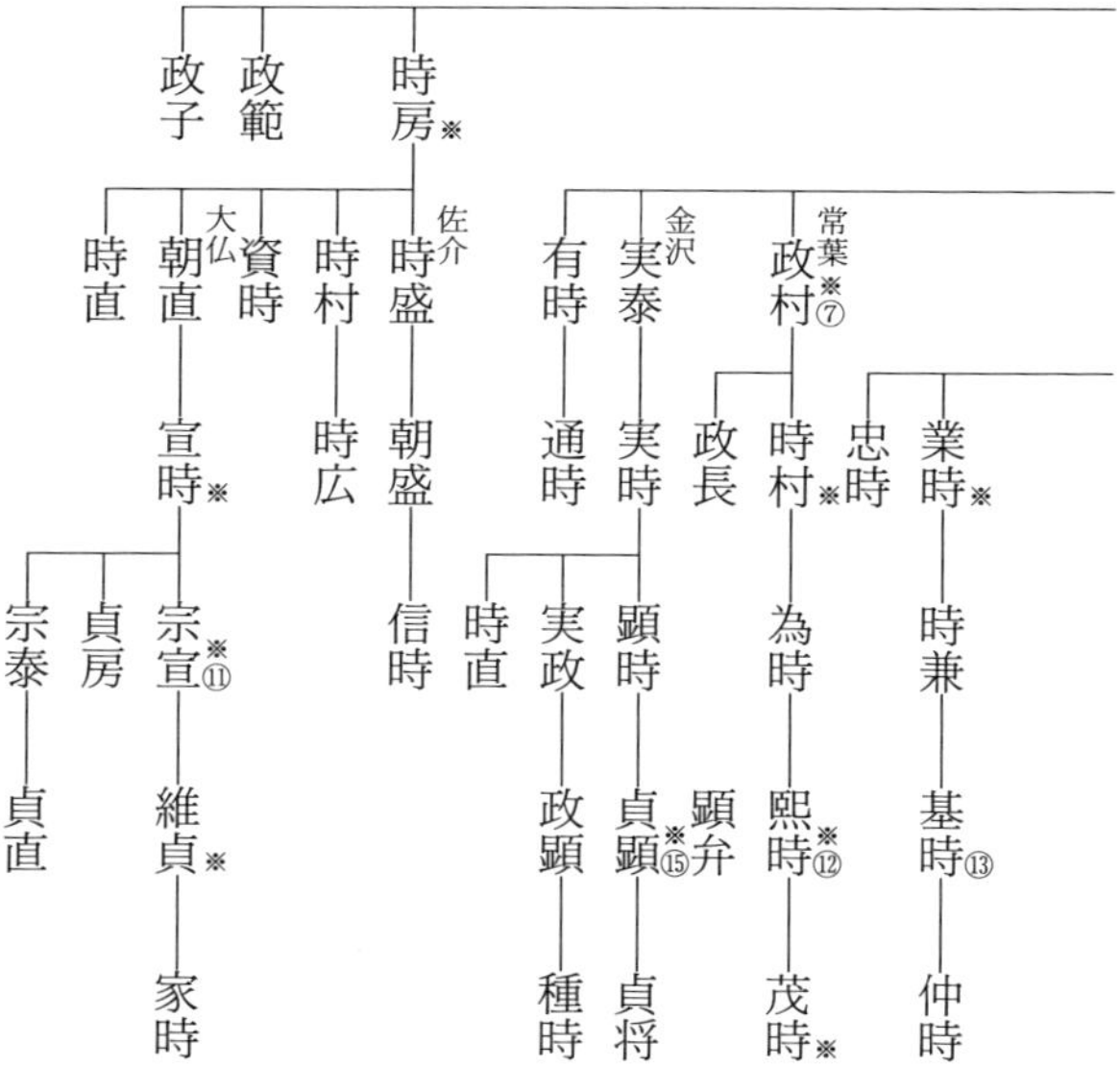

時房※
政範
政子
佐介 時盛
時村
資時
大仏 朝直
時直
朝盛
信時
時広
宣時※
宗宣※⑪
貞房
宗泰
維貞※
家時
貞直
常葉 政村※⑦
金沢 実泰
有時
業時※
忠時
時村※
政長
実時
通時
時兼
為時
顕時
実政
時直
基時⑬
熙時※⑫
顕弁
貞顕※⑮
政顕
仲時
茂時※
貞将
種時

略年譜

年次	西暦	年齢	事項	関連事項
建長三	一二五一	一	五月一五日、松下禅尼の甘縄第で誕生、幼名正寿丸	六月二七日、時頼、正五位下に叙任○一二月二六日、謀叛人了行法師ら捕わる
四	一二五二	二		二月二〇日、将軍藤原頼嗣を廃し、宗尊を奏請○二月二一日、九条道家死去○四月一日、宗尊、鎌倉に入る○七月四日、安達義景の妻、女子を出産（後の時宗の妻）
五	一二五三	三	四月二六日、時頼、七仏薬師像を造立し、二子（正寿丸・福寿丸）の息災延命を祈る	一月二八日、宗政誕生、幼名福寿丸○六月三日、安達義景死去、四四歳○一一月二五日、建長寺造立供養
六	一二五四	四	四月一八日、時頼、二子（正寿丸・福寿丸）の息災延命のため、大庭御厨内に聖福寺を建立	四月二九日、唐船の員数を五艘に制限○一〇月六日、時頼室女子を出産
康元一	一二五六	六		三月一一日、北条重時連署を辞し出家○三月三〇日、北条政村、連署就任、五二歳○八月一一日、前将軍藤

				原頼経死去、時利（時輔）元服○九月二四日、前将軍藤原頼嗣死去○一〇月一三日、時頼の娘死去、三歳○一一月二二日、北条長時、執権就任○一一月二三日、時頼、最明寺において出家
正嘉 一	一二五七	七	二月二六日、将軍宗尊（一六歳）の加冠で元服、時宗と名乗る○六月二三日、将軍宗尊、時宗の山内亭を訪問○一一月二三日、北条実時の息男（一〇歳・後の顕時）の元服に加冠	五月七日、北条政村、越後の国務を賜わる○一二月二四日、幕府御所に廂番の制設けられる
二	一二五八	八	二月二五日、将軍宗尊の二所精進始、時宗ら供奉○三月一日、将軍宗尊、二所参詣、時宗ら供奉○七月一一日、病気により祈禱	四月二五日、時利（一一歳）、小山長村の娘と結婚
文応 一	一二六〇	一〇	一月一日、はじめて垸飯に列候○一月二〇日、将軍御所に昼番衆設置、一番頭人となる○二月、小侍所に入る○七月六日、去年の鶴岡放生会随兵不参に関し、小侍所別当北条実時と連署状を出す（文書発給初見）○八月七日、将軍宗尊赤痢につき、泰山府君祭を沙汰○八月一二日、将軍宗尊病気につき、薬師像造立を沙汰○一一月一〇日、明年の的始射手につき、実時と奉書を出す○一一月	二月五日、近衛兼経の息女宰子、時頼の猶子として鎌倉山内亭に入る○三月二一日、将軍宗尊、宰子と結婚○三月、クビライ・ハーン即位○七月一六日、日蓮、『立正安国論』を時頼に進める○この年、兀庵普寧来日（正元一年・一二五九年説あり）

弘長一	一二六一	一一	一三日、将軍二所参詣供奉につき、実時と連署状を出す○一二月一六日、明年の弓始射手忌避につき、実時と談合○一二月二六日、将軍宗尊、時宗亭に方違え	二月三〇日、関東新制条々を発す○三月二〇日、新制始行、評定衆・引付衆から起請を徴す○三月二五日、将軍近習のうちから歌仙を結番さす○七月二二日、将軍宗尊、後藤基政に関東近古の詠を撰進さす（『東撰和歌六帖』と関係）○一一月三日、北条重時死去、六四歳
二	一二六二	一二	一月四日、時頼、鶴岡八幡宮参詣供奉人の順序を時宗・宗政・時輔・宗頼とする○一月九日、前浜の的始射手の試射会を監臨○四月二三日、安達義景の娘堀内殿（一〇歳）と結婚○四月二五日、極楽寺第の小笠懸の妙技を将軍宗尊ら感嘆○一一月二六日、明年の的始射手につき、実時と連署奉書を出す○一二月二二日、従五位下左馬権頭に叙任	二月二七日、叡尊、鎌倉に到着、六二歳、その後、時頼、音問を重ね、叡尊と会う○一一月二八日、親鸞死去、九〇歳
三	一二六三	一三	一月九日、痘瘡を病む○九月一〇日、将軍より切銭停止下知の命を受ける○一〇月一七日、北条実時重服のため、明年の的始射手につき、単独奉書を出す○一二月、若狭国税所今富名を領す	二月八日、北条政村の常盤亭で一日千首和歌会○一一月二二日、時頼死去、三七歳
文永一	一二六四	一四	八月一一日、連署就任○一〇月一〇日、はじめて	四月二九日、宗尊の子、惟康誕生○

年号	西暦	年齢	事績	関連事項
			政村と連署の裁許状を出す（結城文書）	五月三日、一番引付頭人北条朝直死去、五九歳○六月一六日、引付頭人を改補、一番北条時章、二番北条実時、三番安達泰盛○七月三日、執権長時出家○八月一一日、連署政村、執権就任○八月二一日、長時死去、三五歳○一〇月二五日、北条実時・安達泰盛、越訴奉行就任○一〇月、北条時輔、六波羅探題南方就任
二	一二六五	一五	一月一日、垸飯を主宰○一月五日、従五位上に叙任○一月一四日、的始を奉行○一月三〇日、但馬権守を兼ねる○三月二八日、相模守を兼ねる○閏四月二〇日、御所勤番不参者を罪科に処する旨、小侍所に令達○六月一一日、評定衆・引付衆を大幅に入れ替える○六月二三日、将軍宗尊の最明寺亭出行に、政村・実時・泰盛らと参加○七月二四日、山内に相撲、競馬などを催し、将軍宗尊に贈り物を進呈○一〇月二五日、山内にて時頼の三年忌、導師蘭溪道隆○この年、兀庵普寧の帰国を止められず	三月二八日、相模守北条政村、左京権大夫に叙任○四月二一日、時輔、従五位下式部丞に叙任○七月一六日、宗政（一三歳）、政村の娘と結婚○七月一八日、清原教隆死去、六七歳○九月二一日、将軍宗尊に女子誕生、験者は良基・尊家
三	一二六六	一六	一月二五日、将軍宗尊の子惟康の魚味の祝いに、	三月二日、政村、正四位下に叙任○

			政村らと出仕〇三月六日、引付を廃止、重事は直断、細事は問注所に付す〇三月二八日、諸国守護に鷹狩りの禁止を令達〇五月二日、鶴岡社領武蔵国稲目・神奈河両郷への役夫工米の免除を同国目代に命ずる〇六月二〇日、時宗亭に政村・実時・泰盛会合、深秘の沙汰あり〇六月二三日、御息所（宰子）、姫宮、山内殿に入り、若宮（惟康）は時宗亭に入る〇七月三日、将軍宗尊を自邸に移す	三月六日、藤原親家、将軍宗尊の内々の使いとして上洛〇六月五日、藤原親家鎌倉に戻る、後嵯峨上皇の諷詞あり〇六月二〇日、良基逐電〇七月八日、宗尊、将軍を廃され帰洛の途につく〇七月九日、関東の飛脚糟屋三郎・合田入道、「将軍家御謀反の事」により上洛〇七月二〇日、宗尊帰洛〇七月二四日、惟康、将軍となる、三歳〇八月七日、クビライ、黒的・殷弘らを高麗に遣わし、高麗を介して国書を日本国王に達しようとする
四	一二六七	一七	四月、越訴奉行を廃止〇一二月二六日、御家人所領の売買質入れを禁じ、本物を以て取り戻させるよう命じ、他人への所領贈与を禁ず	八月、忍性、極楽寺に住す
五	一二六八	一八	一月二九日、左馬権頭を辞任〇二月二七日、蒙古牒状到来により各国守護に用心を命ず〇三月五日、執権就任〇執権就任後、日蓮から、被官宿屋最信を介しての『立正安国論』あるいは同論の主旨の奏進を受く〇この年、あるいは文永六年、鎌倉に	一月、高麗使潘阜ら大宰府に到着〇閏一月八日、武藤資能の飛脚、鎌倉に到着し、蒙古・高麗の牒状を幕府に伝達〇二月七日、幕府の使者、関東申次西園寺実氏を以て蒙古・高麗

			禅興寺（廃寺）創建、開基は時宗（あるいは時頼とも）、開山は蘭渓道隆（本文は文永六年にかく）	の牒状を奏す○二月一九日、近衛基平、蒙古返牒を不可とする意見を具申○二月二五日、蒙古の事により二十二社に奉幣○二月、東大寺尊勝院の僧宗性、蒙古牒状を書写○三月五日、執権政村、連署となる
六	一二六九	一九	四月二七日、問注所における所務沙汰をやめ、引付を復活○五月二一日、某、時頼の命で清原教隆が加点した時宗所持の『本朝文粋』を書写・点校する（巻一・巻三）○九月二九日、使者を派遣して比叡山神輿破却等の張本を調査さす○この年か文永七年ごろ、使僧を南宋に派遣して希叟紹曇の法語を求める（文永九年説もある）	二月一六日、蒙古使黒的・殷弘ら対馬に到着、島民と争い、島民二人を捕えて高麗に帰る○九月一七日、高麗使金有成ら対馬に到着、日本返牒せず○一〇月九日、宋僧大休正念来日し、建長寺にて説法
七	一二七〇	二〇	一月一一日、九条忠家の摂関就任の口添えの依頼を受ける○五月九日、文永四年の御家人所領売買質入・他人和与禁令を撤廃○六月二一日、某、時頼の命で清原教隆が加点した時宗所持の『本朝文粋』を書写・点校する（巻七）○この年、虚堂智愚の法語を求める、肥前国高城禅寺を創め、蔵山順空を開山とすると伝える	一月二七日、六波羅探題北方北条時茂死去、三〇歳○一月、菅原長成、蒙古国への返牒を起草○二月二三日、将軍惟康、元服、七歳、加冠は政村○五月二六日、京都正伝寺住持東巌慧安、石清水八幡宮に蒙古降伏の祈願文を捧げる○一〇月二八日南浦紹明、筑前国早良郡興徳寺に入る○一

八	一二七一	二一	三月七日、某、時頼の命で清原教隆が加点した時宗所持の『本朝文粋』を書写・点校する（巻八）〇三月、建長寺住持蘭溪道隆、朗然居士（時宗か）のために、自らの頂相に賛する〇四月二七日、武田妙意を甲斐国甘利庄南方地頭代職に補任〇八月一〇日、寛元一年から康元一年までの成敗を不易とする〇九月一二日、日蓮を逮捕し、佐渡に配流〇九月一三日、異国の防御と悪党の鎮圧のため、九州に所領をもつ御家人に九州下向を命ずる〇九月、時宗の求めにより、石帆惟衍、法語一編を記し、侍者西澗子曇に託して日本に行かせる〇一二月一二日、嫡男貞時、誕生	二月二〇日、将軍惟康、姓源朝臣を賜わって臣籍に降下 五月一五日、高麗の三別抄、耽羅に逃れる〇七月一八日、東巌慧安、兀庵普寧に書を送り、文中で時輔に慈旨を伝えたことにふれる〇九月二日、幕府の使者、上洛して三別抄の状をもたらす〇九月三日、院の評定で三別抄の状を議す〇九月一九日、趙良弼ら一〇〇余人筑前国今津に到着、大宰府西守護所に入る〇一〇月二三日、院の評定で蒙古への返牒を決定、幕府返牒せず〇一一月、蒙古、国号を「大元」と称す〇一二月、北条義宗、六波羅探題北方として上洛
九	一二七二	二二	二月一日、筑前・肥前両国要害警固の指令九州に達す、「代官」（得宗被官か）すでに出発〇二月一一日、名越時章・教時らを誅す〇二月一二日、北御門宿直の着到に証判を加える〇二月一五日、北条義宗に時輔を誅さす（逐電説あり）〔二月騒動〕〇二月、若狭国多烏浦の船徳勝に過書船旗を与え	二月一七日、後嵯峨上皇死去、五三歳〇二月、名越時章を誤殺した大倉（蔵）頼季ら五人、斬られる〇三月七日、クビライ、日本人を送還させる〇四月三日、薩摩国の成岡忠俊、幕命により父の代官として異国警固

			る○九月三日、無象静照、相模国法源寺の住持となる、檀那は時宗○一〇月二〇日、諸国の田文欠失により、守護に調進を命じ、社寺庄公領の田畠の員数・領主の名簿を注進させる○一〇月二二日、北条実時、時宗所持の『本朝続文粋』を書写・校合する○一二月一一日、他人への所領贈与の禁止を、安達泰盛を介して引付頭人に通達さす	につくにあたり、もしもの事があれば、所領を熊寿丸に知行させるとの譲状を書く○五月、元の張鐸、再び来日し高麗の牒状をもたらすが、大宰府に留められ、入京を許されず○九月五日、得宗家公文所、摂津国多田庄政所に多田院修造両条を令ずる○一〇月、宗政（二〇歳）、引付を経ずに評定衆となる○一二月二五日、南浦紹明、大宰府崇福寺に入寺
一〇	一二七三	二三	六月二五日、引付頭人異動、一番実時、二番時村、三番宗政、四番時広、五番泰盛○七月一二日、御家人に質券所領を無償で取り戻させ、越訴を禁止○八月三日、西国御家人に、所領の名字・分限・領主名・知行の由緒などをもれなく注進すること、悪党を所領内にかくまわないことを、守護を通じて令達○一〇月一九日、鹿嶋大禰宜に臨時祭の巻数請取を出す○一〇月、北条重時十三回忌の極楽寺多宝塔供養願文に、時宗は重時の長女の誕育と記す	四月二四日、得宗公文所、摂津国多田院に造営条々を令達○四月二八日、高麗三別抄、平定される○五月二七日、北条政村死去、六九歳○五月、趙良弼、クビライに、日本攻略の不可を説く○六月一七日、北条義政、連署就任、三二歳○七月一日、義政、武蔵守に叙任○一二月一七日、得宗家公文所、摂津国多田庄に、同庄作田損亡検見以下を令達
一一	一二七四	二四	二月一四日、日蓮の佐渡配流をゆるす（日蓮は、	一月二六日、後宇多天皇践祚、亀山

時宗が一門、諸大名の反対を押し切って赦免した、と記す）○六月一日、恩領・私領を問わず、他人への所謂贈与を禁止○十一月一日、蒙古人対馬・壱岐に襲来し合戦を致すとの武藤資能の報告を受け、武田信時に、安芸国に下向し、国中の地頭御家人、本所領家一円地の住人を指揮して迎撃するよう命ずる○一一月三日、某に、石見国の所領に下り、蒙古人襲来せば守護の指揮下に迎撃するよう命ずる○一一月一一日、安芸守護武田信時に門司関に向かうよう指示○一二月二日、「異国征伐」の祈りとして剣一腰を安芸国厳島神社に進献○一二月三日、大輔律師を鎌倉大慈寺新釈迦堂供僧職に補任

院政開始○四月八日、日蓮、平頼綱と対面、蒙古襲来の時期を聞かれる○八月一日（七月二九日とも）、前将軍宗尊死去、三三歳○八月二六日、高麗、忠烈王即位○一〇月三日、忻都・洪茶丘・劉復亨率いる元軍と金方慶率いる高麗軍計二万六〇〇〇、合浦を発して日本に向かう○一〇月六日、元・高麗軍対馬に上陸し合戦○一〇月一四日、壱岐襲わる○一〇月二〇日、元・高麗軍、博多湾沿岸に上陸し、各地で合戦、日本軍水城・大宰府に退く、その後、元・高麗軍撤退、大風に遭う○一一月二七日、元の東征軍、合浦に還る

建治 一　一二七五　二五

五月一二日、周防・安芸両国を長門警固に協力させる○五月二〇日、周防・安芸・備後を長門警固に協力させる○六月二〇日、西国の新関・河手等を重ねて停止させる○七月六日、引付頭人異動、一番実時・二番時村・三番宗政・四番公時・五番泰盛○九月七日、元使を龍口で斬る○九月一四日、

二月四日、大宰少弐経資、四季各三か月九州国別の蒙古警固結番の制規を施行○四月一五日、元使杜世忠ら長門に着く○一〇月三日、肥後国の御家人竹崎季長、文永合戦の一番駈けの戦功を訴える○一〇月二九日、

近江守護佐々木泰綱に、同国中の寺社に異国降伏の祈禱をさせる○九月二七日、門司・赤間以下所々の関手を停止させる○一〇月一八日、使者を入京させ、後深草上皇の第一皇子熙仁親王の立坊・執政等のことを奏上させる○一〇月二一日、異国降伏のため伊勢国桑名神戸地頭職を神宮祭主に、豊前国到津・勾金両庄の地頭職を宇佐八幡宮に寄進○一一月二二日、時頼十三年忌○一二月八日、安芸守護武田信時に、明年三月ごろ「異国(高麗)征伐」のため、梶取・水手らの鎮西での不足分を山陰・山陽・南海道から補充するよう大宰少弐経資に命じたことを伝え、安芸国海辺の所領を知行する地頭御家人・本所一円地から、かねて梶取・水手を徴発しておき、経資から通報があれば配分の員数を博多に送るよう命ずる

幕府、肥前国御家人山代諧の遺子栄に、去年蒙古合戦の勲功賞を与える、同時に一二〇余人に恩賞配分○一一月一日、安達泰盛、竹崎季長に文永蒙古合戦勲功賞宛行の下文を与える○一一月五日、後深草上皇の皇子熙仁親王、立太子(両統迭立の始まり)○一一月、北条実政、父実時の名代として「異賊征伐」のため鎮西に下向、このころ十一か国に及ぶ守護の交代○一二月一三日、北条時国、六波羅探題南方となるべく上洛○この年、島津久経(久時)、異国警固のため関東より鎮西に下向

二　一二七六　三六

一月二〇日、時宗邸の火災により、将軍惟康の二所参詣精進延期○三月五日、この日以前、鎮西の武士に異国発向用意条々を命す○三月一〇日、この日以前、高麗発向の輩を除き、鎮西諸国の輩に異国警固要害石築地(元寇防塁)構築を命ずる、この日、大宰少弐経資これを管国に指示○三月二

一月一一日、宗頼、長門・周防守護就任○二月二〇日、大宰少弐経資、「異国征伐」の幕命を肥後守護代安達盛宗に通達、盛宗これを同国内に施行○三月二七日、日蓮、富木常忍の妻にあてた書状のなかで、異国警固

			五日、この日以前、「異国征伐」の軍勢・兵具・乗馬等を注進させる○閏三月、絵を入道藤原伊信に描かせ、詩を日野資宣に和歌を真観（葉室光俊）に選ばせて、色紙形に能書家をもって書かせた『現存三十六人詩歌』屏風」を作らせる○八月二四日、山陽・南海道の武士に長門国を警固させ、安芸守護武田信時にあて、同国地頭御家人ならびに本所一円地住人に長門国を警固させる	に赴く者の悲痛な心事を書く○四月一六日、日蓮、池上氏兄弟宗仲・宗長にあてた書状のなかに異国警固に赴く者の心事を書く○八月、大隅国の国衙・守護代、関東御教書・大宰少弐経資の施行により同国内に平均に石築地役を課し、八月中に功を終えるよう命ずる○九月一五日、安達時盛遁世して所帯を収公される○一〇月二三日、北条実時死去、五三歳
三	一二七七	二七	二月一日、時宗の妻流産○六月五日、北条義政の遁世を留めるため工藤道恵を使者に立てる○六月一三日、肥前肥後安富庄地頭職を拝領○六月一六日、御家人らの官途は、時宗（将軍説もある）の直断とする○八月二九日、引付頭人異動、一番宗政・二番宣時・三番業時・四番公時・五番泰盛○九月一九日、本所進止の社寺・庄公ならびに地頭補任の関東御領の異国警固役を対捍するのを停止させる○一〇月二五日、山内亭で寄合、時宗・太田康有・佐藤業連・平頼綱出席、各庄園の本所領家から臨時に徴発した兵粮料所と在京警備の武士	五月二日、北条時盛死去、八一歳○五月二二日、北条義政遁世、信濃国善光寺に赴く○六月八日、大宰府、蒙古が宋朝を滅ぼし、日本商船が交易できずに帰国したことを幕府に報告○六月一七日、宗政、武蔵守に叙任、北条義宗、引付衆を経ずに評定衆となる○八月一七日、義宗死去、二五歳○一一月三日、東巌慧安、鎌倉聖海寺に死去、五三歳○一二月一九日、北条時国正式に六波羅探題南

			に交付した諸所を再び本主に返すことを定める○一二月二日、貞時元服、七歳○一二月一九日、山内殿で寄合、安達泰盛と太田康有を召す。北条時村に申し渡す六波羅政務条々を定める	方に就任○一二月二一日、北条時村、六波羅探題北方に就任、上洛
弘安　一	一二七八	二八	閏一〇月、『沙汰未練書』に「相模守平朝臣時宗」の奥書あるも仮託○一二月二三日、無及徳詮・傑翁宗英に、渡宋して俊傑の禅僧を誘引帰国することを願う	五月、大休正念、泰定居士に法語を与える○七月二四日、蘭溪道隆死去、六六歳○七月、高麗の忠烈王、クビライに合浦鎮戍軍を留めて倭寇に備えんことを請う○一一月二八日、クビライ、沿海の官司に詔して、日本国人の交易を許す
二	一二七九	二九	夏、無学祖元を京都東福寺に迎えようとする円爾を制止○八月二〇日、無学祖元を建長寺住持とする	二月六日、南宋滅亡○二月七日、クビライ、揚州以下に日本征討の戦艦を造らせる○六月五日、長門・周防守護北条宗頼（時宗の弟）死去○六月二五日、元使対馬に至り、牒状を進める、博多で斬られる○六月、無学祖元来日○この年、日蓮の弟子日興の駿河国熱原の信徒、平頼綱から処刑される
三	一二八〇	三〇	五月三日（弘安一、二年説あり）、日蓮、窪尼御	○五月三日、倭賊、高麗の固城・漆

			前にあて「守殿（時宗）の御をんにてすぐる人々が、守殿の御威をかりて一切の人々をどし、なやまし、わずらはし」と述ぶ○七月二三日、石清水放生会以前殺生禁断の官符を諸国に施行する○九月五日、加賀国熊坂庄の東福寺寄進のことを円爾に告ぐ○一〇月二八日、鎌倉火災、時宗邸も罹災○一二月八日、異国用心につき条々の篇目を大宰少弐経資に伝達	浦、合浦に入り、漁民を捕えて帰る○六月五日、北条時業（宗頼の子）、長門・周防の守護となる○六月二二日、クビライ、范文虎を召して、日本征討を議す○七月二日、日蓮、南条時光あての書状に、異国警固で筑紫に赴く者の心事を書く○八月二六日、高麗王、クビライに謁し、東征につき七カ条を奏す、日本征討の策定まる○一〇月一日、円爾、東福寺常楽庵に大衆を集め、将軍惟康、時宗の禄位増進を祈る○一〇月一七日、円爾死去、七九歳○一一月一四日、鶴岡八幡宮、火災
四	一二八一	三	一月、無学祖元より「煩悩する莫れ」の語を与えられ「春夏の間、博多擾騒せんも、一風わずかに起こり万艦掃蕩せん」と垂示さる、という○四月一六日、宿老の仁をさしおき、佐々目頼助（経時の子）に異国降伏の祈禱をさせる○四月二四日、諸国守護に、地頭らが津料・河手を押し取ることを停止させる○六月五日、弟宗頼の三年忌供養を	三月二一日、この日以前、高野山金剛三昧院領筑前国粥田庄は異国敵賊の警固に便宜ある地なので、河内国新開庄と交換○三月、忍性、最明寺（時頼）後家尼の意をうけ、叡尊を招いて摂津国多田院本堂の供養を営む○五月二一日、東路軍、対馬を侵

営む○六月十六日、鶴岡八幡宮の再興にちなみ、同宮に重宝を寄進○六月一九日、某（頼助か）に、異国降伏祈禱の結願をよろこび、以後も祈禱に意を用いるよう報ずる○六月二八日、六波羅探題に、鎮西および山陰道因幡国以西の本所一円地から、異国合戦の兵粮米として米穀を収公することを朝廷に申し入れるよう通達○閏七月七日、正五位下に叙任○閏七月九日、諸社職掌人に本社を警固させること、寺社権門領・本所一円地の庄官以下を武家の下知に従って戦場に向かわさせること、の両条の勅許を申し入れる○閏七月一一日、異賊用心のため北条時業（兼時の初名）を播磨国に差し置き、山陽道海路の防戦にあたらせる、また、武蔵国の御家人児玉六郎・七郎にあて、子息を八月中に安芸国の所領に下向させ、賊船が門司関に侵入したときは長門国の軍陣に加わるよう命ずる○閏七月二七日、伊豆国三島社に寄進された同国御園について、その地頭職を停止させる○八月五日、六波羅探題に「高麗征伐」ならびに水手のことを通達する○八月一六日、「高麗征伐」のため、少弐か大友を大将軍とし、三カ国の御家人ならびに

し、ついで壱岐を侵す○六月六日、東路軍、博多湾口の志賀島に至り、日本軍と交戦○六月一三日、東路軍、志賀島付近の戦いに利あらず、壱岐に退く○六月一四日、大宰府の飛脚、京都に着き、異賊の船三〇〇艘、長門の浦に直接着岸すと報ずる○六月一五日、江南軍の先発隊、対馬に着く○六月一八日、京都の諸寺社、異国降伏の祈禱を行なう○七月二日、肥前国の御家人ら壱岐瀬戸浦で元軍と交戦○七月初旬、江南軍、肥前国平戸島で東路軍と合流○七月二七日、元軍、平戸島から鷹島へ移動、翌日にかけて日本軍と戦う○閏七月一日、東路・江南両軍、大風雨により、鷹島海上で大半覆没○閏七月五日〜七日、鷹島一帯で大掃蕩戦○閏七月九日、博多で元軍の捕虜を斬る○閏七月一三日、武藤資能死去○閏七月晦日、北条師時（宗政説もある）、長

			大和・山城の悪徒五六人を鎮西に下向させようとする○八月二十五日、六波羅探題に「高麗征伐」延引のことを通達する○一〇月二二日、引付頭人異動、一番業時・二番宣時・三番公時・四番顕時・五番泰盛	門・周防守護就任○八月九日、宗政（時宗の弟）死去、二九歳○九月一六日、六波羅探題北条時国、豊後国の御家人野上資直に、賊船・異国降人・要害修固などについての条々を伝達○一一月二七日、北条義政死去、四〇歳
五	一二八二	三二	三月一日、山内に向かう途中、鎌倉に入ろうとする一遍と、巨福呂坂で出会う○六月二九日、三位阿闍梨房を大慈寺新釈迦堂供僧職に補任○九月六日、安嘉門院宣旨局（平光盛の嫡女）伝領の池大納言頼盛家領を久我通忠後室に譲与したことを、承認する状を出す○一二月八日、無学祖元を開山として円覚寺を創建し、敵味方戦死者を供養する	六月二七日、貞時、左馬権頭従五位下に叙任○七月一四日、安達泰盛、陸奥守に補任○八月二四日、北条万寿（貞規、師時の子）、長門・周防守護に就任○一〇月三日、日蓮死去、六一歳○一一月九日、肥前守護北条時定、海賊船を取り締まらせる
六	一二八三	三三	二月三〇日、山城三聖寺を関東祈禱所とする○三月二五日、円覚寺に尾張国富田庄寄進の意向を伝える○四月、引付頭人異動、一番宣時・二番公時・三番時基・四番顕時・五番泰盛、得宗御内の法令「恒例臨時公事の間の事」を出す○五月一日、鹿島大禰宜に、異国降伏祈禱巻数の請取を出す○七月一六日、円覚寺に、尾張国富田庄等を寄進す	四月一六日、北条業時（重時の子）連署就任、四三歳○六月三〇日、関東の使者二人入洛、その朝廷への申詞記に、蒙古の文永牒状のことを記す○八月一五日、隆弁死去、七六歳○八月二四日、頼助、鶴岡八幡宮別当に補任○九月四日、安嘉門院邦子

る旨を達す○七月一八日、円覚寺を将軍家祈禱所とする旨を無学祖元に告げる、無学これを謝す○七月、円覚寺に、御願寺となし、寺領を寄進するについての申文を呈する○九月二七日、円覚寺米銭納下帳および無学祖元注進の円覚寺年中寺用米注進状を承認する○一〇月二二日、東福寺住持無関普門を介し、円覚寺の勅額のことを内々に朝廷に申し入れる○一二月一一日、厳智阿闍梨を比企谷新釈迦堂供僧職に補任○一二月一二日、武蔵以下の得宗分国の寺社に異賊降伏の祈禱をさせる○一二月二一日、来年春蒙古襲来するとの情報あり、守護・御家人・本所一円地に警固を命ずる○一二月二八日、武蔵以下の得宗分国の寺社に異賊降伏の祈禱をさせる○この年、無学祖元に十六羅漢像を贈る

（後高倉院皇女、後堀河天皇准母）死去、亀山上皇、同院と猶子の契約あり、同院遺領を競望し、高倉永康を鎌倉に派遣、幕府の関与により、亀山、同院領を管領す○一二月一六日、北条宣時、従五位上に叙任

七　一二八四　三四

三月四日、筑後国御家人北野家重と北野社雑掌との同国河北庄についての相論を裁決（時宗関係関東裁許下知状の終見）○三月二五日、六波羅探題北条時村に、東福寺領加賀国熊坂庄に関する同寺長老の訴を善処するよう申し入れる○三月二六日、得重公文所に、円覚寺斎料閏月米一〇〇石の進納

一月四日、得宗家公文所、若狭国守護代にあて異国降伏の祈禱をさせる○一月一七日、豊前守護北条実政、長門・周防守護となり着任○一月二九日、北条兼時、摂津国の寺社に異国降伏の祈禱をさせる○二月二四日、

を命ずる○年月日不明、桑谷療病所の設立を発願し、土佐国大忍庄を財源にあてる、極楽寺忍性、同所を設立、師時を猶子とする○三月二八日、病気になる○四月四日巳刻、無学祖元につき落髪受衣、法号法光寺殿道杲、妻も同時に出家、法号覚山志道、酉刻死去、三四歳	叡尊、「宇治川の網代を停廃して、同川の橋を修造し、もって蒙古合戦での多くの戦死者、八幡大菩薩ならびに諸社の神兵の霊を慰めたい」との奏状を朝廷に呈し、二七日承認される

参考文献

一　刊本史料（集）・年表・索引

山田安栄編『伏敵編』『靖方溯源・竹崎季長蒙古襲来絵詞』　吉川半七　一八九一年
前田慧雲編『兀庵和尚禅師語録』（大日本続蔵経二八―一）　蔵経書院　刊記なし
仏書刊行会編『大覚禅師語録』（大日本仏教全書九五）　仏書刊行会　一九一二年
仏書刊行会編『念大休禅師語録』（大日本仏教全書九六）　仏書刊行会　一九一四年
東京帝国大学文学部史料編纂掛編『史料綜覧』五（東京大学出版会より復刊）　朝陽会　一九二八年
高楠順次郎編『仏光国師語録』（大正新修大蔵経八〇）　大正一切経刊行会　一九三一年
黒板勝美校訂『吾妻鏡』前篇・後篇（新訂増補国史大系三二・三三）　吉川弘文館　一九三二～三三年
国民精神文化研究所編『元寇史料集』（国民精神文化文献二）　国民精神文化研究所　一九三五年
大阪市役所編『国威宣揚元寇展図録』　大阪市役所　一九三八年
帝国学士院編『宸翰英華』　紀元二千六百年奉祝会　一九四四年

佐藤進一・池内義資編『中世法制史料集』一　岩波書店　一九五五年
鎌倉市史編纂委員会編『鎌倉市史』史料編第二　吉川弘文館　一九五六年
増補史料大成刊行会編『吉続記』　臨川書店　一九六五年
増補史料大成刊行会編『勘仲記』　臨川書店　一九六五年
御家人制研究会編『吾妻鏡人名索引』（一九九二年第五刷）　吉川弘文館　一九七一年
萩原龍夫校訂『八幡愚童訓』甲・乙（日本思想大系二〇）　岩波書店　一九七五年
竹内理三編『鎌倉遺文』一〇～二〇　東京堂出版　一九七六～八一年
竹内理三編『建治三年記』（増補続史料大成一〇）　臨川書店　一九七八年
竹内理三編『鎌倉年代記　武家年代記』（増補続史料大成別巻）　臨川書店　一九七九年
立正大学日蓮教学研究所編『昭和定本日蓮聖人遺文』一～四　身延山久遠寺　一九八八年
中世内乱史研究会編『親玄僧正日記』（『内乱史研究』一四～一六）　一九九三～九五年
東京大学史料編纂所編『深心院関白記』（大日本古記録）　岩波書店　一九九六年
松本彩解説『旧御物本蒙古襲来絵詞』　貴重本刊行会　一九九六年
安田元久編『吾妻鏡人名総覧　注釈と考証』　吉川弘文館　一九九八年
対外関係史総合年表編集委員会編『対外関係史総合年表』　吉川弘文館　一九九九年

二　著　書

史学会編『弘安文禄征戦偉績』　冨山房　一九〇五年
池内宏『元寇の新研究』・同附録　東洋文庫　一九三一年
足利衍述『鎌倉室町時代之儒教』　日本古典全集刊行会　一九三二年
鷲尾順敬『鎌倉武士と禅』（初版は一九一六年）　日本学術普及会　一九三五年
林岱雲『日本禅宗史』　大東出版社　一九三八年
関靖『国難と北条時宗』　長谷川書房　一九四二年
山上八郎『北条時宗』　三教書院　一九四二年
鈴木隆『時宗新論』　千穂書房　一九四四年
関靖『史話北条時宗』　朝日新聞社　一九四三年
高柳光寿『日本武将評伝』一　大日本出版株式会社　一九四五年
関靖『金沢文庫の研究』　講談社　一九五一年
太田博太郎『中世建築』　彰国社　一九五七年
龍粛『鎌倉時代』上・下　春秋社　一九五七年
相田二郎『蒙古襲来の研究』（一九八二年に増補版）　吉川弘文館　一九五八年
鎌倉市史編纂委員会編『鎌倉市史』・総説編　吉川弘文館　一九五九年

玉村竹二・井上禅定『円覚寺史』 春秋社 一九六四年
服部敏良『鎌倉時代医学史の研究』 吉川弘文館 一九六四年
鈴木一成『日蓮聖人遺文の文献学的研究』 山喜房仏書林 一九六五年
高木豊『日蓮―その行動と思想―』 評論社 一九七〇年
川添昭二『注解元寇防塁編年史料―異国警固番役史料の研究―』福岡市教育委員会 一九七一年
川添昭二『日蓮―その思想・行動と蒙古襲来―』(のち『日蓮と蒙古襲来』と改題) 清水書院 一九七一年
佐藤進一『増訂鎌倉幕府守護制度の研究』 東京大学出版会 一九七一年
網野善彦『蒙古襲来』(日本の歴史一〇) 小学館 一九七四年
熊本県教育委員会文化課編『竹崎城』(『熊本県文化財調査報告書』一七) 熊本県教育委員会 一九七五年
川添昭二『元の襲来』 ポプラ社 一九七五年
赤羽学編『二十八品幷九品詩歌 現存三十六人詩歌』(『岡山大学国文学資料叢書』3) 福武書店 一九七五年
玉村竹二『日本禅宗史論集』 思文閣出版 一九七六年
川添昭二『蒙古襲来研究史論』 雄山閣出版 一九七七年
蔭木英雄『五山詩史の研究』 笠間書院 一九七七年

工藤敬一『北条時宗』（日本を創った人びと9、のち『北条時宗とその時代』と改題） 平凡社 一九七八年
阿部征寛『蒙古襲来』 教育社 一九八〇年
井上禅定『駈込寺　東慶寺史』 春秋社 一九八〇年
奥富敬之『鎌倉北條氏の基礎的研究』 吉川弘文館 一九八〇年
貫達人・川副武胤著『鎌倉廃寺事典』 有隣堂 一九八〇年
魏栄吉『元・日関係史の研究』 教育出版センター 一九八五年
外村展子『鎌倉の歌人』 かまくら春秋社 一九八六年
島田修二郎・入矢義高監修『禅林画賛』 毎日新聞社 一九八七年
山口修『蒙古襲来—元寇の史実の解明—』 光風社出版 一九八八年
村井章介『アジアのなかの中世日本』 校倉書房 一九八八年
五味文彦『鎌倉と京』（大系日本の歴史5） 小学館 一九八八年
桃裕行『桃裕行著作集3　武家家訓の研究』 思文閣出版 一九八八年
佐藤進一『日本中世史論集』 岩波書店 一九九〇年
花房英樹『白楽天』 清水書院 一九九〇年
葉貫磨哉『中世禅林成立史の研究』 吉川弘文館 一九九三年
川添昭二『九州の中世世界』 海鳥社 一九九四年

宮島新一『肖像画』（日本歴史叢書） 吉川弘文館 一九九四年
海津一朗『神風と悪党の世紀—南北朝時代を読み直す—』 講談社 一九九五年
杉山正明『クビライの挑戦—モンゴル海上帝国への道—』 朝日新聞社 一九九五年
南基鶴『蒙古襲来と鎌倉幕府』 臨川書店 一九九六年
太田弘毅『蒙古襲来—その軍事史的研究—』 錦正社 一九九七年
海津一朗『蒙古襲来—対外戦争の社会史—』 吉川弘文館 一九九八年
川添昭二『日蓮とその時代』 山喜房仏書林 一九九九年
湯山学『鎌倉北条氏と鎌倉山ノ内』 私家版 一九九九年
西尾賢隆『中世の日中交流と禅宗』 吉川弘文館 一九九九年
伊藤一美『建治三年記注釈』 文献出版 一九九九年
李領『倭寇と日麗関係史』 東京大学出版会 一九九九年
細川重男『鎌倉政権得宗専制論』 吉川弘文館 二〇〇〇年
奥富敬之『時頼と時宗』 日本放送出版協会 二〇〇〇年
奥富敬之『北条時宗—史上最強の帝国に挑んだ男—』 角川書店 二〇〇〇年
石井進『鎌倉びとの声を聞く』 日本放送出版協会 二〇〇〇年
合田昌文『中世合田氏ノ跡』 私家版 二〇〇〇年
五味文彦『増補吾妻鏡の方法—事実と神話にみる中世—』 吉川弘文館 二〇〇〇年

百瀬今朝雄『弘安書札礼の研究』東京大学出版会　二〇〇〇年
村井章介『北条時宗と蒙古襲来—時代・世界・個人を読む—』日本放送出版協会　二〇〇一年

三　論　文

田口卯吉「北条政村」(『史学雑誌』一〇—一〇)　一八九九年
三浦周行「北条時宗と同政村」(『日本史の研究』新輯二)　一九〇四年
黒板勝美「武相の古文書について」(『虚心文集』五、吉川弘文館)　一九四一年
近藤喜博「身延本「本朝文粋」に関する二三の所見」(『日本歴史』九五)　一九五六年
貫　達人「円覚寺領について」(『東洋大学紀要』一一)　一九五七年
貫　達人「極楽寺と忍性について」(『金沢文庫研究』一〇六)　一九六四年
小沢富夫「「最明寺殿教訓書」についての一考察」(『倫理学年報』一八、のち雄山閣出版刊『末法と末世の思想』に再録)　一九六九年
朝倉　尚「渡日僧の教化の姿勢—無学祖元の勇猛心と老婆心—」(『中世文芸』四五)　一九六九年
川添昭二「蒙古襲来と中世文学」(『日本歴史』三〇二、のち平凡社刊『中世文芸の地方史』に再録)　一九七三年
武井　尚「安達泰盛の政治的立場—得宗専制体制成立の一側面—」(『埼玉民衆史研究』創刊号)　一九七五年

渡辺晴美「北条時宗の家督継承条件に関する一考察―『吾妻鏡』文永元年欠文理由及び文永九年二月騒動との関連において―」（『政治経済史学』一一〇・一一一）一九七五年
相田二郎「鎌倉時代における武家古文書の筆蹟」（『日本古文書学の諸問題』名著出版）一九七六年
渡辺晴美「得宗専制体制の成立過程―文永・弘安年間における北条時宗政権の実態分析―」（『政治経済史学』一二五・一三九・一六二・一六五）一九七六～八〇年
石井正敏「文永八年来日の高麗使について―三別抄の日本通交史料の紹介―」（『東京大学史料編纂所報』一二）一九七八年
石井清文「建治三年における鎌倉幕府連署武蔵守北条義政の出家遁世事情―極楽寺流塩田氏の消息について―」（『政治経済史学』一四六）一九七八年
湯山学「土佐国大忍庄と鎌倉極楽寺」（『鎌倉』三三）一九八〇年
梶谷亮治「伝北条時定・時宗の画像」（『美術史』一〇八）一九八〇年
青山幹哉「鎌倉幕府将軍権力試論―将軍九条頼経～宗尊親王期を中心として―」（『年報中世史研究』八）一九八三年
筧雅博「関東御領考」（『史学雑誌』九三―四）一九八四年
村井章介「執権政治の変質」（『日本史研究』二六一）一九八四年
岡邦信「鎌倉幕府後期に於ける訴訟制度の一考察―引付廃止と「重事直聴断」を

めぐって―」（『法制史研究』三五）　一九八五年
渡辺雄二「福岡・勝福寺蔵大覚禅師像」（『仏教芸術』一六六）　一九八六年
村井章介「安達泰盛の政治的立場」（『中世東国史の研究』東京大学出版会）　一九八八年
小田雄三「鎌倉時代の尾張国富田庄について」（『年報中世史研究』一四）　一九八九年
森　幸夫「六波羅評定衆」（『日本中世政治社会の研究　小川信先生古稀記念論集』続群類従完成会）　一九九一年
森　茂暁「蒙古襲来と朝幕交渉」（『鎌倉時代の朝幕関係』思文閣出版）　一九九一年
海津一朗「合戦の戦力数―鎌倉幕府の高麗出兵計画を素材として―」（『日本史研究』三八八）　一九九四年
児玉眞一「文永・弘安の役を契機とする防長守護北条氏の一考察―守護・守護代の検討を通じて―」（『白山史学』三〇）　一九九四年
高橋慎一朗「北条時村と嘉元の乱」（『日本歴史』五五三）　一九九四年
渡辺晴美「北条政村の研究」（『政治経済史学』三四四・三七〇・三八七）　一九九五～九八年
高橋典幸「鎌倉幕府軍制の構造と展開―「武家領対本所一円地体制」の成立―」（『史学雑誌』一〇五―一）　一九九六年
湯之上隆「覚海円成と伊豆国円成寺―鎌倉禅と女性をめぐって―」（『静岡県史研究』一二）　一九九六年

小泉聖恵　「得宗家の支配構造」（『お茶の水史学』四〇）　一九九六年
高橋秀樹　「広橋家旧蔵「兼仲卿暦記」文永十一年について」（『国立歴史民俗博物館研究報告』七〇）　一九九七年
佐久間広子　「宗尊親王鎌倉将軍家就任の歴史的背景」（『政治経済史学』三七〇）　一九九七年
秋山哲雄　「都市鎌倉における北条氏の邸宅と寺院」（『史学雑誌』一〇六―九）　一九九七年
朱雀信城　「『蒙古襲来絵詞』研究の現状と課題」（『博多研究会誌』五）　一九九七年
堀本一繁　「「蒙古襲来絵詞」の現状成立過程について―青柳種信本の検討と紹介―」（『福岡市博物館研究紀要』八）　一九九八年
高橋典幸　「武家政権と本所一円地―初期室町幕府軍制の前提―」（『日本史研究』四三一）　一九九八年
川添昭二　「北条時宗文書の考察―請文・巻数請取・書状―」（『鎌倉遺文研究』二）　一九九八年
石井清文　「北条経時執権期の政治バランス―「連署」不置の事情―」（『政治経済史学』三九一・三九八・四〇〇）　一九九九年
伊藤邦彦　「弘安六年十二月の幕府「異国降伏」祈禱指令をめぐって」（『鎌倉遺文研究』三）　一九九九年

著者略歴

一九二七年生まれ
一九五二年九州大学文学部史学科（国史専攻）卒業
九州大学文学部教授、福岡大学人文学部教授等を歴任
二〇一八年没

主要著書
今川了俊（人物叢書）　対外関係の史的展開　中世九州地域史料の研究　中世文芸の地方史　蒙古襲来研究史論　日蓮とその時代

人物叢書　新装版

北条時宗

二〇〇一年（平成十三）十月一日　第一版第一刷発行
二〇二三年（令和　五）四月一日　第一版第二刷発行

著　者　川《かわ》添《ぞえ》昭《しょう》二《じ》
編集者　日本歴史学会
　　　　代表者　藤田　覚
発行者　吉川道郎

発行所　株式会社　吉川弘文館
東京都文京区本郷七丁目二番八号
郵便番号一一三―〇〇三三
電話〇三―三八一三―九一五一〈代表〉
振替口座〇〇一〇〇―五―二四四
http://www.yoshikawa-k.co.jp/
印刷＝株式会社 平文社
製本＝ナショナル製本協同組合

ISBN978-4-642-05223-8

『人物叢書』（新装版）刊行のことば

人物叢書は、個人が埋没された歴史書が盛行した時代に、「歴史を動かすものは人間である。個人の伝記が明らかにされないで、歴史の叙述は完全であり得ない」という信念のもとに、専門学者に執筆を依頼し、日本歴史学会が編集し、吉川弘文館が刊行した一大伝記集である。

幸いに読書界の支持を得て、百冊刊行の折には菊池寛賞を授けられる栄誉に浴した。

しかし発行以来すでに四半世紀を経過し、長期品切れ本が増加し、読書界の要望にそい得ない状態にもなったので、この際既刊本の体裁を一新して再編成し、定期的に配本できるような方策をとることにした。既刊本は一八四冊であるが、まだ未刊である重要人物の伝記についても鋭意刊行を進める方針であり、その体裁も新形式をとることとした。

こうして刊行当初の精神に思いを致し、人物叢書を蘇らせようとするのが、今回の企図である。大方のご支援を得ることができれば幸せである。

昭和六十年五月

日本歴史学会

代表者　坂本太郎

日本歴史学会編集

人物叢書〈新装版〉

▽没年順　▽一、四〇〇円～三、五〇〇円（税別）　▽品切書目の一部についてオンデマンド版の販売を開始しました。詳しくは図書目録、または小社ホームページをご覧ください。

日本武尊　上田正昭著　熊襲・蝦夷の征討に東奔西走する悲劇の皇子

継体天皇　篠川　賢著　古代国家形成の画期をつくった六世紀の大王

聖徳太子　坂本太郎著　推理や憶測を排し透徹の史眼で描く決定版！

秦　河勝　井上満郎著　飛鳥時代を生きぬいた聖徳太子の側近の生涯

蘇我蝦夷・入鹿　門脇禎二著　悪逆非道の人間像を内外政治状勢の中に活写

天智天皇　森　公章著　中央集権体制の確立を推進した古代の天皇

額田王　直木孝次郎著　二人の皇子に愛された『万葉集』女流歌人の伝

持統天皇　直木孝次郎著　天武の皇后波瀾苦悩の生涯を時代の上に描く

柿本人麻呂　多田一臣著　『万葉集』を手がかりに「歌聖」の生涯に迫る

藤原不比等　高島正人著　藤原氏繁栄の礎を築いた稀代の大政治家描く

長屋王　寺崎保広著　邸宅跡発掘と史料駆使し自尽に至る生涯描く

大伴旅人　鉄野昌弘著　歌の世界を切り開いた万葉歌人・政治家

県犬養橘三千代　義江明子著　奈良朝に華麗な血脈を築き上げた女官の生涯

山上憶良　稲岡耕二著　奈良時代の歌人。独自の作風と貴き生涯追う

道　慈　曾根正人著　黎明期の日本仏教構築を主導した遣唐留学僧

行　基　井上　薫著　架橋布施屋等社会事業史に輝く奈良時代高僧

橘　諸兄　中村順昭著　天平期、政権トップに立った皇親政治家！

光明皇后　林　陸朗著　聖武の皇后天平のヒロイン。仏教興隆に尽す

鑑　真　安藤更生著　奈良仏教・文化に感化与えた唐招提寺の開祖

藤原仲麻呂　岸　俊男著　大臣から逆賊に一転、奈良朝史の秘鍵を解く

阿倍仲麻呂　森　公章著　玄宗皇帝に仕え、唐で客死した遣唐使の生涯

道　鏡　横田健一著　空前絶後の怪僧。女帝治下の暗闘・陰謀を解く

吉備真備　宮田俊彦著　該博な学識を持つ奈良時代屈指の学者政治家

早良親王　西本昌弘著　桓武天皇の皇太子。怨霊イメージに隠れた姿

佐伯今毛人　角田文衞著　東大寺造営の主宰者。渦巻く政局と生涯照射

和気清麻呂　平野邦雄著　勝れた古代革新政治家の真面目を再評価する

桓武天皇　村尾次郎著　人材を登用し清新な政治行った延暦聖主の伝

坂上田村麻呂 新稿版　高橋　崇著　征夷の英雄として名高き武将の全生涯を解明

最　澄　田村晃祐著　日本天台宗の開祖。思想と行動と波瀾の生涯

平城天皇　春名宏昭著　在位三年で新政策を展開した平安初期の天皇

藤原冬嗣　虎尾達哉著　摂関家興隆の基礎を築いた嵯峨天皇の側近

仁明天皇　遠藤慶太著　後に規範とされる宮廷築いた平安前期の天皇

橘嘉智子　勝浦令子著　嵯峨天皇を支えた「檀林皇后」の実像に迫る

円　仁　佐伯有清著　最澄の高弟。天台密教を弘めた三世天台座主

伴　善男　佐伯有清著　謎秘める応天門の怪火俊敏宰相の数奇な生涯

清和天皇　神谷正昌著　平安前期に即位した初の幼帝。清和源氏の祖

円　珍　佐伯有清著　五世天台座主智証大師の生涯を克明に描く！

菅原道真　坂本太郎著　中傷にあい流謫大宰府に死す学問の神天神様

聖　宝　佐伯有清著　聖徳太子の後身として崇められた気高い生涯

三善清行　所　功著　『意見封事』で有名な論策家。平安初期漢学者

藤原純友　松原弘宣著　摂関家傍流の中央官人であった純友の生涯

紀　貫之　目崎徳衛著　王朝歌壇の偶像から急顚落。業績検討再評価

小野道風　山本信吉著　三跡の代表として名高い平安中期の名筆の伝

良　源　平林盛得著　叡山中興の祖。平安中期天台座主。元三大師

藤原佐理　春名好重著　三跡の一、平安中期屈指の能書家の生涯描く

紫式部　今井源衛著　源氏物語作者の生涯を社会・政治背景に浮彫

慶滋保胤　小原　仁著　花山朝の政治を担った浄土信仰の先駆者の伝

一条天皇　倉本一宏著　摂関家と協調し、王朝文化を開花させた英主

大江匡衡　後藤昭雄著　平安朝漢詩文に優れた足跡を残した名儒の伝

源　信　速水　侑著　日本浄土教の祖と仰がれる『往生要集』著者の伝

源　頼光　朧谷　寿著　大江山酒呑童子退治で有名な頼光の生涯描く

藤原道長　山中　裕著　摂関政治全盛を築き栄華の世を極めた公卿伝

藤原行成　黒板伸夫著　一代の名筆、道長政権下に活躍した貴族官僚

藤原彰子　服藤早苗著　天皇の母として院政への架け橋となった生涯

源　頼義　元木泰雄著　義家・頼朝へと続く河内源氏二代目の実像！

清少納言　岸上慎二著　枕草子の著者。学識と機智に富む稀代の才女

和泉式部　山中　裕著　摂関政治全盛時代の代表的・情熱的女流歌人

源　義家　安田元久著　天下第一武勇の士と称讃された八幡太郎の伝

大江匡房　川口久雄著　平安末期最高の知識人学者兼政治家の人間像

奥州藤原氏四代　高橋富雄著　平泉王国を建設した清衡以下四代の興亡描く

藤原頼長　橋本義彦著　悪左府—保元乱の元凶か？思想と行動を描く

藤原忠実　元木泰雄著　平安後期、落日の摂関家を担い苦闘した人生

源　頼政　多賀宗隼著　平安末の武将・歌人。平氏打倒に蹶起の実像

平　清盛　五味文彦著　朝廷の政治世界に初めて武家政権を開く生涯

源　義経　渡辺　保著　赫々たる武勲と数奇な運命。悲劇の英雄実伝

西　行　目崎徳衛著　「数奇の遁世者」の行実と特異な生涯を描く

後白河上皇　安田元久著　平氏盛衰、権謀術数もちい朝廷の存続はかる

千葉常胤　福田豊彦著　関東の名族、鎌倉幕府建設の大功労者の生涯

源　通親　橋本義彦著　平安〜鎌倉の宮廷政治家・歌人の手腕と業績

文　覚　山田昭全著　『平家物語』に華々しく描かれる「荒法師」

藤原俊成　久保田　淳著　定家ら新古今歌人を育てた中世和歌の先導者

畠山重忠　貫　達人著　鎌倉武士の典型。美談に富む誠実礼節の勇士

法　然　田村圓澄著　執拗な弾圧下信念に生き抜いた浄土宗の開祖

栄　西　多賀宗隼著　臨済宗開祖・茶祖。思想文化に感化を与えた名僧

北条義時　安田元久著　実朝暗殺—承久の乱に三上皇流す現実政治家

大江広元　上杉和彦著　鎌倉幕府の確立に貢献した文人政治家の生涯

北条政子　渡辺　保著　頼朝没後尼将軍と謳われた女傑の苦悩浮彫す

慈　円　多賀宗隼著　鎌倉初期の天台座主。勝れた和歌と史論残す

明　恵　田中久夫著　栂尾高山寺の開山。戒律を重視した華厳名僧

藤原定家　村山修一著　中世歌壇の大御所、二条派歌学の祖、歌論家

北条泰時　上横手雅敬著　御成敗式目の制定者。鎌倉幕府稀代の名執権

道　元　新稿版　竹内道雄著　曹洞宗の開祖。偉大な生涯と宗教思想を描く

北条重時　森　幸夫著　執権泰時・時頼を支え、幕府に寄与した全生涯

親　鸞　赤松俊秀著　肉食妻帯を自から実践真の民衆宗教を樹立す

北条時頼　高橋慎一朗著　鎌倉時代中期の執権、仏教者の実像に迫る！

日　蓮　大野達之助著　余宗排撃と国難来を予言した波瀾情熱の宗祖

阿仏尼　田渕句美子著　鎌倉時代の女流歌人。その才気溢れる実像！

北条時宗　川添昭二著　蒙古襲来の真相と若き執権の実像に迫る初伝

一　遍　大橋俊雄著　踊り念仏で全国遊行した鎌倉仏教時宗の宗祖

叡尊・忍性　和島芳男著　戒律再興と社会事業に献身した師弟高僧の伝

京極為兼　井上宗雄著　鎌倉期、両統対立の政界に活躍した反骨歌人

金沢貞顕　永井　晋著　鎌倉末期の執権。衰えゆく幕府を支えた生涯

菊池氏三代　杉本尚雄著　肥後の名族菊池氏―南北朝期活躍の武将描く

新田義貞　峰岸純夫著　尊氏と勢威を競い、戦闘に明け暮れた武将伝

花園天皇　岩橋小弥太著　両統迭立期、公正な態度持した文徳高い天皇

赤松円心・満祐　高坂　好著　円心の挙兵、満祐の将軍弑逆等その転変描く

卜部兼好　冨倉徳次郎著　徒然草で有名な中世の隠者・歌人・随筆評論家

覚　如　重松明久著　本願寺を創建して真宗教団の基礎を築く名僧

足利直冬　瀬野精一郎著　父尊氏と生涯死闘を演じた波瀾の武将の実伝

佐々木導誉　森　茂暁著　南北朝動乱「ばさら大名」。風雲児の生涯描く

二条良基　小川剛生著　政治と学芸に功績を残した北朝の関白の生涯

細川頼之　小川　信著　幼将軍義満を補佐し幕府の基礎固めた名宰相

足利義満　臼井信義著　南北朝を合体し大名を制圧、幕府の基礎固む

今川了俊　川添昭二著　南北朝時代の武将。和歌連歌に勝れた風流文人

足利義持　伊藤喜良著　最も平穏な時代を築いた室町四代将軍の初伝

世阿弥　今泉淑夫著　現代になお生きる能の世界を確立した人間像

上杉憲実　田辺久子著　室町前期の関東管領。足利学校再興者の初伝

山名宗全　川岡　勉著　応仁の乱の西軍大将。その豪毅な生涯に迫る

経　覚　酒井紀美著　応仁の乱を記録し大和国支配に奔走した僧侶

一条兼良　永島福太郎著　博学宏才、中世随一の学者。東山文化併せ描く

亀泉集証　今泉淑夫著　室町禅林のキーパースンの全生涯を描き出す

蓮如　笠原一男著　盛んな布教活動で真宗王国築いた傑僧の生涯

宗祇　奥田勲著　室町後期の連歌師。全国に連歌を広めた生涯

尋尊　安田次郎著　応仁・文明の乱を目撃した興福寺大乗院の僧

万里集九　中川徳之助著　室町末期の臨済宗一山派の禅僧。文芸と生涯

三条西実隆　芳賀幸四郎著　戦国擾乱の世に公家文化守る教養高い文化人

大内義隆　福尾猛市郎著　文化愛好と貿易富力で山口王国築く戦国大名

ザヴィエル　吉田小五郎著　東洋伝道の使途、わが国最初の耶蘇会宣教師

三好長慶　長江正一著　下剋上の代表と誤解されるが文武備えた武将

今川義元　有光友學著　桶狭間に落命した悲運の戦国大名の実像とは

武田信玄　奥野高広著　謙信と角逐し信長を畏怖せしめた戦国の名将

朝倉義景　水藤真著　信長に反抗して大敗、越前一乗谷に滅ぶ大名

浅井氏三代　宮島敬一著　信長と互角に戦った北近江の戦国大名の興亡

里見義堯　滝川恒昭著　房総に一大勢力を築いた戦国大名の実像描く

上杉謙信　山田邦明著　戦に明け暮れた越後国の国主の等身大の実像

織田信長　池上裕子著　革命家のごとく英雄視する後世の評価を再考

明智光秀　高柳光寿著　主君弑逆の原因は何か心裡を分析し謎を解く

大友宗麟　外山幹夫著　北九州の雄族キリシタン大名。波瀾・数奇描く

千利休　芳賀幸四郎著　千家流茶祖。自刃し果る数奇な生涯と芸描く

松井友閑　竹本千鶴著　信長の唯一無二の側近の生涯に迫る初の伝記

豊臣秀次　藤田恒春著　叔父秀吉に翻弄された悲運の生涯を描き出す

ルイス・フロイス　五野井隆史著　戦国期社会を知る貴重な記録を残した宣教師

足利義昭　奥野高広著　運命に翻弄された数奇な室町幕府最後の将軍

前田利家　岩沢愿彦著　変転・動乱の世を生き抜く加賀百万石の藩祖

長宗我部元親　山本大著　戦国土佐の大名。南国文化築いた名将の生涯

安国寺恵瓊　河合正治著　秀吉の天下統一援けたが関ヶ原役に敗れ斬首

石田三成　今井林太郎著　秀吉に抜擢されて孤忠尽す。果して奸物か？

黒田孝高　中野等著　官兵衛、如水で知られ、「軍師」とされた実像！

真田昌幸　柴辻俊六著　織豊期を必死に生き抜く、処世術と事跡検証

最上義光　伊藤清郎著　出羽五七万石の礎を築いた戦国武将の全生涯

前田利長　見瀬和雄著　〝加賀百万石〟の礎を築いた二代当主の生涯

高山右近　海老沢有道著　改宗を肯んぜず国外に追放された切支丹大名

島井宗室　田中健夫著　織豊政権に暗躍した博多の豪商、茶人・貿易家

淀　君　桑田忠親著　秀吉の愛妾となり大坂城に君臨自滅した女傑

片桐且元　曽根勇二著　大坂の陣を前に苦悩奔走した真実と実像探る

徳川家康　藤井讓治著　一次史料から全行動を正確に描いた決定版！

藤原惺窩　太田青丘著　近世朱子学の開祖。文芸復興の業績と人間像

支倉常長　五野井隆史著　慶長遣欧使節を努めた仙台藩士の実像に迫る

徳川秀忠　山本博文著　第二代将軍の政策を分析し、人物像を再評価

伊達政宗　小林清治著　独眼よく奥羽を制覇し大藩築く、施政と生涯

天草時貞　岡田章雄著　島原乱の指導者。生立ちと一揆の顚末を描く

立花宗茂　中野　等著　九州柳川藩の祖。軍記による粉飾拭った実伝

宮本武蔵　大倉隆二著　二天一流を開いた江戸初期の兵法家の実像！

佐倉惣五郎　児玉幸多著　義民惣五郎の実在を証明し事件の真相を解明

小堀遠州　森　蘊著　遠州流茶祖。歌道・書・陶芸・造庭の巨匠事蹟

徳川家光　藤井讓治著　「生まれながらの将軍」の四八年の生涯を描く

由比正雪　進士慶幹著　丸橋忠弥らと幕府転覆を企て計破れた快雄伝

林　羅山　堀　勇雄著　博識を以て家康以下三代に仕えた模範的学者

松平信綱　大野瑞男著　家光側近として幕府確立に尽力した川越藩主

国姓爺　石原道博著　鄭成功。抗滑復明の義挙に参加温血快漢の伝

野中兼山　横川末吉著　土佐藩制確立期の大政治家。善政苛政を浮彫

保科正之　小池　進著　家綱を後見し、家訓十五条を遺した会津藩主

隠　元　平久保　章著　招きに応じて渡来尊崇博した禅宗黄檗派の祖

徳川和子　久保貴子著　葵と菊の架け橋となった東福門院の初の伝記

酒井忠清　福田千鶴著　後世に悪者として描かれた江戸前期の政治家

朱　舜水　石原道博著　明末の大儒、水戸学に感化与えた高節帰化人

池田光政　谷口澄夫著　備前岡山藩祖。民政・文教に治績をあげた名君

山鹿素行　堀　勇雄著　日本中朝主義を提唱、儒学者・兵学者の評伝

井原西鶴　森　銑三著　浮世草子作家の生涯を厳密な作品研究で抉る

松尾芭蕉　阿部喜三男著　最近の研究成果踏まえ作品織り成す俳聖の伝

三井高利　中田易直著　財閥三井家の始祖。元禄期に活躍した大商人

河村瑞賢　古田良一著　海運・治水事業に功遂げた江戸時代の大商人

徳川光圀　鈴木暎一著　水戸黄門で知られる二代藩主を捉え直す実伝

契　沖　久松潜一著　僧侶の身で古典を究め近世国学の先駆となる

市川団十郎　西山松之助著　成田屋初代から現十二代までの人と芸の列伝

伊藤仁斎　石田一良著　京都市井の大儒、古学を唱えた堀川学派の祖

徳川綱吉　塚本　学著　賞罰厳明・生類憐み―江戸幕府五代将軍の伝

貝原益軒　井上　忠著　江戸中期経学医学等広範に功残す福岡藩儒者

前田綱紀　若林喜三郎著　加賀藩中興の名君。藩民政典籍収集の功著大

近松門左衛門　河竹繁俊著　劇作家の氏神の素性と生涯を作品と共に描く

新井白石　宮崎道生著　近世詩壇の王者。和漢洋に亙る博学者の全伝

鴻池善右衛門　宮本又次著　大阪随一の富豪。財閥成長の事歴鮮明にする

石田梅岩　柴田　実著　〝心学〟の開祖。生涯と思想行実を巧みに描く

太宰春台　武部善人著　江戸時代を代表する儒者。―その学問と生涯

徳川吉宗　辻　達也著　江戸幕府中興の英主。享保改革の実体を究明

大岡忠相　大石　学著　大岡越前として名高い江戸中期の幕臣の実像

賀茂真淵　三枝康高著　国学の巨匠。業績・生涯を時代と共に描く力篇

平賀源内　城福　勇著　江戸中期の博物学者戯作者。奇才獄中に憤死

与謝蕪村　田中善信著　江戸時代の代表的文人画家の初の本格的伝記

三浦梅園　田口正治著　多数の驚異的哲理書著わす。近世の大思想家

毛利重就　小川國治著　藩政改革を断行した萩藩「中興の祖」の初伝

本居宣長　城福　勇著　国学の大成者。その学問・思想と業績を活写

山村才助　鮎沢信太郎著　鎖国下、世界地理学に先鞭つけた異才の業績

木内石亭　斎藤　忠著　江戸中期の奇石蒐集家日本先史学の開拓者！

小石元俊　山本四郎著　蘭学を京都に広め解剖の技倆に優れた先覚者

山東京伝　小池藤五郎著　戯作浮世絵の大家、典型的通人の文芸と生涯

杉田玄白　片桐一男著　蘭学の確立発展に熱情傾け名誉遺した先覚者

塙　保己一　太田善麿著　群書類従等古典編集校刊の偉業遂ぐ盲人学者

上杉鷹山　横山昭男著　藩政改革に治績あげた米沢藩主。—封建の名君

大田南畝　浜田義一郎著　蜀山人。天明狂歌壇の王者、作品と生涯描く

只野真葛　関　民子著　女性の闘争を宣言した時代に早すぎた人の伝

小林一茶　小林計一郎著　庶民の哀歓を率直に歌いあげた異色の俳人伝

大黒屋光太夫　亀井高孝著　露領の小島に漂着十一年後送還された運命児

松平定信　高澤憲治著　寛政改革を推進し文化人と評された老中の伝

菅江真澄　菊池勇夫著　民俗学の先駆者となった『遊歴文人』の全生涯

鶴屋南北　古井戸秀夫著　『東海道四谷怪談』を書いた狂言作者の生涯

島津重豪　芳　即正著　江戸後期積極的な開化政策推進した薩摩藩主

狩谷棭斎　梅谷文夫著　書誌学・金石学の基礎を築き考証学を大成す

最上徳内　島谷良吉著　江戸後期の蝦夷地探検家。北方問題に寄与大

遠山景晋　藤田　覚著　江戸後期の外交で東奔西走した遅咲きの幕臣

渡辺崋山　佐藤昌介著　幕末の文人画家。蛮社の獄を招いた悲劇の伝

柳亭種彦　伊狩　章著　『田舎源氏』で空前のブーム起した旗本戯作者

香川景樹　兼清正徳著　公家歌学・尚古的歌論斥け歌壇の革新はかる

平田篤胤　田原嗣郎著　宣長の学統継ぐ国学の巨匠。精力的事蹟描く

間宮林蔵　洞　富雄著　大探検家。幕府隠密。明暗併せ描く異色の伝記

滝沢馬琴　麻生磯次著　晩年失明後も辛苦口述続けた最初の稿料作家

調所広郷　芳　即正著　幕末薩摩藩家老。財政改革の全容と生涯解明

橘　守部　鈴木暎一著　独学古典を研鑽し宣長学を批判。新境地開く

黒住宗忠　原　敬吾著　特異な宗派神道—黒住教の霊能と教祖の実伝

水野忠邦　北島正元著　天保改革を断行した悲劇宰相の業績背景活写

帆足万里　帆足図南次著　日本科学史に異彩放つ先駆者の生涯業績描く

江川坦庵　仲田正之著　太平に眠る幕閣に警鐘ならした幕末の名代官

藤田東湖　鈴木暎一著　代表的な水戸学者。熱血漢波瀾の生涯を描く

二宮尊徳　大藤　修著　荒廃農村の復興に尽力した江戸末期の農政家

広瀬淡窓　井上義巳著　門弟三千幕末の逸材多数を輩出した大教育家

大原幽学　中井信彦著　勝れた下総の農民指導者、協同組合の創始者

島津斉彬　芳　即正著　内政外交に卓抜な英知示した開明派薩摩藩主

月　照　友松圓諦著　西郷と相抱いて薩摩潟に投身した憂国勤皇僧

橋本左内　山口宗之著　安政の大獄に散った偉大な青年の行動と事蹟

井伊直弼　吉田常吉著　開国の先覚か違勅の元凶か？時代と人物活写

吉田東洋　平尾道雄著　幕末土佐藩政改革の主役者。隠れた偉才の伝

緒方洪庵　梅溪　昇著　種痘の普及、適塾を主宰した江戸の蘭医学者

佐久間象山　大平喜間多著　識見高邁幕末の開国論者。奔走中凶刃に斃る

真木和泉　山口宗之著　幕末尊攘派の理論的指導者。波瀾の生涯描く

高島秋帆　有馬成甫著　西洋砲術を修め率先洋式兵制と開国を唱道す

シーボルト　板沢武雄著　鎖国下西欧科学を伝えた近代日本の一大恩人

高杉晋作　梅溪　昇著　士庶混成の奇兵隊を創設した幕末の長州藩士

川路聖謨　川田貞夫著　日露和親条約締結の立役者。幕府に殉じた生涯

横井小楠　圭室諦成著　雄藩連合による開明的施策に身命捧げた先覚

小松帯刀　高村直助著　大政奉還から王政復古を演出した薩摩藩家老

山内容堂　平尾道雄著　幕末土佐の名君。詩酒奔放。大政奉還の偉功者

江藤新平　杉谷　昭著　明治初期立法の偉功者佐賀乱に敗れて刑死す

和　宮　武部敏夫著　公武合体の犠牲—家茂に嫁した数奇な皇女伝

西郷隆盛　田中惣五郎著　太っ腹で誠実、維新三傑の一。大生涯を描く

ハリス　坂田精一著　日本開国の主役—辣腕外交家の真面目を描く

森　有礼　犬塚孝明著　伊藤内閣初代文相。各界で活躍した事蹟描く

松平春嶽　川端太平著　幕末越前の名君。波瀾苦悩の生涯と政情描く

中村敬宇　高橋昌郎著　女子教育・盲唖教育を開拓した偉大な啓蒙家

河竹黙阿弥　河竹繁俊著　近世演劇の集大成者。作品解説兼ねる好伝記

寺島宗則　犬塚孝明著　幕末明治の激動期を生きた外務卿の本格的伝

樋口一葉　塩田良平著　貧窮裡に天稟を磨き忽然世を去った薄命作家

ジョセフ=ヒコ　近盛晴嘉著　漂流渡米し受洗帰化、我国最初の新聞発刊者

勝　海舟　石井　孝著　機略縦横、不遇未完の政治家を維新期に活写

臥雲辰致　村瀬正章著　ガラ紡織機を発明し日本産業発展史に名残す

黒田清隆　井黒弥太郎著　埋もれた明治の礎石。多彩・悲劇の生涯描く

伊藤圭介　杉本　勲著　日本植物学の始祖。近代科学史上の先駆者!

福沢諭吉　会田倉吉著　広範な資料に基づく近代日本の大先覚者の伝

星　亨　中村菊男著　凶刃に斃れた明治政界偉材の怒濤・波瀾の伝

中江兆民　飛鳥井雅道著　仏学派代表と目された奇人兆民の理想と生涯

西村茂樹　高橋昌郎著　明治初期の思想家・教育者。多彩な業績紹介

正岡子規　久保田正文著　俳句・和歌の革新に不滅の偉業遂ぐ巨匠描く

清沢満之　吉田久一著　明治仏教界の明星。宗教的天才の思想と生涯

滝　廉太郎　小長久子著　「荒城の月」「箱根八里」等名曲残す天才作曲家

副島種臣　安岡昭男著　ハイカラで威厳に満ちた明治期外務卿の生涯

田口卯吉　田口　親著　近代日本建設に前人未到の足跡残した快男児

福地桜痴　柳田　泉著　非凡な才能世に容れられず才人の再評価描く

陸　羯南　有山輝雄著　徳富蘇峰らと対峙した孤高のジャーナリスト

児島惟謙　田畑　忍著　大津事件に司法権独立護持。明治法曹界巨人

荒井郁之助　原田　朗著　初代中央気象台長。自然科学の基礎築く先覚

幸徳秋水　西尾陽太郎著　社会主義から無政府主義へ。大逆事件で刑死

ヘボン　高谷道男著　幕末日本に渡来、銘記すべき業績残した恩人

石川啄木　岩城之徳著　薄命の大天才歌人。波瀾の裏面生活を浮彫す

乃木希典　松下芳男著　古武士的風格と家庭生活併せ描く将軍の実伝

岡倉天心　斎藤隆三著　日本美術の優秀性を世界に唱道した大先覚者

桂　太郎　宇野俊一著　長州藩閥のエリートが閥族政治の脱却に挑む

徳川慶喜　家近良樹著　江戸幕府最後の将軍。複雑な性格と行動描く

加藤弘之　田畑　忍著　初代東大総長。一世に感化与えた碩学の生涯

山路愛山　坂本多加雄著　明治大正期の卓越した思想家愛山の本格的伝

伊沢修二　上沼八郎著　明治教育界の大開拓者　近代教育の基礎を築く

秋山真之　田中宏巳著　独自の兵学で日本海海戦に勝利した戦術家伝

前島　密　山口　修著　郵便の父。近代日本確立期、多彩に活躍の人

成瀬仁蔵　中嶌　邦著　近代女子教育に尽力した日本女子大の創立者

前田正名　祖田　修著　明治殖産興業の推進者広汎な活動克明に描く

大隈重信　中村尚美著　早大創立者。波瀾万丈の偉大な政党政治家！

山県有朋　藤村道生著　国軍建設の父、明治の元勲。絶対主義の権化

大井憲太郎　平野義太郎著　自由民権の急先鋒。労働・社会運動の先駆者

河野広中　長井純市著　立憲政治の完成を追求した民衆政治家の生涯

富岡鉄斎　小高根太郎著　セザンヌ・ゴッホに比すべき非凡な文人画家

大正天皇　古川隆久著　激動の明治・昭和の狭間を治めた守成の君主

津田梅子　山崎孝子著　女性解放と女子教育の開拓に精魂尽す先覚者

豊田佐吉　楫西光速著　世界的鉄製自動織機を完成。発明王・紡績王

渋沢栄一　土屋喬雄著　近代日本の発展に多大な役割演じた大実業家

有馬四郎助　三吉　明著　我国行刑史上不滅の名残すクリスチャン典獄

武藤山治　入交好脩著　鐘紡王国建設、時事新報社長等政財界に活躍

坪内逍遙　大村弘毅著　明治大正期文壇に君臨した文豪、劇作評論家

山室軍平　三吉　明著　伝道と社会事業に献身した日本救世軍司令官

阪谷芳郎　西尾林太郎著　大蔵大臣、東京市長等を務めたエコノミスト

南方熊楠　笠井　清著　奇行・型破りの非凡な学者。学問・業績を描く

山本五十六　田中宏巳著　真珠湾奇襲作戦を実行した〝名提督〟の実像

中野正剛　猪俣敬太郎著　東条に抗し弾圧下に割腹。激動・波瀾の詳伝

三宅雪嶺　中野目　徹著　雑誌中心に社会を論じた稀有の言論人の生涯

近衛文麿　古川隆久著　首相を三度務めた昭和前期の政治家の全生涯

河上　肇　住谷悦治著　弾圧下学問的良心守るマルクス主義経済学者

牧野伸顕　茶谷誠一著　昭和天皇の信任篤かった内大臣の生涯を描く

幣原喜重郎　種稲秀司著　平和をめざし尽力した外交官・政治家の生涯

御木本幸吉　大林日出雄著　伝説化した真珠正伝を大きく書き改めた力篇

尾崎行雄　伊佐秀雄著　藩閥に抗し軍国主義と戦う、憲政の神の生涯

緒方竹虎　栗田直樹著　戦後55年体制の礎を築いた政党政治家の足跡

石橋湛山　姜　克實著　明治～昭和に活躍した言論人・政治家・思想家

八木秀次　沢井　実著　「八木・宇田アンテナ」を発明した科学技術者

森戸辰男　小池聖一著　一貫して社会科学者であり続けた生涯を描く

▽以下続刊

日本歴史学会編集

日本歴史叢書 新装版

歴史発展の上に大きな意味を持ち基礎的条件となるテーマを選び、平易に興味深く読めるように編集。

四六判・上製・カバー装／頁数二二四〜五〇〇頁
略年表・参考文献付載・挿図多数／二三〇〇円〜三二〇〇円

〈既刊の一部〉

日本考古学史—斎藤　忠
六国史——坂本太郎
延喜式——虎尾俊哉
荘　園——永原慶二
中世武家の作法—二木謙一
キリシタンの文化—五野井隆史
津　藩——深谷克己
広島藩——土井作治
佐賀藩——藤野　保
城下町——松本四郎
開国と条約締結—麓　慎一
幕長戦争——三宅紹宣
日韓併合——森山茂徳
帝国議会改革論—村瀬信一
日本文化のあけぼの—八幡一郎
日本の貨幣の歴史—滝沢武雄
印　章——荻野三七彦

日本歴史

月刊雑誌（毎月23日発売）
日本歴史学会編集

一年間直接購読料＝八六〇〇円（税・送料込）
内容豊富で親しみ易い、日本史専門雑誌。割引制度有。

日本歴史学会編

人とことば（人物叢書別冊）

四六判・二六〇頁／二一〇〇円

天皇・僧侶・公家・武家・政治家・思想家など、日本史上の一一七名の「ことば」を取り上げ、その背景や意義を簡潔に叙述する。人物像の見直しを迫る「ことば」も収録。出典・参考文献付き。

〈通巻三〇〇冊記念出版〉

日本歴史学会編

日本史研究者辞典

〈残部僅少〉菊判・三六八頁／六〇〇〇円

明治から現在までの日本史および関連分野・郷土史家を含めて、学界に業績を残した物故研究者一二三五名を収録。生没年月日・学歴・経歴・主要業績や年譜、著書・論文目録・追悼録を記載したユニークなデータファイル。